国家"十一五"重点图书出版规划项目

中国古代地方政治研究

马新 主编

南北朝乡村社会组织研究

高贤栋 著

山东大学出版社

图书在版编目(CIP)数据

南北朝乡村社会组织研究/高贤栋著. —2 版. —济南:山东大学出版社,2011.1

(中国古代地方政治研究/马新主编)

ISBN 978-7-5607-3560-3

Ⅰ. ①南…

Ⅱ. ①高…

Ⅲ. 农村—社会团体—研究—中国—南北朝时代

Ⅳ. ①D691.7

中国版本图书馆 CIP 数据核字(2010)第 036340 号

山东大学出版社出版发行

(山东省济南市山大南路 27 号　邮政编码:250100)

山东省新华书店经销

日照报业印刷有限公司印刷

720×1000 毫米　1/16　18.25 印张　267 千字

2011 年 1 月第 2 版　2011 年 1 月第 2 次印刷

定价:38.00 元

总序

地方政治相对于中央政治而言，是历代王朝政治的重要组成部分，无论是研究中国政治史，还是研究历代王朝的治乱兴衰史，或者是研究经济史、军事史、社会史等等，都离不开对地方政治的研究。地方政治的变迁既受制于中央王朝政治，同时也对中央王朝政治的方方面面施加着自己的影响；尤其是它处于国家与社会之间，上承王朝之政令，下理社会之秩序，所以说地方政治之优劣，直接关系到社会的安定与进步，更关系到王朝的兴衰。

一

地方政治相对于中央政治而言，其存在的前提自然是中央王朝的存在，因而，自夏商王朝起，中国的地方政治即告产生。自此至清王朝，中国历史上的地方政治可以分为前、后两大时期：前期即夏商西周春秋时代，是以分封制为核心的地方政治；后期即战国至明清时代，是以郡县制为核心的地方政治。

以分封制为核心的地方政治实际上又是一种共主政治。在这一政治体制下，地方当政者拥有较为完整的政治、军事与经济权力，他们与中央政权的关系实质是联盟与共主的关系。各个方国、诸侯国可以视为中央政权的地方政权，而中央政权也可以视为各方国的共主，具有一定的政治联盟关系。夏商周时代的地方政权也就是各方国或诸侯国，可以分为前、后两期。前期方国如一盘散沙，平行分布，从亲缘与地缘的合作关系，到松散的联合体，再到共主的逐渐形成，其自身的独立性都是比较强的，可以说是相对独立的政治单元。后期方国则分为两类：一类是臣服的方国，一类是分封的方国。后者又可称之为"封国"。分封制下的层层分封，造就了两种政治单元：各封国与天子是册封与共主关系，具有较强的独立性；封国内部虽也是层层分封，却实现了相对的一统，诸侯对卿大夫所拥有的权力往往要大于天子之于诸侯所拥有的权力。

在共主制下，虽然号称"溥天之下，莫非王土；率土之滨，莫非王臣"，但实际上，共主地位的奠定首先是依托力量的制衡。在自己的王畿内，共主是绝对的权威，在自己的血缘属邦内，也有相应的权力延伸；但在其他称臣的邦国那里，则只能靠震慑力维持其共主地位，所谓的侯服、甸服、绥服、荒服、要服等五服，反映的就是这种现实。到西周时代，王畿与血缘属邦这类核心层邦国占据了主导地位，周天子作为共主的地位也至于顶点。

在西周时代，各方国地位的确立通过自上而下的分封进行。分封中，既有天子贵戚，也有异姓勋旧，还有大量的称臣纳贡的异姓方国。前者为鲁，后者有齐，第三类为楚，均可作为各自的代表。一旦完成分封，各自就国，他们便享有充分的政治自主。对于天子，他们只有从征与纳贡的义务；而对于封国内的卿士民众，他们则有完全的处置权。西欧中世纪所谓"我的附庸的附庸，不是我的附庸"，放到这里，也是十分恰当的。

以郡县制为核心的地方政治实际上是集权政治。在这一政治体制下，各级地方政权都只是王朝中央集权中的一个环节，并不具备独立的地方权力，他们对于中央王朝都是服从与被统辖的关系。当然，东汉末的州牧、刺史与唐代的藩镇另当别论，它们都是正常体制外的产物。

郡县制自战国定型，一直延续到近代社会，这是一种上下一体、纵向贯通的地方政体。每一层次的政权所拥有的权力尽管不尽一致，但对于其上层权力的责任反馈是一致的。这一制度与官僚制密切相关，每位地方长官都是代行皇帝或中央政府所赋予的权力，没有自身的权力或利益分割，也不向此外的任何人负责，自然，他们也都是自上而下委任产生的。

自战国到明清时代，郡县制可以划分为三大阶段，即郡政阶段、州政阶段、省政阶段。三大阶段中，县与县政一直相对稳定，中央与县级政权之间的变动是三个阶段地方政治演变的主要内容。

秦分天下为三十六郡，实行郡、县两级制，汉沿袭之，是为郡政阶段。自秦至西汉时期，郡一级的权力较为集中：郡守集行政、经济、民政、司法诸权于一身，一郡所有事务都经由郡守上传或下达。与之相应，郡守的地位颇高，尚书令、尚书仆射有外任郡守者，郡守也往往可以入为三公九卿。另外，作为其副贰的郡尉掌军事，监郡御史掌监察。自武帝始，在全国范围内设十三部州，十三部州刺史以六条问事监察地方官，主要以郡守为监察对象。十三部州实际上是十三个监察大区。到东汉时代，州刺史渐成一级长官，尾大不掉，在东汉末年的分崩离析中，他们是主要的割据者。

自魏晋至宋为州政阶段。一方面，举国之内，实行州、县二级制；另一方面，在州与中央王朝之间，又断断续续但又越来越明确地存在着一级组织，从汉之部州、唐之道，到北宋之路，重复地实现着由监察大区向行政大区的转变，因此，又可以说，这一时期是二级制向三级制的过渡时期。在这一过渡时期中，唐代是一个重要的转折点。唐代仍实行地方二级体制，即州县制，也试图在州之上设立监察大区，所设各道观察使、黜陟使、采访使、按察使以及节度使等等，最初都是只负有监察或某一专项事务。但在运转的过程中又是渐以坐大，拥有了一道中的军政全权，成为一方割据者。如洪迈所言：

> 唐世于诸道置按察使，后改为采访处置使，治于所部之大郡。既又改为观察，其有戎旅之地，即置节度使。分天下为四十余道，大者十余州，小者二三州，但令访察善恶，举其大纲。然兵甲、财赋、民俗之事，无所不领，谓之都府，权势不胜其重。[①]

唐代后期，面对地方割据势力的日益发展，唐王朝在可能的范围内运用了巡院这一新设机构对地方加强控制与管理。唐中央之所以对江南有比较稳定的控制，与当地巡院机构之完备不无关系。不过，在唐后期特定的历史条件下，强藩跋扈已成事实，巡院对此也无能为力。至北宋立国，取法巡院之意，置诸路转运使，使我国地方政体正式由监察大区向行政大区过渡，维

① 洪迈：《容斋三笔》卷七。

护了中央集权的统治。

北宋一般是每路均设一转运使,"各分路列职",置有使司,故北宋之诸路转运使又称"逐路转运使"。宋初分全国为十五路,后增至二十余路,转运使也增至二十余员,这一点与设于诸道的唐代巡院是一致的。

北宋转运使的理事特点是"事无大小,悉条陈上阙",多督察权而较少处理权。如大中祥符五年(1012),"以侍御史赵稹为兵部员外郎,益州路转运使……稹至部,事无大小,悉心究访,至有一日章数上者"①。

自元至明清为省政阶段。这一阶段,实行了比较规范的省、州(府)、县地方三级政制。与郡政时代之郡以及州政时代之部州、诸道相比,省政运转有三个显著特点:其一是省级权力的分割恰如其分,既避免了过分集权之悍,又无诸权分散之弱。如明前期,一省之中,布政、按察、都指挥三司并存,均直接向中央王朝负责;中期以后,虽然大政统于督抚,但中央王朝各有司对省内诸司的制约仍十分有力。其二是地方大吏督抚分设,互相制约,也颇见成效。其三是省级军事、监察、漕赋诸权弱化,以中央王朝的垂直管理为主,这在很大程度上强化了中央集权。明、清两朝很少出现督抚坐大而割据者,这是非常重要的内在原因。②

以郡县制为核心的地方政治以中央集权式的中央王朝的存在为前提,自战国至明清,延续了两千年,是中国历史上持续时间最长、影响力最为深远的地方政治形态。因此,我们对中国古代地方政治的研究主要是以此为对象。

二

中国古代的地方政治是在中央集权政体下的地方治理,因而,其范围既与中央政治的运转相对应,又与地方社会的要素相配合,包括政治、军事、民政、司法、赋役等诸多方面的内容。从政治运转的角度分析,地方政治又可

① 《续资治通鉴长编》卷七七。

② 以上参见齐涛主编《中国政治通史·总论》第1卷,泰山出版社2004年版,第20、22~25页。

以分为两大运行系统，即上行系统、下行系统。

所谓上行系统，是指地方政权对中央王朝的政治反馈系统。就中央政权而言，地方政权是其基础所在，虽然韩非子早已设计了“事在四方，要在中央”的集权体制，但对于一个庞大的王朝而言，中央王朝不可能事无巨细，一切通揽，而必须向地方政府分权、授权，使其能够履行中央王朝所赋予的职责。对于地方政权而言，忠实地执行中央王朝的政令，行使其法定的职掌之责，是应有之义。但是，地方事务毕竟千头万绪，千差万别，中央政令难以全部涵盖，而且，地方政权从维护当地利益、保障地方势力权益出发，也与中央王朝存在着种种的矛盾，也时时在扩大着其政治权力与政治影响，对此，中央王朝又要加以制约与调整。

在上述条件下，地方政权对中央王朝的政治反馈系统便包括了正反馈与负反馈两个部分。正反馈是地方政权忠实有效地执行中央政令的反馈；负反馈则是与中央政令相左的政治行为的反馈。两种反馈构成了地方政治较为完整的上行系统，对地方政治与王朝政治同样起着重要作用。

以清代地方财政为例，虽然清初仍继承明代旧制，将地方赋入分为上解银与地方存留银两项，但因军务所需，中央不断裁扣地方存留银的比例，使地方财政难以为继。如直隶灵寿县，每年地方存留银原为6323两，经多次裁扣，至康熙二十年(1681)，每年仅为1700两，是原额的1/3。[①] 对于这一财政政策，地方官员有两种作为：一是尽力满足政策所需，压缩地方开支。有一些地方官员甚至因经费难以筹措而自杀。顺治十四年(1657)，清世祖为此下诏称：“近见州县官有自尽者，动称为此苦累，或实缘钱粮不足，供应不能及额……有司疲于奔命，勒索过当，除自尽之外，几无良策。”[②]二是变相变更财税政策，向百姓加征“火耗”、“羡余”等等。顺治年间，“天下火耗之重，每银一两有加耗至五钱者”[③]。其原因固然是“存留名目节次裁减，州县之事束手无策，势不得不私派之民”[④]。但这一作法对整个王朝赋税体系的

① 《康熙灵寿县志》卷四《田赋志》。

② 《清顺治实录》卷一一〇。

③ 《清顺治实录》卷八五。

④ 《康熙灵寿县志》卷四《田赋志》。

冲击、对百姓的侵害都不可低估。①

地方官员的前一种作为属于正反馈，后一种作为则属于负反馈。在两种反馈的交互影响下，清王朝不得不调整财税政策。雍正初年，在全国范围内实行耗羡归公和养廉银制度，使地方政治走上了较为良性的运转道路。

所谓下行系统，是指地方政权对基层社会的管理系统。前已述及，各王朝中央对基层社会的管理都是通过地方政权实现的，在实现社会管理的职能中，三个子系统构成了地方政权下行系统的基本架构，即官方组织系统、半官方组织系统、民间组织系统。

官方组织系统较为明确，是指以州县为主体的行政机构与各级官员，这是下行系统中的骨干子系统。

半官方组织系统处于不稳定状态中，它主要指乡里组织及充任人员。乡与乡官虽然都在正式的政府组织体系之中，但乡并非一级政区，而乡官也往往不是正式的品秩官员。唐宋以来，乡与乡官更是既无衙署，又无品秩，已成为职役。如唐代之里正实际上在行使乡之职掌。所谓里正，如王梵志诗所言："当乡何物贵，不过五里官。"②但里正的选任却是"县司选勋官六品以下白丁清平强干者充"，无适当人选时，"里正等并通取十八以上中男、残疾等充"。③ 乡之下的村官自始至终都是无品无秩。唐以前的里正以及唐代的村正都是这样的村官。

无论是乡官还是村官，也无论其职掌与权力如何，大都具有两个共同的特点：其一，他们都处在官方组织体系中，其人选的使用完全由地方政府决定，他们也必须听命于各级政府；其二，他们一直都不是王朝的正式官员，无品无秩，绝大多数人都不可能由此进入官僚队伍与官方组织体系。正因为此，我们将这一系统称作"半官方系统"。

乡里系统虽是半官方系统，但其职能却直接承自县级政权，完成着县级政权对基层社会管理的重要内容。如唐代之里正，即"掌按比户口，课殖农

---

① 参见郑学檬主编《中国赋役制度史》，上海人民出版社2000年版，第603～604页。

② 《全唐诗补编》，中华书局1992年版，第707页。

③ 《通典》卷三《食货三》。

桑，检查非违，催驱赋役”[①]。仅就“催驱赋役”而言，他们如不能按期催纳上缴，或者笞杖判刑，或者代人输纳，苦不堪言。这一系统对地方政权的正反馈与负反馈状况，直接关系到地方政治的效能，是地方政治的要害所在。

民间组织系统是指非官方的在地方社会具有较强影响力的组织与人员。就中国古代社会的情况而言，主要有宗族组织、民间结社、地方乡绅势力三种力量。尽管它们都是官方体系之外的社会力量，但由于在地方社会中的实际影响力，任何时代的地方政府都必须正视并依托之。在多数情况下，它们对地方政府是顺从与配合。东汉宗族势力与地方官员的配合，唐代民间结社与官方的合作，明代乡绅对乡约的推广，等等，实际上都起到了地方政府难以发挥的作用。与此同时，在一些时期，上述力量都可能尾大不掉，形成与地方政府抗衡的力量。比如，汉代地方长吏上任伊始，往往要“先问大姓主名”，一些宗强大姓根本不把地方政权放在眼里。正如《汉书·酷吏·严延年传》所记：

> 大姓西高氏、东高氏，自郡吏以下皆畏避之，莫敢与牾，咸曰：“宁负二千石，无负豪大家。”宾客放为盗贼，发，辄入高氏，吏不敢追。浸浸日多，道路张弓拔刃，然后敢行，其乱如此。

又如，明代乡绅势力颇大，地方社会“无一事无绅衿孝廉把持，无一时无绅衿嘱托”[②]。曾任太仓州知州的陈瑸就深有感触地说：凡地方兴举之大事，“必集儒绅耆彦议”[③]，否则，会一事无成。更为重要的是，在一些特定的情况下，宗族组织、民间结社以及地方乡绅势力都有可能成为官方体系的叛逆者，它们对于地方政治的威胁往往要远远大于对王朝政治的威胁。

在政治史研究中，制度与法律的研究固然重要，但政治制度与政治运行在实际政治过程中往往并不一致，在地方政治中尤其如此，所以，我们认为，中国古代地方政治运转中的上行系统与下行系统应当是地方政治研究的一个关键领域。

---

① 《通典》卷三《食货三》。

② 明人刘宗周语，转见冯贤亮《明清江南地区的环境变动与社会控制》，上海人民出版社 2002 年版，第 492 页。

③ 张国维：《吴中水利全书》卷二五。

三

郡县制以来的中国古代地方政治经历了两千年的演进，繁复多变，难以条缕，但从其总体脉络看，还是有着一以贯之的一些共同特点。比如，地方政治的集权与被集权，地方政治运转中中间组织的缺失，以及地方组织体系波动与稳定的统一，等等，都值得深入研究。

就地方政治的集权与被集权而言，主要是指处于整个王朝的中央集权政体下，地方之权必然要被集中于中央，同时也必然要被集中于长吏之手。这一点对中国古代的地方政治影响至大。

先看地方之被中央集权问题。军权方面自不待言。此外，财政、民政、用人诸权也多由中央直接掌控。这种被集权的结果直接带来了吏治的效率低下、敷衍塞责、唯上是从以及政以贿成等问题。

包拯为监察御史时，曾上奏《请支义仓米赈给百姓》。其中写道：

> 臣访闻江浙、荆湖等路自去秋亢旱，田苗一例灾伤，即日米价甚高，民食不足。若不速令救济，必致流亡。强壮者起为盗贼，老弱者转死沟壑。因此生事，为患不细。缘诸州除军粮、常平仓外，别无大段斛斗准备。窃知王琪见起请义仓，所在见管米数稍多，州县未必敢专辄支用。若一一取候朝廷指挥，往复数月，当此艰食之际，恐无所及……①

包公此奏既写明了地方州县对于赈灾专用的“义仓”之粮也无支用权，又说明了“一一取候朝廷指挥”，则要“往复数月”的效率之低下。这在历代王朝中是普遍现象。

既然中央事事集权，地方长吏便事事请示。如明人即言当时的地方官“若米盐琐细一一上闻，则所遗者反大矣”②。请示过后，则是以上方意思为准，敷衍塞责：“上官曰是，彼亦是；上官曰非，彼亦非；迨其后事势乖违，民怒沸腾，彼则曰此是上官之意。”③由是，公文往来成弊，行政效率每况愈下。

---

① 《包拯集校注》卷一，黄山书社 1999 年版。

② 于慎行：《谷山笔麈》卷一〇。

③ 徐栋：《牧令书》卷五。

再看地方权力集中于长吏问题。这一问题的关键在于州、县二级政府均为一长制，除长吏之外，再无制约抗衡之人。而地方政府政烦事冗，属于全权政府，虽然在财政、民政以及用人上要听命中央、受制于上司，但在其治下，其可自由裁量的余地甚大，尤其是那些中央政府干预较少的治安、诉讼、民事、征调等方面，更是可以因缘为奸。

如是看来，长吏对地方政务几乎是包揽无余。难怪时人言州县之长吏“六部之事系于一人”。这些事务中能够因缘取利的不在少数。柏桦曾对此分析道：

> 钱粮征收上为州县官提供诸多方便。首先，征收钱粮有耗羡，一般是百分之二三十，有些地方加耗更多，“乃至加耗银数倍（按，五倍）正数、十百正数，九重宁复知有此耶！”[①]朝廷不知，全在州县官加减。其次，这些加耗是州县官能够使用的主要经费来源，一个县官自己要吃用，要交际上司，要取“无碍官银，过往上司使客要下程小饭”。州县各种公费开支无不从此支出。再次，这些加耗是州县官主要的经济收入，若是清白的州县官，本着“我若把你们县里的银子拿到家里买田起屋，这样柳盗跖的事，我决不做他。你若要我卖了自己地，变了自己的产，我却不做这样陈仲子的勾当”[②]。而更多的州县官是能够把这些银子拿到家，在原籍置下许多田地房产。此外，这笔钱还用于行贿，所以“至朝觐年，则守令以上必人辇一二千金入京投送各衙门及打点使费”[③]。大多是依靠这笔钱粮的耗羡。由此可见，钱粮是既易见功，又易见利的事，州县官们把此事作为施政重点，当然也在情理之中。[④]

就地方政治运转中的中间组织的缺失而言，这一状况同样植根于中国古代的中央集权政体。打开中国政治史，我们可以清楚地看到，中国历史上的各级政府是全能的一元化政府，从中央到地方，有着机构齐全、涵盖几乎

---

① 《海瑞集》上编《兴革条例》，中华书局1962年版，第61页。

② 西周生：《醒世姻缘传》第十二回《李观察巡行收状，褚推官执法翻招》，上海古籍出版社1981年版，第172页。

③ 刘宗周：《刘子全书》卷一七《遵例请旨严饬禁谕以肃觐典疏》。

④ 柏桦：《明代州县政治体制研究》，中国社会科学出版社2003年版，第210～211页。

所有事务的机构与管理者。无论是关乎国计民生的大小事务，还是司法、治安、民政以及宗教、教化等等，都在各级政府的一元化管理之中。如经济事务的管理，从农业到工商业，无一遗漏。中央王朝既有大农令、大农丞、劝农使，又有均输官、平准官，还有工部、户部、少府，等等。县一级则有工曹、户曹、市曹等等，县城中的市场也有市令与均平令进行市场秩序维护与物价管理。社会精神生活与不同信仰也在一元化的管理下，倡导什么礼俗，尊崇什么宗教，以至于表彰孝子烈妇，调和邻里之争，也都在地方政府的统辖之下。

从朱元璋为地方官制定的《到任须知》，我们可以较为直观地了解地方政府的全能化功能。该《须知》共三十一款，内容如下：

> 1. 祀神有几。2. 养济院孤老若干。3. 见在狱囚若干，已完未完。4. 入版籍官军田地若干，官粮民粮若干。5. 节次奉旨制书及奏朝旨榜文谕官者若干。6. 本衙门吏典若干。7. 各房吏典不许挪移管事，违者处斩。8. 承行事务已完若干，已施行未完若干，未施行若干。9. 在城印信衙门若干。10. 仓库若干。11. 所属境内仓场库务若干，支用若干。12. 系官头匹若干。13. 会计粮储，每岁所收官民税粮若干，支用若干。14. 各色课程若干。15. 鱼湖几处，岁课若干，备开各湖多少。16. 金银场分若干，坐落何山川，所在若干。17. 窑冶各开是何使器及砖瓦名色。18. 近海郡邑煮海场分若干。19. 公廨间数及公用器皿裀褥之类若干。20. 邑内及乡村官房舍，有正有厢若干。21. 书生员数若干。22. 耆宿几何，贤否若干。23. 孝子顺孙，义夫节妇，境内若干，各开。24. 境内士君子在朝为官者几户。25. 境内有学无学，儒者若干。26. 境内把持公私，起词讼者有几，明注姓氏。27. 好闲不务生理，异先贤之教者有几。28. 本衙门及所属该设将禁弓兵人等若干，各报数目。29. 境内士人在朝为官，作非犯法，黜罢在闲者几人，至死罪者几人。30. 境内民人犯法被诛者几户。31. 境内警迹人若干。

与之相应，中国古代历史上没有独立于政府管理之外的宗教体系与宗教组织，也没有自成体系、相对独立的工商业行会或居民自治组织。中国历史上存在过宗法血缘组织，也有过村社组织，但它们都在政府的管理之中，实际上都是政府体系的末梢或变体，一旦成为异己的力量，政府会毫不犹豫地加以革除。而在欧洲中世纪，则是另一番景象。从经济体系看，欧洲是典型的二元体系：一方面是领主领地内自给自足的庄园经济体系，另一方面则是游离于其外自发形成的城市工商业经济体系。无论是君主还是领主，对城市工商业与市民都没有形成有效的管理，工商业行会的自主管理与市民自治是主要的管理模式。宗教体系也是如此。欧洲中世纪的教权和君权虽然经历过激烈的斗争，但从总体上看，是君权屈服于教权；宗教体系自立于国家体系之外，制约着人们包括君主与领主的精神世界与社会生活，实际上也制约着君主权力的行使。

就中国古代地方组织体系的波动与稳定的统一而言，主要有以下两大表现：

其一，中国古代的政治体制与政治格局处于不断的波动变化中，或者是统一的王朝政治，或者是分裂割据势力；或者是划一的郡县式地方政体，或者是间杂有分封制、准分封制的郡县制地方政体。但是，无论是统一王朝时代，还是分裂割据时代，各王朝包括各割据王朝对地方政治的管理主要都是采用集权的郡县式体制。西汉初年的分封异姓王、同姓王，仅是局限于部分地区，且历时不久；西晋的分封诸王也只是准分封制，历时更短；明朝虽然也实行分封藩王的制度，且其在明前中期对中央造成的危害也很大，但主体上实行的仍是郡县式集权管理政体。因此，中国古代地方政体一直是较为稳定的郡县式政体。

其二，在郡县式政体这一大格局中，中国古代的地方政体也表现出了波动与稳定的统一。值得注意的是，波动的部分多集中于地方政体的两端，即中央王朝与县之间二级制、三级制的波动，县至村聚间乡里之制的波动。处于中端的县与县政则保持了两千年的稳定。

前已述及，中央王朝与县之间的变动是中国古代地方政治不同阶段的标志性内容。县至村聚间乡里之制的变动可以分为两个时期：前期为秦汉至隋唐间。在此期间，乡里之制演化为乡村之制。后期为宋元明清时期。在此期间，规整简明的乡村之制演化为复杂多元的乡里管理体系。尤其在明清时代，这种复杂多元已无以复加。如冯贤亮所言：

> 不同府之间、同一府内的不同州县之间，基层控制系统往往无法统

一。这种情况的出现,可能与各地的行政惯例和乡村传统有着密切关系。仅以文献记载的基层体系的分层来看,明代江南地区的基层管理系统根本无法统一,而且各府州县地区基层系统的分层至清代又有所不同。

为说明这一问题,他制作了《明清两代江南各府主要基层体系对比》[①]一表,兹转引如下:

	明代	清代
苏州府	县——乡—都(保)—区—扇—里(图) 县—沙—乡—团	县—乡—都—区—扇—图—圩 县—乡—都——图—圩 都——保—圩
松江府	县——乡—保(都)—区——图(里)	县—乡—保—区—图——圩 县—团——镇 团—路
常州府	县——乡—都——保(图)	县—乡—都——图—圩 都——保—圩
嘉兴府	县——乡—都——区 扇——里	县乡都—区扇——圩 都——扇——圩 都——区—里(图)—圩
湖州府	县——区—乡—都—里—(图)	县——路—区—乡—庄——圩 县——乡—都—里(图)

由此表我们可以清楚地看到县以下基层体系的复杂与多元,这对同期的地方政治产生着重要影响。

以上所述,当属浅陋,惟意在表明中国古代地方政治研究之意义。实际

① 冯贤亮:《明清江南地区的环境变动与社会控制》,上海人民出版社 2002 年版,第 114～115 页。

上，自20世纪以来，学界对中国古代地方政治之研究已灿然可观。早在20世纪前半叶，就有黄绶先生之《中国地方行政史》，黄豪先生之《中国地方行政》，程幸超先生之《中国地方行政史略》，朱子爽先生之《中国县制史纲》，瞿兑之、苏晋仁先生之《两汉县政考》，闻钧天先生之《中国保甲制度》等论著面世。20世纪后半叶，又有严耕望先生之《中国地方行政制度史》、商文立先生之《中国历代地方政治制度》、张厚安先生主编之《中国农村基层建制的历史演变》、赵秀玲之《中国乡里制度》等论著。与此同时，断代专题著作也不断推出，政治制度通史著作中也都有专门篇幅论述地方政治制度。如白钢先生主编之十卷本《中国政治制度通史》，各卷均为地方行政体制单列章目，进行较为充分的论述；齐涛主编之《中国政治通史》十二卷本、《资政通鉴》十卷本也从不同角度、不同层面对中国古代地方制度、地方政治的运作机制作了全方位的考察。

在前人研究的基础上，我们可以拥有更高的起点与更宽的视野；随着时代的发展与学术的进步，我们更可以找到前人尚未充分开拓的或是新的值得探讨的领域。比如，就地方政治研究而言，中国古代地方政治的分期、内涵及其特性都值得继续深入探讨；又如，以往的地方政治研究的重点往往在于对制度的研究，对于地方政治运转的研究稍嫌不足；再如，对于地方政治与地方社会的关系的研究，虽然前人也做了不少的工作，但仍有相当多的领域需要继续开拓，等等。

基于此，我们不揣浅陋，从不同角度、不同时段，对中国古代地方政治进行初步探讨，成此“中国古代地方政治研究”系列。可喜的是，该系列已列入国家“十一五”重点图书出版规划中，各卷撰著者在各自的领域也都颇有专攻。我们将殚精竭虑，精耕细作，陆续推出该研究系列，以就正于学界。

马 新
2010年4月于山大新校高阁书斋

目 录

绪 言

一、选题意义

魏晋南北朝是中国历史上的大分裂、大动荡时期。先是魏、蜀、吴三国鼎立，尔后经过西晋的短暂统一，整个社会再次陷入纷乱之中。当时的北方地区，经过“五胡乱华”之后，鲜卑拓跋氏建立的北魏王朝统一了整个北方。大约一百年之后，又分裂为东魏、西魏，并在此基础上建立起北齐、北周两个政权。577 年，北周灭北齐，统一了北方。南方则经历了东晋、宋、齐、梁、陈几个王朝。588 年，代周而起的隋朝出兵伐陈，并于次年攻进建康，灭掉陈朝。历史开始进入繁荣昌盛的隋唐时期。

南北朝时期虽然是一个分裂动荡的时代，但却并不是历史的倒退，而是历史的曲折发展。它承上启下，是隋唐经济文化高潮的过渡期和准备期。与两汉历史相比，南北朝时期在社会结构、阶级关系、土地制度、文化思想等方面都发生了重大变化，这些变化在很大程度上影响了以后的隋唐历史。而从学术发展的历程来看，由于这一时期的历史错综复杂，加之史观局限，封建史家对该段历史的研究一直比较薄弱。第一个将魏晋南北朝史作为一个专门研究领域进行研究的是陈寅恪先生。在陈寅恪先生的指引之下，到目前为止，有关政治、经济、军事、思想文化等方面的力作已经为数不少，许多重大学术命题已经得以解决。相对而言，魏晋南北朝社会史研究则较为薄弱，乡村社会研究更是如此。而中国古代乡村社会的重要性诚如马新师所言:"乡村社会是中国古代社会的基点,也是中国古代物质文化与精神文化的重要源泉。打开中国历史,一幅是城市中国,一幅是乡村中国。……中国古代社会,尤其是汉唐时代,并不存在一个完整的城市社会,城市只是政权、军事权与统治权的释放点,它统治着乡村社会,主宰着乡村社会,却无法改变乡村社会的本来。相反,中国古代的城市,恰恰是乡村社会的伴生物,是乡村社会的城市。"①也就是说,乡村社会研究也是南北朝历史研究中的一个重要方面。

基于上述认识,笔者选择南北朝乡村社会作为研究对象。由于乡村社会涉及面广,加之本人水平所限,本书不可能对之作全面的研究,将仅侧重于行政组织、村落、宗族和家庭等乡村社会组织的探讨。笔者期望通过对南北朝乡村社会组织的探讨,对整个南北朝乡村社会能有一个更为深入的认识。

二、学术史回顾

学界对于中国古代社会史的研究可以追溯到上世纪初,迄今已有近百年的历史了。其中的很多论著与本书所要探讨的论题密切相关。本书是在这些已有成果基础上的继续,因此有必要先对相关研究进行较为全面的介绍。

(一)通论性研究成果

20世纪20年代到40年代出现了一大批社会史研究成果,大多是通论性的专著,其研究对象主要集中在宗族问题上。吕思勉先生的《中国宗族制度小史》②是我国第一部研究宗族问题的专著。该书对古代的婚姻、家族、宗族、汉代以降累世同居与析居等问题都作了初步探讨。后来出版的吕思勉先生的《两晋南北朝史》③专门设有《族制》一节,收集了该时期的相关宗族史料。陶希圣先生的《婚姻与家族》④一书讨论了家族范围、宗法制度、族居等

① 马新:《两汉乡村社会史》,齐鲁书社1997年版,"序言"第1~2页。

② 吕思勉:《中国宗族制度小史》,中山书局1929年版。

③ 吕思勉:《两晋南北朝史》,上海古籍出版社1983年版。

④ 陶希圣:《婚姻与家族》,商务印书馆1931年版。

问题，提出了农民宗族、豪商地主家族、士族家族等概念。高达观先生的《中国家族社会之演变》[①]将家族制度分为周代的宗法社会、宋代的宗族家族社会、清季的家族社会三个阶段。瞿同祖先生的《中国法律与中国社会》[②]一书对家族范围、父权以及刑法在家族中的效力等问题作了深入论述。

20 世纪 50～70 年代，社会史的研究基本处于停滞状态。一直到 80 年代以后，社会史研究才又重新崛起。相关的重要研究成果有：

徐扬杰先生的《中国家族制度史》[③]一书从宏观上将中国家族制度分为四大阶段。其中，对魏晋至唐代世家大族式家族组织的形成、家族组织、形态结构、世家大族式家族和门阀士族制度、北魏到唐代累世同居的大家庭等问题都进行了深入而细致的研究。

冯尔康先生主编的《中国社会结构的演变》[④]一书中，上编的第三章与第四章分别研究了整个魏晋南北朝时期的家庭结构与宗族结构。家庭结构方面研究了家庭的外部构成及其类型、家庭结构内部的稳定联系、家庭结构与社会结构等问题。宗族结构方面研究了皇族、士族、平民宗族、宗族的等级结构与社会冲突、宗族与政治制度及政权的演变等问题。

常建华先生的《中华文化通志·宗族志》[⑤]一书将我国古代宗族制度分为商周至春秋战国时期的世族世官宗族制、秦至五代十国的士族宗族制、宋元明清的祠堂宗族制，并分专题论述了祖先祭祀与家庙祠堂、宗族结构与组织、族谱、族产、族学、族规等问题，其中也涉及到了南北朝宗族的一些相关情况。

（二）专题研究成果

近十余年来，中国古代社会史的研究较之以往有了长足的发展，出现了不少优秀研究成果。其中，与本书论题相关的主要论著有：

---

① 高达观：《中国家族社会之演变》，正中书局 1946 年版。

② 瞿同祖：《中国法律与中国社会》，商务印书馆 1947 年版。

③ 徐扬杰：《中国家族制度史》，人民出版社 1992 年版。

④ 冯尔康主编：《中国社会结构的演变》，河南人民出版社 1994 年版。

⑤ 常建华：《中华文化通志·宗族志》，上海人民出版社 1998 年版。

齐涛师的《魏晋隋唐乡村社会研究》①,从考察魏晋南北朝隋唐时期乡村社会的变迁入手,对这一时期乡村管理制度的演进进行了全面研究。其中,有关南北朝的内容包括:坞壁的产生、兴盛及其内部机制;宗主督护制及三长制;北朝村落的基本功能及性质;东晋南朝村落的渊源、基本面貌及其行政意义。马新师的《两汉乡村社会史》②、岳庆平先生的《汉代家庭与家族》③等著作介绍了汉代乡村社会的相关状况。杨际平、郭锋、张和平合著的《五——十世纪敦煌的家庭与家族关系》④一书充分利用敦煌出土文书研究了该地区的家庭及家族问题。李卿先生的《秦汉魏晋南北朝时期家族、宗族关系研究》⑤研究了该时期的家庭结构、家族宗族生活、家族宗族关系对社会的影响等问题。

侯旭东先生的《北朝村民的生活世界》⑥一书由以下一些专题构成:《北朝的村落》、《汉魏六朝父系意识的成长与"宗族"》、《北朝"三长制"》、《北朝乡里制与村民的空间认同》、《北朝并州乐平郡石艾县安鹿角村的个案研究》、《造像记所见民众的国家观念与国家认同》、《北朝朝廷视野中的"民众"》、《朝廷、州县与村里——北朝村民的生活世界》,等。该著作是近年来乡村社会研究的一部优秀专著,作者对三长制、村落、国家观念与国家认同等问题的研究尤显功力。

邵正坤先生的《北朝家庭形态研究》⑦,借鉴社会学的概念和理论,对北朝时期家庭的基本类型、家庭成员的地位和义务、亲属的拟制、亲属关系在法律上的效力、家庭的收支及其管理、家庭的宗教信仰、家庭教育等问题进行了专题研究,从各个角度展示了北朝家庭的整体面貌。

其他相关著作还有:李凭先生《北魏平城时代》⑧一书的"附录三",对宗

---

① 齐涛:《魏晋隋唐乡村社会研究》,山东人民出版社 1995 年版。

② 马新:《两汉乡村社会史》,齐鲁书社 1997 年版。

③ 岳庆平:《汉代家庭与家族》,大象出版社 1997 年版。

④ 杨际平、郭锋、张和平:《五——十世纪敦煌的家庭与家族关系》,岳麓书社 1997 年版。

⑤ 李卿:《秦汉魏晋南北朝时期家族、宗族关系研究》,上海人民出版社 2005 年版。

⑥ 侯旭东:《北朝村民的生活世界》,商务印书馆 2005 年版。

⑦ 邵正坤:《北朝家庭形态研究》,科学出版社 2008 年版。

⑧ 李凭:《北魏平城时代》,社会科学文献出版社 2000 年版。

主督护制进行了系统研究。日本学者谷川道雄先生《中国中世社会与共同体》[①]一书中，有不少关于北朝乡村中的"名望家"、北朝宗族等内容的研究。陈爽先生《世家大族与北朝政治》[②]一书，从政治史的角度研究了北朝高等士族的发展变迁。熊德基先生的《汉唐文化史》[③]第五章《家庭》分析了汉唐时期的家庭结构，尤其是重点分析了大家庭的相关问题。

另外，一些政治史类专著中也有不少与本论题相关的内容。比如，陈寅恪先生的《唐代政治史述论稿》[④]、《金明馆丛稿初编》[⑤]以及《隋唐制度渊源略论稿》[⑥]，唐长孺先生的《魏晋南北朝史论丛》[⑦]、《魏晋南北朝史论丛续编》[⑧]、《魏晋南北朝隋唐史三论》[⑨]，田余庆先生的《东晋门阀政治》[⑩]、《拓跋史探》[⑪]，卫广来师的《汉魏晋皇权嬗代》[⑫]。其他论著还有很多，恕不一一列举。

相关代表性论文有：周一良先生的《从北魏几郡的户口变化看三长制的作用》[⑬]一文着重研究了三长制的历史作用；《魏晋南北朝史学发展的特点》[⑭]一文对南北朝谱牒进行了研究。

郑欣先生的《北朝均田制散论》一文对整个北朝家庭的赋役负担进行了深入的研究；《门阀地主的形成、特点、作用及崩溃》一文研究了整个中古门

① [日]谷川道雄：《中国中世社会与共同体》，马彪译，中华书局2002年版。

② 陈爽：《世家大族与北朝政治》，中国社会科学出版社1998年版。

③ 熊德基：《汉唐文化史》，湖南出版社1992年版。

④ 陈寅恪：《唐代政治史述论稿》，三联书店2001年版。

⑤ 陈寅恪：《金明馆丛稿初编》，三联书店2001年版。

⑥ 陈寅恪：《隋唐制度渊源略论稿》，三联书店2001年版。

⑦ 唐长孺：《魏晋南北朝史论丛》，三联书店1955年版。

⑧ 唐长孺：《魏晋南北朝史论丛续编》，三联书店1959年版。

⑨ 唐长孺：《魏晋南北朝隋唐史三论》，武汉大学出版社1993年版。

⑩ 田余庆：《东晋门阀政治》，北京大学出版社1996年版。

⑪ 田余庆：《拓跋史探》，三联书店2003年版。

⑫ 卫广来：《汉魏晋皇权嬗代》，书海出版社2002年版。

⑬ 周一良：《从北魏几郡的户口变化看三长制的作用》，原载《社会科学战线》1980年第4期，后收入其《魏晋南北朝史论集》，北京大学出版社1997年版。

⑭ 周一良：《魏晋南北朝史学发展的特点》，载其《魏晋南北朝史论集》，北京大学出版社1997年版。

阀地主的发展史;《南朝的租调制度》、《南朝的杂调》、《南朝的徭役制度》[1]等文章详细考辨了南朝赋役制度的相关内容。

杜正胜先生的《传统家族试论》[2]一文,讨论了家与族的界定、家庭结构等问题。

韩昇先生的《南北朝隋唐士族向城市的迁徙与社会变迁》[3]一文研究了士族的乡村根基以及士族向城市迁徙的状况;《魏晋隋唐的坞壁和村》[4]一文,着重探讨了坞壁和村落之间的关系。

张承宗和魏向东先生的《魏晋南北朝时期的宗族》[5]一文认为,魏晋南北朝时期的宗族组织分为士族地主经营的封建庄园、以宗族为核心的流民集团、由族长控制的武装坞壁。宗族观念有三个特点:重门第轻才德、重宗族轻个人、重孝悌轻复仇。

张金龙先生的《北魏洛阳里坊制度探微》[6]一文研究了北魏洛阳里坊制度,并就北朝乡里提出了自己的一些看法。

侯旭东先生的《北朝乡里制与村民的生活世界》[7]一文研究了北朝乡里制度的简况及其在村民生活世界中的地位;《北朝村落考》[8]一文研究了北朝村落的普遍存在等内容;《北朝"三长制"四题》[9]一文对三长制的设立年代、成效、名称、地位进行了考辨;《汉魏六朝的自然聚落——兼论"邨"、"村"关系与"村"的通称化》[10]一文通过考察汉代以来的聚落形态,并揭示乡里编制

---

① 郑欣:《魏晋南北朝史探索》,山东大学出版社1989年版。

② 杜正胜:《传统家族试论》,载《大陆杂志》第65卷第2、3期,1982年。后收入黄宽重、刘增贵主编《家族与社会》,中国大百科全书出版社2005年版,第1~88页。

③ 韩昇:《南北朝隋唐士族向城市的迁徙与社会变迁》,载《历史研究》2003年第4期。

④ 韩昇:《魏晋隋唐的坞壁和村》,载《厦门大学学报》1997年第2期。

⑤ 张承宗、魏向东:《魏晋南北朝时期的宗族》,载《苏州大学学报》2000年第3期。

⑥ 张金龙:《北魏洛阳里坊制度探微》,载《历史研究》1999年第6期。

⑦ 侯旭东:《北朝乡里制与村民的生活世界》,载《历史研究》2001年第6期。

⑧ 侯旭东:《北朝村落考》,载《庆祝何兹全先生九十岁论文集》,北京师范大学出版社2001年版。

⑨ 侯旭东:《北朝"三长制"四题》,载《中国史研究》2002年第4期。

⑩ 侯旭东:《汉魏六朝的自然聚落——兼论"邨"、"村"关系与"村"的通称化》,载黄宽重主编《中国史新论·基层社会》,(台北)联经出版事业有限公司2009年版,第127~182页。

下自然聚落称呼的复杂情况，进而考察了“村”为何会成为通称，并在南朝及唐代官方的制度中占有一席之地，从而对“村”出现的意义做了新的探讨。

宫川尚志博士的《六朝时代的村》①一文研究了整个魏晋南北朝时期村落的概况。

杨际平先生的《北魏太和前后若干史事考辨》②一文，用例证及宏观考察的办法得出结论：“立三长前三五口之家仍占多数。”杨际平、李卿二先生的《李显甫集诸李开李鱼川史事考辨》③一文认为，当时政府并不假手于所谓的“宗主督护”，李显甫这一“宗主”与“宗主督护”也没有联系。

冻国栋先生的《北朝时期的家庭规模结构及相关问题论述》④一文，通过对《魏书·地形志》所附户口数以及对敦煌《西魏大统十三年计帐文书》的统计研究，认为北朝时期一般民户家庭规模以五口之家为普遍现象。

朱大渭和梁满仓先生的《魏晋南北朝宗族组织试探》一文认为，魏晋南北朝时期的宗族组织具有浓厚的封建色彩。这个时期的宗族大约有三类：皇室宗族、士族门阀宗族、庶族宗族。血缘和地域关系是维系宗族的两条组带，宗族领袖是凝聚这个组织的领导核心，宗族活动是保持其活力的源泉，文化是宗族发展兴衰的命脉。魏晋南北朝封建宗族组织初步形成后，从隋唐到明清一千余年，尽管宗族血缘组织在发展变化中，受历史发展进程的制约，各个时期的某些特色不同，也有低级、高级的差别，但从总体上看，封建宗族血缘组织结构、政治经济和文化内涵的基础乃是魏晋南北朝时期奠定的。因而上述本时期宗族组织的四方面内涵，对以后宗族组织发展的影响是极其深远的。

鲁西奇先生的《西魏北周时代“山南”的“方隅豪族”》一文认为，泉、阳、李、杨诸氏山南方隅豪族，皆于萧梁中期（515～535）渐次兴起，并在梁魏争夺汉中、东西魏交争及西魏南进梁、益、雍、荆以及西魏、北周南下巴峡、荆湘

① ［日］宫川尚志：《六朝时代的村》，收入《日本学者研究中国史论著选译》第4卷，中华书局1992年版。

② 杨际平：《北魏太和前后若干史事考辨》，载《北朝研究》1991年上半年刊。

③ 杨际平、李卿：《李显甫集诸李开李鱼川史事考辨》，载《厦门大学学报》2003年第3期。

④ 冻国栋：《北朝时期的家庭规模结构及相关问题论述》，载《北朝研究》1990年上半年刊。

的一系列战事中，不断扩展实力。山南豪酋投附新兴之宇文氏后，所部部曲、乡兵大部分被编入府兵系统，补充了西魏、北周之兵源；宇文氏则借此将府兵制推行到新占领的山南、剑南地区，并在此一过程中将这些土豪“改造”为朝廷命官，逐步实现了山南地方社会的“国家化”。[①]

其他的相关论文还有不少。比如，毛汉光先生的《从士族籍贯看唐代士族之中央化》[②]、陈直先生的《南北朝谱牒形式的发现与索隐》[③]、李裕民先生的《北朝家谱研究》[④]、高敏先生的《北魏“宗主督护”制始行时间试探》[⑤]等。

三、文献及研究方法

研究中国古代乡村社会，特别是研究南北朝乡村社会，首先面临的问题便是资料的匮乏与零散。本书对南北朝乡村社会资料进行了较为全面的搜集和梳理。所据材料大致可分为七类：(1)正史类：包括《宋书》、《南齐书》、《梁书》、《陈书》、《魏书》、《北齐书》、《周书》、《南史》、《北史》、《隋书》、《新唐书》等；(2)编年类：主要是《资治通鉴》；(3)政书类：主要是《通典》、《文献通考》；(4)地理书：主要是《洛阳伽蓝记》、《水经注》；(5)家训书：主要是《颜氏家训》；(6)农书：主要是《齐民要术》；(7)墓志碑刻：主要是《汉魏南北朝墓志汇编》、《新出魏晋南北朝墓志疏证》，其中有研究南北朝宗族的直接材料。

在研究方法上，本书以马克思主义分析历史现象的科学方法为指导，力求在充分占有史料和深入研究的基础上做到史论结合，展示南北朝乡村社会变迁的丰富历史画卷。同时，本书还借鉴了社会学的相关概念、理论与方法，如：个体小家庭、核心家庭等概念，宗族与家庭的结构功能理论等。

---

① 参见鲁西奇《西魏北周时代“山南”的“方隅豪族”》，载《中国史研究》2009 年第 1 期。

② 毛汉光：《从士族籍贯看唐代士族之中央化》，载其《中国中古社会史论》，上海书店 2002 年版。

③ 陈直：《南北朝谱牒形式的发现与索隐》，载《西北大学学报》1980 年第 3 期。

④ 李裕民：《北朝家谱研究》，载《谱牒学研究》第 3 辑，书目文献出版社 1992 年版。

⑤ 高敏：《北魏“宗主督护”制始行时间试探》，载《广州大学学报》2002 年第 1 期。

第一章　南北朝乡村行政组织

东汉末年以来，乡里亭制度随着国家权力的瓦解日趋式微。伴随着政权的分裂，南北朝的乡村管理制度也朝着不同的方向发展着：南朝的村落逐步具有了自然聚落与法定乡村组织单位的双重意义，而北朝的乡村管理制度则经历了乡里坞壁、三长制两个不同阶段。

第一节　南北朝的乡里

一、南北朝之前的乡里

乡里亭制度是两汉时期地方制度的重要组成部分，乡是县之下的一级政府机构，里是乡之下的居民组织，而亭则是专门的治安保障机构。①

西晋的乡里制度见于《晋书》卷二四《职官志》：

> 又县五百以上皆置乡，三千以上置二乡，五千以上置三乡，万以上置四乡，乡置啬夫一人。乡户不满千以下，置治书史一人；千以上置史、佐各一人，正一人；五千五百以上，置史一人，佐二人。县率百户置里吏一人，其土广人稀，听随宜置里吏，限不得减五十户。户千以上，置校官掾一人。

① 参见马新《两汉乡村社会史》，齐鲁书社 1997 年版，第 189 页。

有关两晋乡里具体情况的史料很少。《晋书》卷九四《翟汤传》云：

建元初，安西将军庾翼北征石季龙，大发僮客以充戎役，敕有司特蠲汤所调。汤悉推仆使委之乡吏，吏奉旨一无所受，汤依所调限，放免其仆，使令编户为百姓。

这条材料中的“乡吏”表明，当时的乡是存在的，而且设有相关官吏。

十六国时期的乡里制度在户籍材料中也有所体现。西凉户籍残卷中八户人家的籍贯均为敦煌郡敦煌县西宕乡高昌里。①

二、南朝的乡里

南朝乡里组织制度见于《宋书》卷四〇《百官志下》：

五家为伍，伍长主之；二伍为什，什长主之；十什为里，里魁主之；十里为亭，亭长主之；十亭为乡，乡有乡佐、三老、有秩、啬夫、游徼各一人。乡佐、有秩主赋税，三老主教化，啬夫主争讼，游徼主奸非。

关于乡的实例，如《梁书》卷二《武帝纪》：“庚午，诏于州郡县置州望、郡宗、乡豪各一人，专掌搜荐。”“乡豪”应该是乡中负责教化之人。南朝“里”的实例主要来自于户籍记录。《宋书》卷四一《后妃孝穆赵后传》记载赵皇后死后“葬晋陵丹徒县东乡练壁里雩山”。② 该记录采用的就是“县—乡—里”的记录模式，反映出了当时地方行政制度的层次。③

里的负责者有“里吏”、“符伍里吏”、“里司”等称呼。前引《晋书》卷二四《职官志》中称为“里吏”。《宋书》卷五四《羊玄保传》：“先是，刘式之为宣城，立吏民亡叛制，一人不禽，符伍里吏送州作部，若获者赏位二阶。”《梁书》卷二二《安成王秀传》：“及至州，闻前刺史取征士陶潜曾孙为里司。”《南史》卷

---

① 参见陈垣《跋西凉户籍残卷》，载《北京师范大学学报》1963年第2期；朱雷《吐鲁番出土北凉赀簿考释》，载《武汉大学学报》1980年第4期；唐长孺《从吐鲁番出土文书中所见的高昌郡县行政制度》，载《文物》1978年第6期。

② 有学者将《南史》卷四《齐本纪上》记齐太祖高皇帝“其先本居东海兰陵县中都乡中都里”也作为南朝乡里存在的史料。细读原文，该条史料反映的是前代的情况，不应作为南朝的相关实例。

③ 但也有不书写乡的例子。例如，《宋书》卷一《武帝纪上》云：“高祖武皇帝讳裕，字德舆，小名寄奴，彭城县绥舆里人，汉高帝弟楚元王交之后也。”《陈书》卷一《武帝纪上》记陈高祖武皇帝是“吴兴长城下若里人”。

九《陈本纪上》:"初仕乡为里司,后至建邺为油库吏,徙为新喻侯萧映传教,勤于其事,为映所赏。"大概"里吏"、"符伍里吏"为泛称,"里司"为较具体的职位。

每遇某人有孝行,朝廷或"榜表闾门",彰表其里;或将原里名改为含有"孝义"字样的里名。《宋书》卷九一《孝义传》载:

贾恩,会稽诸暨人也。少有志行,为乡曲所推重。元嘉三年,母亡,居丧过礼。未葬,为邻火所逼,恩及妻桓氏号哭奔救,邻近赴助,棺榇得免。恩及桓俱见烧死。有司奏改其里为孝义里,蠲租布三世。追赠天水郡显亲县左尉。

郭世道,会稽永兴人也。生而失母,父更娶,世道事父及后母,孝道淳备。年十四,又丧父,居丧过礼,殆不胜丧。家贫无产业,佣力以养继母。妇生一男,夫妻共议曰:"勤身供养,力犹不足,若养此儿,则所费者大。"乃垂泣瘗之。母亡,负土成坟,亲戚咸共赙助,微有所受,葬毕,佣赁倍还先直。服除后,哀戚思慕,终身如丧者,以为追远之思,无时去心,故未尝释衣帢。仁厚之风,行于乡党,邻村小大,莫有呼其名者。尝与人共于山阴市货物,误得一千钱,当时不觉,分背方悟。请其伴求以此钱追还本主,伴大笑不答,世道以己钱充数送还之,钱主惊叹,以半直与世道,世道委之而去。元嘉四年,遣大使巡行天下,散骑常侍袁愉表其淳行,太祖嘉之,敕郡榜表闾门,蠲其税调,改所居独枫里为孝行焉。太守孟颉察孝廉,不就。

严世期,会稽山阴人也。好施慕善,出自天然。同里张迈三人,妻各产子,时岁饥俭,虑不相存,欲弃而不举,世期闻之,驰往拯救,分食解衣,以赡其乏,三子并得成长。同县俞阳妻庄年九十,庄女兰七十,并各老病,单孤无所依,世期衣饴之二十余年,死并殡葬。宗亲严弘、乡人潘伯等十五人,荒年并饿死,露骸不收,世期买棺器殡埋,存育孩幼。山阴令何曼之表言之。元嘉四年,有司奏榜门曰"义行严氏之闾",复其身徭役,蠲租税十年。

潘综,吴兴乌程人也。孙恩之乱,妖党攻破村邑,综与父骠共走避贼。骠年老行迟,贼转逼,骠语综:"我不能去,汝走可脱,幸勿俱死。"骠困乏坐地，综迎贼叩头曰："父年老，乞赐生命。"贼至，骠亦请贼曰："儿年少，自能走，今为老子不走去。老子不惜死，乞活此儿。"贼因斫骠，综抱父于腹下，贼斫综头面，凡四创，综当时闷绝。有一贼从傍来，相谓曰："卿欲举大事，此儿以死救父，云何可杀。杀孝子不祥。"贼良久乃止，父子并得免。……元嘉四年，有司奏改其里为纯孝里，蠲租布三世。

除了乡里之外，南朝的村也开始具有了一定的行政及法律意义，详见本书第二章。

三、北朝的乡里

北朝正史中有关"乡里"的材料也不多。《魏书》卷四《太武帝纪上》载：

(太延元年十二月)甲申，诏曰："……自今以后，亡匿避难，羁旅他乡，皆当归还旧居，不问前罪。……若有发调，县宰集乡邑三老计赀定课，裒多益寡，九品混通，不得纵富督贫，避强侵弱。"

《魏书》卷七《孝文帝纪下》载：

(孝文帝太和二十二年二月)，辛未，诏以穰民首归大顺终始若一者，给复三十年，标其所居曰"归义乡"；次降者给复十五年。

《北齐书》卷三七《刘逖传》记其籍贯为：

彭城丛亭里人也。

侯旭东先生收集了墓志中记录的乡里名称，并根据对州、郡、县名称变迁等情况的分析研究，辨析了这些名称当中哪些采用的是魏晋旧名，哪些采用的是北朝当时的地名[①](侯先生文中运用的"魏晋旧制"、"正在行用的制度"等提法似不妥，本节将在后文详细讨论之)。根据侯先生考订的结果，我们可以制成下表(见表1-1)：

① 参见侯旭东《北朝乡里制与村民的生活世界——以石刻为中心的考察》，载《历史研究》2001年第6期。后收入其《北朝村民的生活世界——朝廷、州县与村里》，商务印书馆2005年版。该书还收录了侯先生制作的"北朝墓志所见墓主籍贯中的乡里"表格，见是书第162～171页。

表 1-1　　北朝墓志所见墓主籍贯中的乡里

墓主	籍贯/卒地/葬地	时代
李榘兰	勃海郡条县广乐乡新安里	北魏
张　整	并州上党郡刈陵县东路乡吉迁里	北魏
檀　宾	兖州高平平阳县都乡箱陵里	北魏
张　玄	蒲阪城建中乡孝义里	北魏
李庆容	并州太原郡都乡唐阪里	北魏
封延之	广东乡新安里	东魏
封　柔	广东乡新安里	东魏
崔令姿	历城县荣山乡石沟里	东魏
柳敬怜	杜陵旧兆洪固乡畴贵里	西魏
房周陁	齐郡益都县都乡营丘里	北齐
常文贵	沧州浮阳郡高城县崇仁乡修义里	北齐
□　通	東城县东五十里崇德乡平原	北周

分析上表所列乡里名称的情况，我们可以发现：从时间上讲，涉及到北朝各个王朝；从地域上讲，涉及范围也非常广泛。据之，我们可以得出结论：乡里名称在北朝仍在被广泛使用着。

侯先生在文中有两个结论，一个是“尽管部分墓主的籍贯包括一些魏晋旧制的成分，总体上看，县以下的乡里编制仍属于正在行用的制度”。这个结论值得商榷。前代行政与自然聚落合而为一的乡里制度在北魏实行三长制之后已经成了一种历史遗存，它仅仅是乡里民众用于记录地域空间的一种标志，乡里在前代拥有的行政功能已经被三长制所取代，它已经不再是具有普遍意义的行政组织。检索史料，像前引世祖太延元年十二月甲申诏[①]中的“乡邑三老”这样的乡里职官在三长制推行之后再也没有出现过。这就向我们昭示，乡里作为一种行政制度，已经没有了普遍的行政规则，不再是具

① 考虑到当时宗族势力的强盛，这次诏令所能起到的实际效果应该说是极其有限的。

有普遍意义的行政组织。也就是说，在北朝，乡里名称虽然仍被广泛使用着，但在北魏推行三长制之后，它已经成了一个躯壳，乡里民众主要用它记录地域空间，它已经不再是行政组织。所以说，在北朝推行三长制之后的乡村中，乡里只是前代制度的遗留，而不是“属于正在行用的制度”。

侯先生文中的另一个结论是：“考诸前史，秦汉各代无不建立乡里制度，但就‘里’而言似乎未有确定的疆界，主要是编制户口的一种办法，多见于户籍等官方文书中，而方位则用‘亭’、‘亭部’及‘阡陌’表示。”并通过绘制三个乡里的复原图得出结论：“北朝自太和中叶以后，立三长掌户口，传统里吏掌握的户口、交纳赋役等工作转由三长负责。乡里，特别是‘里’被划定了具体的地域范围而无职司，成为当时的一个特点”；“只是随着带有均分田地思想的均田制的出现，才开始划分‘里’部，关心百姓田产的方位，记录地块的四至”。侯先生的这个观点似乎不太妥当。

第一，根据马新师的研究，“汉代的里实际上是因自然聚落而设，并大致与之合而为一”。里“因自然聚落而设”，而自然聚落是具有确定疆界的，所以说，秦汉的里是具有确定疆界的。第二，马新师在同书中还指出，“里作为乡村基层组织，事务繁多，各种职能俱全，政府的一切政策、法令、任务都由乡传到里，由里具体贯彻执行，而具体负责组织管理者则是里吏”。这表明，秦汉里的职能也并非像侯旭东先生所说的只是限于户口管理。第三，马新师同书中引用的马王堆出土的《驻军图》则表明，里也不只是用于户籍等官方文书，也用来表示方位。[①] 也就是说，秦汉表示方位的单位除了“亭”、“亭部”及“阡陌”外，里也是其中的一种单位。第四，乡里之“里”与邻里党三长制中的“里”不是同一个概念。均田制的配套措施是三长制，而不是乡里制，所以据均田而给乡里之“里”划分具体地域范围的说法是值得商榷的。第五，前面已经分析过，北魏实行三长制之后，乡里仅仅是前代制度的遗留，不再具备行政意义，所以北朝政府也不可能再去给乡里之“里”划定具体的地域范围。政府对仅有地域躯壳意义的乡里的利用是通过更改乡里名称来表

---

① 参见马新《两汉乡村社会史》第四章第一节“两汉的乡里村落”，齐鲁书社 1997 年版，第 189～210 页。

彰孝义忠节。如前引孝文帝太和二十二年“归义乡”一例。又如《北史》卷三三《李灵传附李谧传》：

……事奏，诏曰：“谧屡辞征辟，志守冲素，儒隐之操，深可嘉美。可远傍惠康，近准玄晏，谥曰：贞静处士，并表其门闾，以旌高节。”于是表其门曰文德，里曰孝义云。

再如《魏书》卷九二《列女传》：

贞孝女宗者，赵郡柏仁人，赵郡太守李叔胤之女，范阳卢元礼之妻。性至孝，闻于州里。父卒，号恸几绝者数四，赖母崔氏慰勉之，得全。三年之中，形骸销瘠，非人扶不起，及归夫氏，与母分隔，便饮食日损，涕泣不绝，日就羸笃。卢氏合家慰喻，不解，乃遣归宁。还家乃复故，如此者八九焉。后元礼卒，李追亡抚存，礼无违者，事姑以孝谨著。母崔，以神龟元年终于洛阳，凶问初到，举声恸绝，一宿乃苏，水浆不入口者六日。其姑虑其不济，亲送奔丧。而气力危殆，自范阳向洛，八旬方达，攀榇号踊，遂卒。有司以状闻。诏曰：“孔子称毁不灭性，盖为其废养绝类也。李既非嫡子，而孝不胜哀，虽乖俯就，而志厉义远，若不加旌异，则无以劝引浇浮。可追号为‘贞孝女宗’，易其里为孝德里，标李卢二门，以惇风俗。”

河东姚氏女字女胜，少丧父，无兄弟，母怜而守养。年六七岁，便有孝性，人言其父者，闻辄垂泣。邻伍异之。正光中，母死，女胜年十五，哭泣不绝声，水浆不入口者数日，不胜哀，遂死。太守崔游申请为营墓立碑，自为制文，表其门闾，比之曹娥，改其里曰“上虞里”。墓在郡城东六里大道北，至今名为“孝女冢”。

通过这些材料，我们可以看出，政府对乡里的利用是将之作为一种地域单位推行教化，而不是利用其完成政治及经济等组织功能。

简言之，北朝时期，乡里名称仍然在被广泛使用着；但它在北魏推行三长制之后已经成为一个躯壳，仅仅是前代制度的遗留，不再是行政组织，不再具备组织功能；乡里民众主要用它记录地域空间，政府也只是将之作为一种地域单位推行教化。

第二节　十六国时期的乡里坞壁

北魏王朝用武力结束了十六国乱离的历史，但其统治触角伸达中原基层已经是在文明太后推行三长制之后了。在此期间，北魏王朝经历了由乡里坞壁到三长制的历史进程。从这个意义上讲，厘清十六国时期的坞壁组织是分析北朝乡村基层行政组织的重要切入点。

十六国时期虽也偶有和平时期，但从整体上看是一段战争纷仍、动荡不安的历史。在这一时期，汉晋乡里制度已经无力发挥其原有的作用，遍布北中国各地的是大大小小、形形色色的坞壁组织。敦煌石室本《晋纪》云：

> 永嘉大乱，中原残荒。保壁大帅数不盈册。多者不过四五千家，少者千家五百家。[①]

就是对这一情况的极好概括。

关于坞壁，学术界已有不少系统的研究。[②] 根据齐涛师的研究，坞壁可以分为流民坞壁、乞活坞壁、兵士坞壁和乡里坞壁四种类型。[③] 在这四种类型中，只有乡里坞壁属于乡村组织的范畴，故本节讨论的内容仅限于乡里坞壁，重点分析乡里坞壁的功能及其与各政权的关系。

---

① 转引自周一良《乞活考》，载其《魏晋南北朝史论集》，北京大学出版社 1997 年版，第 21 页。

② 参见黄惠贤《试论中国三至六世纪坞营组织的性质》，载《武汉大学学报》1960 年第 5、6 期(合刊)；程应镠《四世纪初至五世纪末中国北方坞壁略论》，载《上海师范大学学报》1979 年第 1 期；赵克尧《论魏晋南北朝的坞壁》，载《历史研究》1980 年第 6 期；欧源熙《魏晋时期坞壁组织的性质及其作用》，载《广州师院学报》1981 年第 4 期；田昌五、马志冰《论十六国时代坞堡壁垒组织的构成》，载《中国史研究》1992 年第 2 期；齐涛《魏晋隋唐乡村社会研究》第一章第一节“十六国时代坞壁的兴盛”，山东人民出版社 1995 年版，第 11～13 页；韩昇《魏晋隋唐的坞壁和村》，载《厦门大学学报》1997 年第 2 期；仁怀国《论魏晋南北朝北方坞壁地主经济》，载《烟台师范学院学报》1997 年第 2 期；田梅英《魏晋南北朝时期坞壁的类型及内部机制》，载《山东师范大学学报》1998 年第 6 期；[韩]具圣姬《两汉魏晋南北朝的坞壁》，民族出版社 2004 年版，等等。

③ 参见齐涛《魏晋隋唐乡村社会研究》第一章第一节“十六国时代坞壁的兴盛”，山东人民出版社 1995 年版，第 13～17 页。

一、乡里坞壁的功能

能够比较全面反映十六国时期乡里坞壁内部组织情况的典型事例是庾衮先后在禹山、林虑山建立的坞壁。《晋书》卷八八《庾衮传》：

庾衮字叔褒，明穆皇后伯父也。……齐王冏之唱义也，张泓等肆掠于阳翟，衮乃率其同族及庶姓保于禹山。是时百姓安宁，未知战守之事，衮曰："孔子云：'不教而战，是谓弃之。'"乃集诸群士而谋曰："二三君子相与处于险，将以安保亲尊，全妻孥也。古人有言：'千人聚而不以一人为主，不散则乱矣。'将若之何？"众曰："善。今日之主非君而谁！"衮默默有间，乃言曰："古人急病让夷，不敢逃难，然人之立主，贵从其命也。"乃誓之曰："无恃险，无怙乱，无暴邻，无抽屋，无樵采人所植，无谋非德，无犯非义，戮力一心，同恤危难。"众咸从之。于是峻险厄，杜蹊径，修壁坞，树藩障，考功庸，计丈尺，均劳逸，通有无，缮完器备，量力任能，物应其宜，使邑推其长，里推其贤，而身率之。分数既明，号令不二，上下有礼，少长有仪，将顺其美，匡救其恶。及贼至，衮乃勒部曲，整行伍，皆持满而勿发。贼挑战，晏然不动，且辞焉。贼服其慎而畏其整，是以皆退，如是者三。时人语曰："所谓临事而惧、好谋而成者，其庾异行乎！"

及冏归于京师，逾年不朝。衮曰："晋室卑矣，寇难方兴！"乃携其妻子适林虑山，事其新乡如其故乡，言忠信，行笃敬。比及期年，而林虑之人归之，咸曰庾贤。及石勒攻林虑，父老谋曰："此有大头山，九州岛之绝险也。上有古人遗迹，可共保之。"惠帝迁于长安，衮乃相与登于大头山而田于其下。年谷未熟，食木实，饵石蕊，同保安之，有终焉之志。及将收获，命子怞与之下山，中途目眩瞀，坠崖而卒。同保赴哭曰："天乎！独不可舍我贤乎！"

我们将以之作为典型材料，再结合一些其它例子，分析十六国时期乡里坞壁的基本功能。

（一）行政功能

乡里坞壁的行政功能主要体现在，它设有坞主及基层组织单位，管理内部事务。

1. 坞主

每个乡里坞壁都设有坞主管理内部事务。坞主的产生有自立与推选两种形式。自立者，典型的有郭默、李灵、薛辩：

郭默，河内怀人。少微贱，以壮勇事太守裴整，为督将。永嘉之乱，默率遗众自为坞主，以渔舟抄东归行旅，积年遂致巨富，流人依附者渐众。抚循将士，甚得其欢心。

默妇兄同郡陆嘉取官米数石饷妹，默以为违制，将杀嘉，嘉惧，奔石勒。默乃自射杀妇，以明无私。遣使谒刘琨，琨加默河内太守。刘元海遣从子曜讨默，曜列三屯围之，欲使饿死。默送妻子为质，并请籴焉。籴毕，设守。曜怒，沈默妻子于河而攻之。默遣弟芝求救于刘琨，琨知默狡猾，留之而缓其救。默更遣人告急。会芝出城浴马，使强与俱归。默乃遣芝质于石勒，勒以默多诈，封默书与刘曜。默使人伺得勒书，便突围投李矩。后与矩并力距刘、石，事见矩传。(《晋书》卷六三《郭默传》)

李灵，字武符，赵郡平棘人也。父勰，字小同，恬静好学，有声赵、魏间。道武平中原，闻其已亡，哀惜之，赠宣威将军，兰陵太守。……

(至其孙)显甫，豪侠知名，集诸李数千家于殷州西山，开李鱼川方五六十里居之，显甫为其宗主。以军功赐爵平棘子，位河南太守，赠安州刺史，谥曰安。

子元忠……孝庄时，盗贼蜂起，清河有五百人西戍，还经南赵郡，以路梗，共投元忠，奉绢千余匹。元忠唯受一匹，杀五牛以食之，遣奴为导，曰："若逢贼，但道李元忠遣。"如言，贼皆舍避。及葛荣起，元忠率宗党作垒以自保，坐于大槲树下，前后斩违命者凡三百人。贼至，元忠辄却之。葛荣曰："我自中山至此，连为赵李所破，则何以能成大事？"乃悉众攻围，执元忠以随军。贼平，就拜南赵郡太守。好酒，无政绩。(《北史》卷三三《李灵传》)

薛辩字允白，河东汾阴人也。曾祖兴，晋尚书右仆射、冀州刺史、安邑公，谥曰庄。祖涛袭爵，位梁州刺史，谥曰忠惠。京都倾覆，皆以义烈著闻。父强,字威明,幼有大志,怀军国筹略。与北海王猛,同志友善。……后坚伐晋,军败,强遂总宗室强兵,威振河辅,破慕容永于陈川。姚兴闻而惮之,遣使重加礼命,征拜右光禄大夫、七兵尚书,封冯翊郡公,转左户尚书。……

辩幼而俊爽,倜傥多大略,由是豪杰多归慕之。强卒,复袭统其营。仕姚兴,历太子中庶子、河北太守。辩知姚氏运衰,遂弃归家保乡邑。……及长安失守,辩遂归魏。……明元深加器重,明年方得旋镇。帝谓之曰:"朕委卿西蕃,志在关右,卿宜克终良算,与朕为长安主人。"辩即还任,务农教战,恒以数千之众,摧抗赫连氏。帝甚褒奖之。(《北史》卷三六《薛辩传》)

以上材料中,"自为坞主"、"率宗党作垒以自保"、"总宗室强兵"、"复袭统其营"等内容表明,这些坞壁的坞主都是自立的。

推选者,如前引庾衮例中,"众曰:'善。今日之主,非君而谁!'"又如李矩、祖逖、苏峻:

李矩字世回,平阳人也。童龀时,与群儿聚戏,便为其率,计画指授,有成人之量。及长,为吏,送故县令于长安,征西将军梁王肜以为牙门。伐氐齐万年有殊功,封东明亭侯。还为本郡督护。太守宋胄欲以所亲吴畿代之,矩谢病去。畿恐矩复还,阴使人刺矩,会有人救之,故得免。属刘元海攻平阳,百姓奔走,矩素为乡人所爱,乃推为坞主,东屯荥阳,后移新郑。

……及帝践阼,以为都督司州诸军事、司州刺史,改封平阳县侯,将军如故。时弘农太守尹安、振威将军宋始等四军并屯洛阳,各相疑阻,莫有固志。矩、默各遣千骑至洛以镇之。安等乃同谋告石勒,勒遣石生率骑五千至洛阳,矩、默军皆退还。俄而四将复背勒,遣使乞迎,默又遣步卒五百人入洛。石生以四将相谋,不能自安,乃虏宋始一军,渡河而南。百姓相率归矩,于是洛中遂空。矩乃表郭诵为扬武将军、阳翟令,阻水筑垒,且耕且守,为灭贼之计。属赵固死,石生遣骑袭诵,诵多计略,贼至,辄设伏破之,虏掠无所得。生怒,又自率四千余骑暴掠诸县,因攻诵垒,接战须臾,退军埒坂。诵率劲勇五百追及生于盘脂故亭,又

大破之。矩以诵功多,表加赤幢曲盖,封吉阳亭侯。(《晋书》卷六三《李矩传》)

"素为乡人所爱,乃推为坞主"表明,李矩属于被推选者。

祖逖字士稚,范阳道人也。世吏二千石,为北州旧姓。……及京师大乱,逖率亲党数百家避地淮泗,以所乘车马载同行老疾,躬自徒步,药物衣粮与众共之,又多权略,是以少长咸宗之,推逖为行主。达泗口,元帝逆用为徐州刺史,寻征军谘祭酒,居丹徒之京口。(《晋书》卷六二《祖逖传》)

苏峻字子高,长广掖人也。父模,安乐相。峻少为书生,有才学,仕郡主簿。年十八,举孝廉。永嘉之乱,百姓流亡,所在屯聚,峻纠合得数千家,结垒于本县。于时豪杰所在屯聚,而峻最强。遣长史徐玮宣檄诸屯,示以王化,又收枯骨而葬之,远近感其恩义,推峻为主。遂射猎于海边青山中。元帝闻之,假峻安集将军。时曹嶷领青州刺史,表峻为掖令,峻辞疾不受。嶷恶其得众,恐必为患,将讨之。峻惧,率其所部数百家泛海南渡。既到广陵,朝廷嘉其远至,转鹰扬将军。会周坚反于彭城,峻助讨之,有功,除淮陵内史,迁兰陵相。(《晋书》卷一〇〇《苏峻传》)

"是以少长咸宗主"、"远近感其恩义,推峻为主"表明,祖逖、苏峻也属于被推选者。

坞主的身份一般是庄园主或是在乡里有号召力的官吏等人员。比如,庾衮出身世族,又有门人若干①,又曾为郡公曹;苏峻"少为书生,有才学,仕郡主簿"②;祖逖"世吏二千石,为北州旧姓"③;魏浚"东郡东阿人也,寓居关中。……后为度支校尉"④;郗鉴虽然"少孤贫",但"以儒雅著名",曾被东海王越辟为主簿,征东大将军荀晞征为从事中郎,虽自赵王伦之后未再应辟,

① 《晋书》卷八八《庾衮传》载"岁大饥,藜羹不糁,门人欲进其饭者",表明该坞壁中有其门人。

② 《晋书》卷一〇〇《苏峻传》。

③ 《晋书》卷六二《祖逖传》。

④ 《晋书》卷六三《魏浚传》。

但一直居于京师，后因乱起，方逃归乡里[①]。这些人员或本已有庄园依托，可以方便地以庄园为基础组织坞壁，或在乡里具有较强的号召力，能利用自己的影响力聚集民众，形成坞壁。如郗鉴之例就十分典型，《晋书》卷六七《郗鉴传》云：

午寻溃散，鉴得归乡里。于时所在饥荒，州中之士素有感其恩义者，相与资赡。鉴复分所得，以恤宗族及乡曲孤老，赖而全济者甚多，咸相谓曰："今天子播越，中原无伯，当归依仁德，可以后亡。"遂共推鉴为主，举千余家俱避难于鲁之峄山。

坞壁之上往往还设有"盟主"、"统主"。《晋书》卷一一四《苻坚载记下》云：

关中堡壁三千余所，推平远将军冯翊赵敖为统主，相率结盟，遣兵粮助坚。

《晋书》卷一一六《姚苌载记》亦有类似记述：

坚既败于淮南，归长安，慕容泓起兵叛坚。坚遣子睿讨之，以苌为司马。为泓所败，睿死之。苌遣龙骧长史赵都诣坚谢罪，坚怒，杀之。苌惧，奔于渭北，遂如马牧。西州豪族尹详、赵曜、王钦卢、牛双、狄广、张干等率五万余家，咸推苌为盟主。苌将距之，天水尹纬说苌曰："今百六之数既臻，秦亡之兆已见，以将军威灵命世，必能匡济时艰，故豪杰驱驰，咸同推仰。明公宜降心从议，以副群望，不可坐观沈溺而不拯救之。"苌乃从纬谋，以太元九年自称大将军、大单于、万年秦王，大赦境内，年号白雀，称制行事。以天水尹详、南安庞演为左右长史，南安姚晃、尹纬为左右司马，天水狄伯支、焦虔、梁希、庞魏、任谦为从事中郎，姜训、阎遵为掾属，王据、焦世、蒋秀、尹延年、牛双、张干为参军，王钦卢、姚方成、王破虏、杨难、尹嵩、裴骑、赵曜、狄广、党删等为帅。

通过上引两个例子，我们可以看出，"盟主"和"统主"都是在形势危急之时临时组织起来的联合体，不是一级组织。不过，在单个坞壁难以生存的社会环境下，这种临时联合体对于坞壁的生存具有非同寻常的意义。

---

① 《晋书》卷六七《郗鉴传》。

2. 基层组织单位

规模较大的乡里坞壁还设有基层组织单位，如庾衮在禹山所建的坞壁就是“邑推其长，里推其贤”，“上下有礼，少长有仪”。这儿的邑、里规模不得而知(里应当是百户左右)。前引敦煌石室本《晋纪》中“多者不过四五千家，少者千家五百家”表明，坞壁的规模比里大。一个乡里坞壁可能由若干个里组成。十六国统治者对于自己治下的坞壁，往往承认里是坞壁的一个下属组织单元。在这种情况下，坞壁便由民间组合成为里之上的一级乡村组织。比如，敦煌所出西凉建初十二年户籍断简，在登记每户情况时，先写明“敦煌县西宕乡高昌里”，最后以“居赵羽坞建初十二年正月籍”结束。[①] 这表明西凉统治者对坞壁的法律认可，即他们将坞壁看作一级基层组织单位。

(二)生产组织功能

永嘉之乱后，整个北中国战乱不断，大批流民迁徙无常，大片土地沦为荒土，正常的社会经济活动难以为继，社会经济濒临崩溃边缘，史书中相关记述比比皆是。如“诸夏纷乱，无复农者”[②]，“自永嘉丧乱，百姓流亡，中原萧条，千里无烟，饥寒流陨，相继沟壑”[③]，“自正光以后，海内沸腾，郡国荒残，农商废业”[④]，等等。在这种恶劣的社会大环境下，坞壁主率民据险建立坞壁，获得“丁夫战于外，老弱获于内”[⑤]、“劝课农桑，百姓甚亲赖之”[⑥]的局部安定环境，促进了社会的延存与发展。《庾衮传》中“考功庸，计丈尺，均劳逸，通有无”，为其在禹山坞壁组织经济活动的一部分；“田于其下，年谷未熟，食木实，饵石蕊”，为其在林虑山经济活动的一部分。又，十六国初期，坞主李矩“阻水筑垒，且耕且守”[⑦]；祖逖北伐以宗族部曲为骨干，他在谯时，“佃于城北界，胡来攻，豫置军屯以御其外。谷将熟，胡果至，丁夫战于外，老弱获于

---

① 参见[日]池田温《中国古代籍帐研究》，龚泽铣译，中华书局1984年版，第95～96页。

② 《晋书》卷一〇七《石季龙载记下》。

③ 《晋书》卷一〇九《慕容皝载记》。

④ 《周书》卷一五《于谨传》。

⑤ 《晋书》卷七七《蔡谟传》。

⑥ 《宋书》卷四五《王镇恶传附王康传》。

⑦ 《晋书》卷六三《李矩传》。

内”[①]；十六国后期，王康“纠合关中徙民，得百许人，驱帅侨户七百余家，共保金墉城。时宗室多逃亡在河南，有司马文荣者，帅乞活千余户屯金墉城南；又有司马道恭，自东垣帅三千人屯城西，司马顺明帅五千人屯陵云台，司马楚之屯柏谷坞。魏河内镇将于栗磾游骑在芒山上，攻逼交至，康坚守六旬。裕以康为河东太守，遣兵救之，平等皆散走。康劝课农桑，百姓甚亲赖之”[②]，等等。它们都是坞壁在相对安定的局部环境中组织生产的反映。

根据《晋书》卷一〇〇《苏峻传》“纠合得数千家，结垒于本县”、《晋书》卷六七《郗鉴传》“举千余家俱避难于鲁之峄山”等内容，可知“坞中的基本组织或单位为家庭，举同族者，虽然上有宗主，族中仍旧是一个个独立的家庭组织”[③]。再根据上引材料中，“田于其下，年谷未熟，食木实，饵石蕊，同保安之”，“考功庸，计丈尺，均劳逸，通有无，缮完器备，量力任能，物应其宜”，“康劝课农桑”等内容可知，坞壁中的平时生产以家庭为基本单位，并要“考功庸，计丈尺”，但又根据实际情况采取了一些带有一定均平色彩的互通有无措施[④]。

坞壁中的生产者有坞主的宗族成员以及其他依附民。例如，庾衮“乃率其同族及庶姓保于禹山”[⑤]；河东豪强薛氏，“永嘉之乱，中原沦陷，刘琨不能保其躯命，张骏不能世其忠贞，而汾阴薛氏，聚族阻河自保，不仕刘（渊）、石（虎）、苻（坚）氏者数十年”[⑥]；祖逖“率亲党数百家避地淮泗”[⑦]；郗鉴“得归乡里。于时所在饥荒，州中之士素有感其恩义者，相与资赡。鉴复分所得，以恤宗族及乡曲孤老，赖而全济者甚多”[⑧]。

很多坞壁的粮食以及其他财产非常丰厚。如枋头向冰的坞壁本来只有

---

① 《资治通鉴》卷九六。

② 《资治通鉴》卷一一八。

③ 万绳楠：《魏晋南北朝史论稿》，安徽教育出版社 1983 年版，第 138 页。

④ 高敏先生认为，坞壁经济形态为地主田庄经济，恐不确。参见高敏主编《中国经济通史·魏晋南北朝经济卷》（上），经济日报出版社 1998 年版，第 434～442 页。

⑤ 《晋书》卷八八《庾衮传》。

⑥ 王夫之：《读通鉴论》卷一四，中华书局 1975 年版，第 386～387 页。

⑦ 《晋书》卷六二《祖逖传》。

⑧ 《晋书》卷六七《郗鉴传》。

几千人，“军中大饥，士众相食”的石勒军队攻破该坞壁后，“因其资，军遂丰振”。其后，石勒“分命诸将攻冀州郡县垒壁，率多降附，运粮以输勒”。[①]慕容温“于是抚旧招新，劝课农桑，民归附者相继，郡县壁垒争送军粮，仓库充溢”[②]。石勒、慕容温能够依靠坞壁的财粮保证军需，足证部分坞壁经济实力的雄厚，从一个侧面体现出坞壁对安定社会生产的积极作用。

（三）自保与治安功能

乡里坞壁既有确保自身安全及获得局部安定的生产生活环境的武装力量，又有用以维护内部稳定的律令、仪礼、条文。

1. 自保功能

与其他类型的坞壁一样，乡里坞壁也都有自己的武装力量。比如，“石勒亲率大众袭矩，矩遣老弱入山，令所在散牛马，因设伏以待之。贼争取牛马，伏发，齐呼，声动山谷，遂大破之，斩获甚众，勒乃退”[③]；魏浚“及洛阳陷，屯于洛北石梁坞，抚养遗众，渐修军器。其附贼者，皆先解喻，说大晋运数灵长，行已建立，归之者甚众。其有恃远不从命者，遣将讨之，服从而已，不加侵暴”[④]；“值天下大乱，（刘）遐为坞主，每击贼，率壮士陷坚摧锋，冀方比之张飞、关羽。乡人冀州刺史邵续深器之，以女妻焉，遂壁于河济之间，贼不敢逼”[⑤]，等等。这些事例说明，十六国时期的乡里坞壁也是首先以拥有强大私人武装的面貌出现的。这种坞壁的出现，是战乱破坏了农业生产所必需的正常安定政治局面，而新的强有力的政治秩序尚未建立的必然结果。如庾衮“率其同族及庶姓，保于禹山”的原因就在于“张泓等肆掠于阳翟”；苏峻“纠合得数千家，结垒于本县”的原因是由于“永嘉之乱”[⑥]。

较之其他类型的坞壁，乡里坞壁的进攻性、掠夺性要小得多，其主要目的是寻求自保。上引《庾衮传》中“二三君子相与处于险，将以安保尊亲，全

① 《晋书》卷一〇四《石勒载记》。

② 《资治通鉴》卷一〇六。

③ 《晋书》卷六三《李矩传》。

④ 《晋书》卷六三《魏浚传》。

⑤ 《晋书》卷八一《刘遐传》。

⑥ 《晋书》卷一〇〇《苏峻传》。

妻孥也”,“峻险厄,杜蹊径,修壁坞,树藩障”,“及贼至,衮乃勒部曲,整行伍,皆持满而勿发。贼挑战,晏然不动,且辞焉。贼服其慎而畏其整,是以皆退,如是者三”,说明了庾衮的军事举措只是为了自保,而不是为了进攻。

2. 治安功能

乡里坞壁一般都制定有比较完整的律令、仪礼、条文,以维护内部稳定。比如,上引《庾衮传》中,庾衮被推举为坞主后所定的“无恃险,无怙乱,无暴邻,无抽屋,无樵采人所植,无谋非德,无犯非义,戮力一心,同恤危难”,就是为了确保能有一种“分数既明,号令不二,上下有礼,少长有仪,将顺其美,匡救其恶”的局部安定社会秩序。如果成员不能遵守这些条约,将要受到相应的处罚。比如,前引《晋书》卷六三《郭默传》载:“默妇兄同郡陆嘉取官米数石饷妹,默以为违制,将杀嘉,嘉惧,奔石勒。默乃自射杀妇,以明无私。”郭默因妻弟陆嘉私取官米而射杀妻子,目的就是不允许任何人有违制行为。又,《北史》卷三三《李灵传》载:“元忠率宗党作垒以自保,坐于大槲树下,前后斩违命者凡三百人。”李元忠斩杀违命者三百人也是为了确保整个坞壁的安定。郭默、李元忠按照律令处死违规者,反映了坞壁的治安功能。

二、乡里坞壁与各政权的关系

十六国时期的乡里坞壁与各政权的关系大体可以分为三类:一部分归附于十六国各个政权,成为各政权的军事与经济支柱,但这些归附的坞壁给予各政权的军事与经济支持并没有制度化;有些坞壁则始终没有归附任何政权;处于各个政权交界处的乡里坞壁则往往采取左右逢迎的策略。

北方少数民族入扰中原之初,民族矛盾尖锐,中原大姓豪族往往据坞而守,对少数民族政权采取不合作态度。十六国政权往往采取攻战和诱降等办法,以使各乡里坞壁成为自己的军事、经济支柱。唐长孺先生就此进行过深入分析,他指出:“然而不管怎样的不同,所有在中国土地上的政权不论是匈奴或是鲜卑、氐、羌,其统治方式是按照部落贵族军人们的利益建立起来的。他们既然作为征服族君主对汉族和其他各族进行统治,那末除了一般的剥削压迫外,必然还加上种族的压迫,并且煽动其人民进行种族的报复主义,这样就形成各族间的相互报复。可是在另一方面,他们要统治地域广大、人口众多的被征服人民，特别是汉族人民，决不能单纯依靠兵力的控制，因此他们有必要取得固有的统治力量——那些高门大族，堡坞豪帅以至各族豪酋的合作。”①后赵、前燕、后燕等政权都有这种情况。实例如《晋书》卷一〇四、一〇五《石勒载记》中所载：

元海命勒与刘零、阎熊等七将率众三万寇魏郡、顿丘诸垒壁，多陷之，假垒主将军、都尉，简强壮五万为军士，老弱安堵如故，军无私掠，百姓怀之。

元海授勒安东大将军、开府，置左右长史、司马、从事中郎。进军攻巨鹿、常山，害二郡守将。陷冀州郡县堡壁百余，众至十余万，其衣冠人物集为君子营。

王浚使其将祁弘帅鲜卑段务尘等十余万骑讨勒，大败勒于飞龙山，死者万余。勒退屯黎阳，分命诸将攻诸未下及叛者，降三十余壁，置守宰以抚之。

于是车骑将军王堪、北中郎将裴宪自洛阳率众讨勒，勒烧营并粮，回军拒之，次于黄牛垒。魏郡太守刘矩以郡附于勒，勒使矩统其垒众为中军左翼。勒至黎阳，裴宪弃其军奔于淮南，王堪退堡仓垣。

勒驰如武德，坑降卒万余，数梁巨罪而害之。王师退还，河北诸堡壁大震，皆请降送任于勒。

勒南寇襄阳，攻陷江西垒壁三十余所……

于是上表于刘聪，分命诸将攻冀州郡县垒壁，率多降附，运粮以输勒。

晋兖州刺史刘遐惧，自邹山退屯于下邳。琅邪内史孙默以琅邪叛降于勒。徐兖间垒壁多送任请降，皆就拜守宰。

又遣季龙统中外步骑四万讨曹嶷。先是，嶷议欲徙海中，保根余山，会疾疫甚，计未及就。季龙进兵围广固，东莱太守刘巴、长广太守吕披皆以郡降。以石他为征东将军，击羌胡于河西。左军石挺济师于广

---

① 唐长孺：《晋代北境各族“变乱”的性质及五胡政权在中国的统治》，载其《魏晋南北朝史论丛》，三联书店1955年版，第156页。

固，曹嶷降，送于襄国。勒害之，坑其众三万。季龙将尽杀嶷众，其青州刺史刘征曰："今留征，使牧人也；无人焉牧，征将归矣。"季龙乃留男女七百口配征，镇广固。青州诸郡县垒壁尽陷。

石生攻刘曜河内太守尹平于新安，斩之，克垒壁十余，降掠五千余户而归。自是刘、石祸结，兵戈日交，河东、弘农间百姓无聊矣。

《晋书》卷一一〇《慕容俊载记》亦有类似记述：

张平跨有新兴、雁门、西河、太原、上党、上郡之地，垒壁三百余，胡晋十余万户，遂拜置征、镇，为鼎峙之势。俊遣其司徒慕容评讨平，领军慕舆根讨鸯，司空阳骛讨昌，抚军慕容臧攻历。并州垒壁降者百余所，以尚书右仆射悦绾为安西将军、领护匈奴中郎将、并州刺史以抚之。平所署征西诸葛骧、镇北苏象、宁东乔庶、镇南石贤等率垒壁百三十八降于俊，俊大悦，皆复其官爵。既而平率众三千奔于平阳，鸯奔于野王，历走荥阳，昌奔邵陵，悉降其众。

后燕的情况见于《资治通鉴》卷一〇五"晋孝武帝太元九年二月"条：

东胡王晏据馆陶，为邺中声援，鲜卑、乌桓及郡县民据坞壁不从燕者尚众；燕王垂遣太原王楷与镇南将军陈留王绍讨之。楷谓绍曰："鲜卑、乌桓及冀州之民，本皆燕臣，今大业始尔，人心未洽，所以小异；唯宜绥之以德，不可震之以威。吾当止一处，为军声之本，汝巡抚民夷，示以大义，彼必当听从。"楷乃屯于辟阳。绍帅骑数百往说王晏，为陈祸福，晏随绍诣楷降，于是鲜卑、乌桓及坞民降者数十万口。楷留其老弱，置守宰以抚之，发其丁壮十余万，与王晏诣邺。垂大悦曰："汝兄弟才兼文武，足以继先王矣！"

北凉的情况见于《晋书》卷一二九《沮渠蒙逊载记》：

业先疑其右将军田昂，幽之于内，至是，谢而赦之，使与武卫梁中庸等攻蒙逊。业将王丰孙言于业曰："西平诸田，世有反者，昂貌恭而心很，志大而情险，不可信也。"业曰："吾疑之久矣，但非昂无可以讨蒙逊。"丰孙言既不从，昂至侯坞，率骑五百归于蒙逊。蒙逊至张掖，昂兄子承爱斩关内之，业左右皆散。蒙逊大呼曰："镇西何在？"军人曰："在此。"业曰："孤单飘一己，为贵门所推，可见匄余命，投身岭南，庶得东还，与妻子相见。”蒙逊遂斩之。业，京兆人也。博涉史传，有尺牍之才，为杜进记室，从征塞表。儒素长者，无他权略，威禁不行，群下擅命，尤信卜筮、谶记、巫觋、征祥，故为奸佞所误。隆安五年，梁中庸、房晷、田昂等推蒙逊为使持节、大都督、大将军、凉州牧、张掖公，赦其境内，改元永安。署从兄伏奴为镇军将军、张掖太守、和平侯，弟挐为建忠将军、都谷侯，田昂为镇南将军、西郡太守，臧莫孩为辅国将军，房晷、梁中庸为左右长史，张骘、谢正礼为左右司马。擢任贤才，文武咸悦。

从以上事例中可以看出，乡里坞壁被击破后，坞主们的地位并没有改变，各个政权给予坞主将军、都尉等职务，用他们代替地方基层政权，每个坞壁就是一个基层社会组织。这些都尉就是刘聪设置的统治汉民的地方长官。慕容俊恢复各坞主原有官职就是承认他们为地方守宰。后燕、北凉的情况与此相同。作为交换条件，坞主则要输粮、出兵，帮助所属政权。但是，从现有史料看，这些归附的乡里坞壁承担的经济、军事义务并没有制度化，他们只是由原来的割据性集团变成了半割据性集团。

当然，坞主与少数民族统治者之间的矛盾与冲突还一直存在着。如《晋书》卷一二七《石季龙载记下》：“三辅豪右多杀其令长，拥三十余壁，有众五万以应(司马)勋。”

一些统治者还强令民户组成坞壁。《晋书》卷一二四《慕容宝载记》云：

魏伐并州……中书令眭邃曰：“魏军多骑，师行剽锐，马上赍粮，不过旬日。宜令郡县聚千家为一堡，深沟高垒，清野待之，至无所掠，资食无出，不过六旬，自然穷退。”……于是修城积粟，为持久之备。

有些乡里坞壁割据的时间比较长，他们在十六国时期始终没有归附任何政权。其中，最典型的是河东薛氏。《北史》卷三六《薛辩传》云：

薛辩字允白，河东汾阴人也。曾祖兴，晋尚书右仆射、冀州刺史、安邑公，谥曰壮。祖涛袭爵，位梁州刺史，谥曰忠惠。京都倾覆，皆以义烈著闻。父强，字威明，幼有大志，怀军国筹略。与北海王猛，同志友善。及桓温入关中，猛以巾褐谒之。温曰：“江东无卿比也，秦国定多奇士，如生辈尚有几人？吾欲与之俱南。”猛曰：“公求可与拨乱济时者，友人薛威明其人也。”温曰：“闻之久矣。”方致朝命。强闻之，自商山来谒，与猛皆署军谋祭酒。强察温有大志而无成功，乃劝猛止。俄而温败。及苻坚立，猛见委任。其平阳公融为书，将以车马聘强，猛以为不可屈，乃止。及坚如河东伐张平，自与数百骑驰至强垒下，求与相见。强使主簿责之，因慷慨宣言曰："此城终无生降之臣，但有死节之将耳。"坚诸将请攻之，坚曰："须吾平晋，自当面缚。舍之以劝事君者。"后坚伐晋，军败，强遂总宗室强兵，威振河辅，破慕容永于陈川。姚兴闻而惮之，遣使重加礼命，征拜右光禄大夫、七兵尚书，封冯翊郡公，转左户尚书。年九十八，卒。赠辅国大将军、司徒公，谥曰宣。

辩幼而俊爽，倜傥多大略，由是豪杰多归慕之。强卒，复袭统其营。仕姚兴，历太子中庶子、河北太守。辩知姚氏运衰，遂弃归家保乡邑。及晋将刘裕平姚泓，即署相国掾。寻除平阳太守，委以北道镇捍。及长安失守，辩遂归魏。仍立功于河际，位平西将军、东雍州刺史，赐爵汾阴侯。其年诣阙，明元深加器重，明年方得旋镇。帝谓之曰："朕委卿西蕃，志在关右，卿宜克终良算，与朕为长安主人。"辩即还任，务农教战，恒以数千之众，摧抗赫连氏。帝甚褒奖之。又除并州刺史，征授大羽真。泰常七年，卒于官。帝以所图未遂，深悼惜之。赠并、雍二州刺史。

子谨，字法顺。容貌魁伟，高才博学。随刘裕度江，位府记室参军。辩将归魏，密报谨，谨遂亦来奔。授河东太守，后袭爵汾阴侯。……

长子初古拔，一曰车毂拔，本名洪祚，太武赐名焉。沈毅有器识，弱冠，司徒崔浩见而奇之。真君中，盖吴扰动关右，薛永宗屯据河侧，太武亲讨之。诏拔纠合宗乡，壁于河际，断二寇往来之路。事平，除中散，赐爵永康侯。太武南讨，以拔为都将，从驾临江而还。

上引材料中，河东豪族薛氏，从薛强率宗室强兵击破鲜卑贵族慕容永的进犯之后，其祖孙四代又多次击败过刘渊、石虎、苻坚的入扰，前后延续百余年，是当时存在最久的坞壁组织。后人王船山评价说："永嘉之乱，中原沦陷，刘琨不能保其躯命，张骏不能世其忠贞，而汾阴薛氏，聚族阻河自保，不仕刘(渊)、石(虎)、苻(坚)氏者数十年。"[①]顾炎武的评价是："汾阴之薛凭河自保

① 王夫之：《读通鉴论》卷一四。

于石虎，苻坚割据之际，而未尝一仕于其朝。"[①]

处于政权交界处的乡里坞壁，为保持其势力，往往采取两边逢迎的策略。对于"河上堡固先有任子在胡者"，南北政权也都"皆听两属"[②]。这表明祖逖、石勒也没有足够的力量消灭这些坞壁势力。只是在石勒将祖逖叛将牙门童建斩杀之后，这种情况才有所改变。《晋书》卷一〇五《石勒载记下》载：

> 祖逖牙门童建害新蔡内史周密，遣使降于石勒。勒斩之，送首于祖逖，曰："天下之恶一也。叛臣逃吏，吾之深仇，将军之恶，犹吾恶也。"逖遣使报谢。自是兖豫间垒壁叛者，逖皆不纳，二州之人率多两属矣。

另外，东晋王朝也充分利用坞壁组织，以与北方少数民族政权相对抗。黄惠贤先生指出：

> 坞营主们控制了大量劳动人口，巩固与扩大了他们的实力，展开坞堡之间的分赃性斗争与妥协。他们之间，时而"解喻"劝导，威以祸福；时而"诈力相攻击"或"遣将讨之"，软硬并施，反复诱逼威胁，逐渐形成一个个坞营集团。割据谯郡的小坞主董瞻、于武、谢浮等十余部，受制于大坞主张平，而张平和坞主樊雅又受制于刘演。割据洛阳附近的地主武装通过"解喻"和征伐为魏浚所控制，而魏浚又受制于刘琨。刘演、刘琨又是一根封建纽带，把偏安江左的东晋和割据黄河南北的坞营联系起来。关中三千余坞壁推冯翊豪强赵敖为主，赵敖又是苻秦的平远将军，因而割据的关中坞壁与"统一"的氐秦政权建立了联系。但是这种联系是很不巩固的，随着时局的变化，各集团力量的消长，坞营之间、坞营与军阀集团之间的从属依附关系也在不断变化，祖逖使谢浮杀张平，樊雅袭击祖逖，祖逖又求救于蓬陂坞主陈川以攻樊。总之，坞营之间的战乱一直在继续，中原人民的灾难在加深。坞营之间的斗争与妥协给人民带来的是灾难，给坞营主带来的却是高官显爵。魏浚先后割据硖石、石梁坞，扩大了实力，控制了洛阳附近一带，很快就被东晋皇帝

---

① 顾炎武：《亭林诗文集》卷五《裴村记》。

② 《晋书》卷六二《祖逖传》。

承认为河南尹。苏峻控制劳动人口数千家，成为掖县最大的割据势力，对附近豪强施以"恩""义"，豪强则推"峻为主"，最后晋元帝知道了这位"豪杰"的实力，立刻封他作安集将军。其他如河内督将郭默成为郡太守，谯郡豪强张平成为豫州刺史，樊雅成为谯郡太守，而祖逖更是一迁再迁，由徐州刺史、军咨祭酒到奋威将军豫州刺史，其所以能够如此，就是因他们控制奴役着大量劳动人口，据有实力。[①]

黄惠贤先生的论述虽然带有明显的"以阶级斗争为纲"的时代特点，但他指出的东晋政府充分利用坞壁组织，依赖假以坞壁主各种官职的手段以与胡族政权相对抗，却是极有见地的。偏安江左的东晋政权正是充分利用了假以官职的手段，实现了对胡族政权统治下的北方地区的遥控。东晋王朝的这些举措也使得北方胡族政权不得不将杀戮政策逐渐改为拉拢，他们任命各坞主为地方官，建立起新的地方基层组织，从而在客观上实现了地方社会的重新整合。

第三节　宗主督护[②]

今天我们所能见到的有关宗主督护的典型材料只有三条：

旧无三长，唯立宗主督护，所以民多隐冒，五十、三十家方为一户。(《魏书》卷五三《李冲传》)

魏初不立三长，故民多荫附。荫附者皆无官役，豪强征敛，倍于公赋。(《魏书》卷一一〇《食货志》)

李灵字武符，赵郡平棘人也。父勰，字小同，恬静好学，有声赵、魏间。道武平中原，闻其已亡，哀惜之，赠宣威将军、兰陵太守。……(至其孙)显甫，豪侠知名，集诸李数千家于殷州西山，开李鱼川方五六十里

① 黄惠贤：《试论中国三至六世纪坞营组织的性质》，载《武汉大学学报》1960年第5、6期(合刊)。

② 笔者曾将本节草稿《〈魏书·李冲传〉"旧无三长，唯立宗主督护"辨析》于2007年10月提交"魏晋南北朝史国际学术研讨会暨中国魏晋南北朝史学会第九届年会"，并作了小组发言。承蒙日本冈山大学佐川英治先生、南京大学张学锋先生提出宝贵意见，特致谢忱。

居之,显甫为其宗主。(《北史》卷三三《李灵传》)

由于史书中的相关材料非常少,所以有关宗主督护的很多实情今天已难得其详,因此有必要先正其义,而后再讨论其功能与作用。

一、宗主督护再探

较早研究宗主督护问题的是余逊先生。余逊先生《读魏书李冲传论宗主制》①认为:宗主制通用于胡汉;宗主制适合永嘉丧乱后北方聚族自保的环境;宗主制是后魏初期羁縻强族、安辑流民的政策,是非常必要的。李凭先生《论北魏宗主督护制》②认为,北方汉族社会中宗族组织的盛行是其产生的社会背景,该制度确立的时间可能在永兴五年以后不久,主要在中原的汉族地区施行。继其在80年代的研究之后,李凭先生又发表了《再论北魏宗主督护制》③,对实行宗主督护制的利弊及其为三长制所代替的过程进行了阐释,认为宗主督护制在实行初期缓和了拓跋统治者与中原地区宗主豪强之间的矛盾,客观上增强了北魏王朝的经济实力,巩固了拓跋部在中原的统治;但与此同时,宗主豪强的势力也成长起来,成为中央集权的对立物,因此太和十年,在李冲的建议下,北魏实行了三长制。后来,李凭先生又将之作了综合,作为《北魏平城时代》④的"附篇三"予以发表。李凭先生的相关研究成果是宗主督护研究的经典之作。高敏先生在《魏晋南北朝经济史》⑤一书中认为,"宗主督护"之名称在十六国时期就已经有了。在《北魏"宗主督护"制始行时间试探——兼论"宗主督护"制的社会影响》⑥一文中,高先生对前述观点又进行了进一步的阐发,认为宗主督护制在西晋末年即已实行,直至北魏实行三长制后才被废除。黄惠贤先生也认为,"北魏前期,对中原的统治采取'宗主督护制',承认'宗主'对他们影响、控制下的百姓有'督护'权;

---

① 余逊:《读魏书李冲传论宗主制》,载《历史语言所集刊》第20本(下),1949年。

② 李凭:《论北魏宗主督护制》,载《晋阳学刊》1986年第1期。

③ 李凭:《再论北魏宗主督护制》,载《晋阳学刊》1995年第6期。

④ 李凭:《北魏平城时代》,社会科学文献出版社2000年版。

⑤ 高敏:《中国经济通史·魏晋南北朝经济卷》,经济日报出版社1998年版,第436页。

⑥ 高敏:《北魏"宗主督护"制始行时间试探——兼论"宗主督护"制的社会影响》,载《广州大学学报》2002年第1期。

于是，'宗主'就成了为官府认可的县以下基层组织的头目，其权力比魏晋时期的乡官大得多，实际上往往是割据一方的军阀"[①]。以上论著都认为，宗主督护是北魏前期的一项制度。

对宗主督护提出质疑的是杨际平先生。杨际平先生在《北魏太和前后若干史事考辨》[②]一文中讨论的第一个问题就是"'旧无三长，惟立宗主督护'说不可信"。杨际平先生与李卿先生《李显甫集诸李开李鱼川史事考辨——兼论魏收所谓的太和十年前"唯立宗主督护"》[③]一文对这一问题作了进一步分析论证，认为"北魏太和十年以前是否有过一段'宗主督护'时期，本身就很可怀疑"。

也就是说，目前学界关于宗主督护主要有两种意见：一种意见认为，宗主督护是一种制度，可以简称为"制度说"；另一种意见认为，宗主督护并不存在，可以简称为"否定说"。笔者认为，以上两种意见都揭示出了宗主督护的一个面相，也都留下了一些疑问。其一，持"制度说"的学者们将宗主督护定位为基层社会组织，但没有指出宗主督护与乡里制度之间的关系。前引杨际平先生与李卿先生《李显甫集诸李开李鱼川史事考辨——兼论魏收所谓的太和十年前"唯立宗主督护"》（为行文方便以下简称"杨文"）一文给出的最后一条，也是最重要的一条理由是："乡里基层政权组织的完全破坏或被完全废弃是'唯立宗主督护'的必要前提。《魏书》本身所含的相关资料与出土文书既然都已确证北魏太和十年以前乡里机构仍在正常运转，并无被'宗主督护'所取代之迹象，说明当时并不具备'唯立宗主督护'的必要前提。"杨文最大的贡献就是指出了"制度说"不能成立的根本原因。其二，在笔者看来，杨文指出的"制度说"不能成立的根本原因是很有见地的。但杨文的"否定说"也并不是没有问题。

关于"'旧无三长，唯立宗主督护'说不可信"，杨文给出的理由有五条。现试对之进行逐条分析。

---

① 黄惠贤：《中国政治制度通史·魏晋南北朝卷》，人民出版社 1996 年版，第 260 页。

② 杨际平：《北魏太和前后若干史事考辨》，载《北朝研究》1991 年下半年刊。

③ 杨际平、李卿：《李显甫集诸李开李鱼川史事考辨——兼论魏收所谓的太和十年前"唯立宗主督护"》，载《厦门大学学报》2003 年第 3 期。

（一）第一、二条

杨文中的第一、二条理由是："唯立宗主督护"之说，只是《魏书》作者魏收所言，时人并无类似提法；史书与其他传世文献资料，乃至碑刻、墓志等等对"唯立宗主督护"并无任何反映，所以魏收"唯立宗主督护"一语是孤立之说，连孤证都谈不上。

事实上，正史当中有关古代基层社会相关制度的记载一直很少，有些制度在碑刻、墓志当中也很少出现。比如，根据侯旭东先生的研究，在北朝一千七百种纪年造像记的题名中，仅发现三例题写了造像者的"三长"头衔。[①]显然，我们不能将此作为否定三长制广泛存在的依据。更为重要的是，在笔者看来，宗主督护不是一种地方基层行政组织，而是一种特殊的大户。宗主所督护的含有大量荫附人口的大户是乡里制度管辖之下的一个大户，户主就是宗主，其成员只有部分登记于国家户籍上，并向国家交纳赋税，而大量荫附者的收入则归宗主本人所得。这种特殊大户的存在是北魏前期君主与豪强大族之间相互妥协的结果，是北魏前期君主对拥有雄厚实力的地方强宗大族既有权利的认可，而不是像杨文所说的"宗主督护制"是秦汉以来中国封建社会地方行政制度的一次堪称空前绝后的大变革。

杨文在否定魏收宗主督护说的基础上，重点分析了前引《北史》卷三三《李灵传》中的材料。作者对李显甫开李鱼川的时间进行了详细的考辨，认为不早于皇兴元年(467年)，不迟于太和二十三年(499年)。作者之所以将其下限推迟到太和二十三年，一个重要原因就是作者不相信宗主督护的存在。实际上，该段史料说李显甫集诸李开李鱼川实际上就是一个宗主所督护的含有几千家人口的大户，从而也就是一个典型的宗主督护的实例。

杨文对该条史料的考辨结果还有：李显甫迁柏人之前一百多年，柏人已有诸李居住，为数可能还不少。李显甫迁柏人时，与其同时代的李氏族人多数并未随迁。李显甫并非嫡长子，且无袭爵之事，自然不可能成为宗法意义上的"宗主"。依笔者理解，宗主督护之"宗主"的意思应该是首领。因为，受长期战乱影响，十六国与北朝时期的民众特别重视"同姓"、"九族"关系。

---

① 侯旭东《北朝"三长制"四题》，载《中国史研究》2002年第4期。

《南史》卷二五《王懿传》载:"北土重同姓,并谓之骨肉,有远来相投者,莫不竭力营赡。若有一人不至者,以为不义,不为乡邑所容。仲德(王懿字)闻王愉在江南贵盛,是太原人,乃远来归愉。愉接遇甚薄,因至姑孰投桓玄。"《颜氏家训》卷二《风操》载:"凡宗亲世数,有从父,有从祖,有族祖。江南风俗,自兹已往,高秩者,通呼为尊;同昭穆者,虽百世犹称兄弟;若对他人称之,皆云族人。河北士人,虽三二十世,犹呼为从伯从叔。梁武帝尝问一中土人曰:'卿北人,何故不知有族?'答云:'骨肉易疏,不忍言族耳。'当时虽为敏对,于礼未通。"为生存计,同一宗族成员,甚至包括一些没有血缘关系的同姓,再夹杂一些居住在同一地域而人口较少的其他异姓,往往会以一个有影响力、有组织能力的人为首领,组织起一个生存单位。西晋末年、十六国时期的家族坞壁,北魏前期宗主所督护的拥有大量荫附人口的特殊大户都是这样的组织单位。因为这样的组织单位并不是由清一色的世系分明的宗族成员组成,所以其首领也并不一定是宗法意义上的宗主,而宗主督护之宗主是不是宗法意义上的宗主并不能作为判断宗主督护是否存在的依据。

(二)第三条

杨文给出的第三条理由是,"唯立宗主督护"与北魏加强中央集权与封建化的政策相矛盾。平城一带,北魏政权控制极为严密,断无实行宗主督护制之可能。中原一带,魏晋南北朝时期,仍是家族(宗族)聚居与异姓杂居同时并存局面。这种居住状况,客观上也没法实行宗主督护。

笔者认为,作为一个统一了北中国的封建政权,北魏前期国家自然有加强中央集权的需要,但问题是当时严峻的客观形势并不容许他们这么做。当时,少数民族聚居地区、平城一带、中原地区的形势各不相同。针对各种不同形势,北魏政权也只能采取各种不同的统治策略。

1. 少数民族聚居地区

就少数民族聚居地区而言,作者认为,拓跋珪复国后不久便"离散诸部,分土定居",即打破鲜卑拓跋部原有的血缘组织,按地缘关系将诸部加以组织,使他们"皆同编户"。其实,拓跋珪复国后"离散诸部,分土定居"这一举措并非北魏没有实行宗主督护的证据,恰恰相反,这两者之间有着密切的关系。陈寅恪先生在《隋唐制度渊源略论稿》中曾指出,"魏初宗主督护之制,盖与道武时离散部落为编户一事有关。实本胡部之遗迹,不仅普通豪族之兼并已也”[①]。也就是说,虽然“离散诸部”的确是拓跋部部落联盟发展成为专制国家所不可缺少的一个措施,但部落离散之后,与汉族人民异姓杂居不同,拓跋各部同部之人仍然同居一处,昔日君长大人转而成为属下编户的督护。而且,北魏前期的离散部落是一个长期复杂的艰巨过程。对此,田余庆先生指出:(1)不排除道武帝曾在某个时候发布过离散部落号令的可能,也不排除某些具有定居条件的部落俯首接受号令的可能,但所谓离散部落不可能主要就是如此而无其他更直接、更急迫的原因和具体的过程。(2)道武帝建立帝业的重要对手,例如独孤部落和贺兰部落,其部落离散最主要的还是由于道武帝创建和巩固帝国的需要。也许强大的独孤部落、贺兰部落经过反复而激烈的实力较量被分割离散了,才促使更多的部落接受离散的处置。(3)而且还有不少部落由于条件不具备,并没有被离散。靠军事征服而并不稳定的北魏社会中,总有一些对拓跋无碍或粗犷难驯的部落不在拓跋注目之列而未被强制离散。他们循自然规律逐渐演化为编户齐民往往需要长得多的时间。六镇兵起以后,有那么多部落领民酋长参与,浮现到社会表层,例如秀容尔朱荣,说明以前道武帝离散部落之举,范围毕竟是有限的。[②]田余庆先生的论证告诉我们,北魏离散部落是一个长期且并不同步的漫长过程,远不可能仅仅依靠道武帝的一道诏令就能让所有归附部落很快“皆同编户”。

总之,道武帝时期只有部分部落被离散,而且,对于这些被离散的部落,北魏前期政权也还不能完全按照中央集权的要求对之进行整齐划一的管理,只能让昔日部落首领作为宗主去督护其属下的民众。

2. 平城京畿地区

就平城京畿地区而言,其土地一开始就为北魏王朝所有。《魏书》卷二《道武帝纪》载:

---

① 陈寅恪:《隋唐制度渊源略论稿》,三联书店 2001 年版,第 45 页。

② 田余庆:《贺兰部落离散问题——北魏“离散部落”个案考察之一》,载《历史研究》1997 年第 2 期。

(天兴元年)秋七月,迁都平城,始营宫室,建宗庙,立社稷。……八月,诏有司正封畿,制郊甸,端径术,标道里,平五权,较五量,定五度。遣使循行郡国,举奏守宰不法者,亲览察黜陟之。

由此可知,国家是按照统一的度量衡标准对平城京畿地区的土地进行严格管理的。国家按照计口授田制将这些土地授给平城京畿地区的汉人及其他生产方式已经转变为农业的少数民族,并依照相关制度收取租赋。《魏书》卷一一〇《食货志》载:

太祖定中原,接丧乱之弊,兵革并起,民废农业。方事虽殷,然经略之先,以食为本,使东平公仪垦辟河北,自五原至于棝阳塞外为屯田。初,登国六年破卫辰,收其珍宝、畜产,名马三十余万、牛羊四百余万,渐增国用。既定中山,分徙吏民及徒何种人,工伎巧十万余家以充京都,各给耕牛,计口授田。天兴初,制定京邑,东至代郡,西及善无,南极阴馆,北尽参合,为畿内之田;其外四方四维置八部帅以监之,劝课农耕,量校收入,以为殿最。又躬耕籍田,率先百姓。自后比岁大熟,匹中八十余斛。是时戎车不息,虽频有年,犹未足以久赡矣。

《魏书》卷四《太武帝纪下》附"恭宗景穆皇帝"条记录了其具体实施情况:

初,恭宗监国,曾令曰:"……其制有司课畿内之民,使无牛家以人牛力相贸,垦殖锄耨。其有牛家与无牛家一人种田二十二亩,偿以私锄功七亩,如是为差,至与小、老无牛家种田七亩,小、老者偿以锄功二亩。皆以五口下贫家为率。各列家别口数,所劝种顷亩,明立簿目。所种者于地首标题姓名,以辨播植之功。"又禁饮酒、杂戏、弃本沽贩者。垦田大为增辟。

上引史料表明,北魏王朝对平城京畿地区的户口管理与耕田管理是非常成功的,并按照耕地配给情况收取租税。

3. 中原地区

就中原汉族而言,杨文所说的汉族更多的是异姓杂居这一情况是没有问题的。但是,十六国以来,坞壁组织遍布北方各地,各少数民族政权的统治者不仅没有力量消灭这些坞壁,反而迫切需要得到他们的支持,所以纷纷采用封官加爵的方式以使坞壁主们归顺。北魏前期的中原形势也是半割据性质的坞壁组织遍布各地，王朝对之实行的基本上是武力征服与野蛮掠夺的政策。《魏书》卷二《道武帝纪》中的相关事例有：

(登国二年)六月，帝亲征刘显于马邑南，追至弥泽，大破之，显南奔慕容永，尽收其部落。

(登国六年七月)，卫辰遣子直力鞮出棝杨塞，侵及黑城。九月，帝袭五原，屠之。收其积谷，还纽垤川。于棝杨塞北，树碑记功。

(登国六年十一月)戊寅，卫辰遣子直力鞮寇南部。己卯，车驾出讨。壬午，大破直力鞮军于铁歧山南，获其器械辎重，牛羊二十余万。……壬辰，诏诸将追之，擒直力鞮。十有二月，获卫辰尸，斩以徇，遂灭之。语在《卫辰传》。……簿其珍宝畜产，名马三十余万匹，牛羊四百余万头。班赐大臣各有差。收卫辰子弟宗党无少长五千余人，尽杀之。

(登国八年)八月，帝南征薛干部帅太悉佛于三城，会其先出击曹覆，帝乘虚屠其城，获太悉佛子珍宝，徙其民而还。

(登国十年)秋七月，慕容垂遣其子宝来寇五原，造舟收谷。……八月，帝亲治兵于河南。……(十一月)丙戌，大破之。语在《宝传》。生擒其陈留王绍、鲁阳王倭奴、桂林王道成、济阳公尹国、北地王世子钟葵、安定王世子羊儿以下文武将吏数千人，器甲辎重、军资杂财十余万计。①

(皇始元年八月)己亥，大举讨慕容宝……宝并州牧辽西王农大惧，将妻子弃城夜出，东遁，并州平。

(皇始元年)十有一月庚子朔，帝至真定。自常山以东，守宰或捐城奔窜，或稽颡军门，唯中山、邺、信都三城不下。别诏征东大将军、东平公仪五万骑南攻邺，冠军将军王建、左军将军李栗等攻信都，军之所行，不得伤民桑枣。戊午，进军中山；己未，引骑围之。

(皇始二年)二月己巳，帝进幸杨城。……宝众大败，斩首万余级，擒其将军高长等四千余人。戊寅，宝走中山，获其器仗辎重数十万计。……平原徐超聚众反于畔城，诏将军奚辱捕斩之。并州守将封真率其

① 据《资治通鉴》卷一〇八《晋记》"太元二十年"条，这次战役胜利后，道武帝下令将四五万战俘全部坑杀了。

种族与徒何为逆，将攻刺史元延，延讨平之。……（夏四月），斩首五千，生虏七百人，宥而遣之。

（皇始二年）冬十月丙寅，帝进军新市，贺麟退阻泒水，依渐洳泽以自固。甲戌，帝临其营，战于义台坞，大破之，斩首九千余级。

天赐元年春正月，遣离石护军刘托率骑三千袭蒲子。三月丙寅，擒姚兴宁北将军、泰平太守衡潭，获三千余口。

道武帝在征服地区还设有"军府"。比如，平定中山后，"多置军府，以相威慑。凡有八军，军各配兵五千，食禄主帅军各四十六人"①。军府之上，设有行台。道武帝离开中山时，"帝虑还后山东有变，乃置行台于中山，诏左丞相、守尚书令、卫王仪镇中山，抚军大将军、略阳公元遵镇勃海之合口"②。"虑还后山东有变"表明，这些行台与军府都是为镇压中原地区反抗而设的军事据点，这从行台长官都是进攻后燕时的主要将领也可以推知。

道武帝采取的另一项措施是徙民，如天兴元年正月徙山东六州民吏及徒何、高丽杂夷三十六万，百工伎巧十余万口，以充京师。同年十二月徙六州二十二郡守宰、豪杰、吏民二千家于代都。③ 道武帝这样做，和汉高祖刘邦迁徙关东豪杰以实关中一样，一方面是为了充实京畿，另一方面是企图摧毁山东六州强宗大族的势力。④

但是，道武帝的徙民举措激起了中原地区豪强大族的普遍反抗。据《魏书》卷二《道武帝纪》，天兴二年就有三次较大规模的叛乱发生："中山太守仇儒亡匿赵郡，推群盗赵准为主，号使持节、征西大将军、冀青二州牧、钜鹿公，仇儒为准长史，聚党扇惑"，"夏四月，前清河太守傅世聚党千余家，自号抚军将军"，"（八月），范阳人卢溥，聚众海滨，称使持节、征北大将军、幽州刺史，攻掠郡县，杀幽州刺史封沓干"。明元帝前期仍然沿袭道武帝的徙民政策，同样引发了大规模的反抗。针对这种局面，明元帝召集大臣商讨，最后决定

① 《魏书》卷五八《杨播传附杨椿传》。

② 《魏书》卷二《道武帝纪》。

③ 《魏书》卷二《道武帝纪》。

④ 《资治通鉴》卷一一〇《晋记》"隆安二年"条下胡三省注曰："此汉高帝徙关东豪杰以实关中之策也。"

赦免反叛者。《魏书》卷二四《崔玄伯传》云：

太宗以郡国豪右，大为民蠹，乃优诏征之，民多恋本，而长吏逼遣。于是轻薄少年，因相扇动，所在聚结。西河、建兴盗贼并起，守宰讨之不能禁。太宗乃引玄伯及北新侯安同、寿光侯叔孙建、元城侯元屈等问曰："前以凶侠乱民，故征之京师，而守宰失于绥抚，令有逃窜。今犯者已多，不可悉诛，朕欲大赦以纾之，卿等以为何如?"屈对曰："民逃不罪而反赦之，似若有求于下，不如先诛首恶，赦其党类。"崔玄伯曰："王者治天下，以安民为本，何能顾小曲直也。譬琴瑟不调，必改而更张；法度不平，亦须荡而更制。夫赦虽非正道，而可以权行，自秦汉以来，莫不相踵。屈言先诛后赦，会于不能两去，孰与一行便定。若其赦而不改者，诛之不晚。"太宗从之。

据本纪，这次大赦是在永兴五年(413 年)五月。此后，强宗大族与北魏王朝之间的直接对抗大大减少，坞壁主纷纷率众归附。

对于归附的坞主，北魏统治者采用的是不改变其原来所拥有部众隶属关系的办法。《北史》卷三六《薛辩传》云：

薛辩字允白，河东汾阴人也。曾祖兴，晋尚书右仆射、冀州刺史、安邑公，谥曰庄。祖涛袭爵，位梁州刺史，谥曰忠惠。京都倾覆，皆以义烈著闻。父强，字威明，幼有大志，怀军国筹略。与北海王猛，同志友善。……后坚伐晋，军败，强遂总宗室强兵，威振河辅，破慕容永于陈川。姚兴闻而惮之，遣使重加礼命，征拜右光禄大夫、七兵尚书，封冯翊郡公，转左户尚书。

辩幼而俊爽，倜傥多大略，由是豪杰多归慕之。强卒，复袭统其营。仕姚兴，历太子中庶子、河北太守。辩知姚氏运衰，遂弃归家保乡邑。……及长安失守，辩遂归魏。……明元深加器重，明年方得旋镇。帝谓之曰："朕委卿西蕃，志在关右，卿宜克终良算，与朕为长安主人。"辩即还任，务农教战，恒以数千之众，摧抗赫连氏。

到太武帝真君年间，盖吴起义爆发，太武帝仍令薛辩之长子洪祚"纠合宗乡，壁于河际"。由此可知，从薛强到薛辩，再到薛洪祚，其部众的隶属关系一直没有发生根本性变化。

以上分析表明，明元帝后期放弃了自道武帝以来的徙民等加强中央集权的努力，走上了一条承认坞主对原有部众的荫庇关系，并借助他们的力量平定反叛者的道路。这些拥有武装力量的豪强大族也由叛乱者转而成为北魏政权对中原统治的支柱。

综合以上分析，北魏前期政权只是在平城京畿地区实现了中央集权式的管理，对其治下的已被离散的部落采取的是宗主督护的管理模式。对中原地区，在军事征服与徙民举措遭到大规模反抗之后，不得不转而承认坞主的部众隶属关系，并借助其力量实现王朝对中原地区的统治。豪强大族的这种强大实力也是北魏前期政权允许宗主作为大户户主拥有大量荫附人口的现实原因。

(三)第四条

杨文给出的第四条理由是，"唯立宗主督护"与"民多隐冒，五十、三十家方为一户"互为因果关系，或者说它们本来就是一个问题的两个方面。而实际情况是，其时虽有"五十、三十家方为一户"的情况，但占主流的还是五口上下的小家庭。再者，当时超重的赋税定额乃是以五口上下之户为主要对象。由此又可反证，当时绝大多数的户仍为五口上下；当时的政治体制仍是力图通过乡里组织直接控制编户，而不是假手于所谓的"宗主督护"。

首先，杨文所依据的统计数字都是官方户籍上的数字。官方户籍所登记的人口数量大减是整个魏晋南北朝时期的重大社会问题之一，其主要原因就是当时的豪强大族普遍占有大量没有在官方户籍上登记的荫附人口。唐长孺先生曾就此指出，"魏晋户口下降的原因虽有多方面，但根本的原因在于魏晋时期封建大土地所有制的发展，使大量户口沦为私家的佃客"[1]。王仲荦先生也认为，"魏晋南北朝时期，封建土地所有制的形态，是世家大族地主占有了大量土地和不完全占有土地的耕作者依附农民——部曲、佃客"[2]。这种状况，在十六国以及北魏前期尤为严重。"时民饥困流散，豪右

① 唐长孺：《魏晋南北朝隋唐史三论》，武汉大学出版社 1993 年版，第 31 页。

② 王仲荦：《魏晋南北朝史》(上册)，上海人民出版社 1979 年版，第 2 页。

多有占夺……强宗豪族，肆其侵凌”[①]，孝文帝诏书中“自昔以来，诸州户口，籍贯不实，包藏隐漏，废公罔私。富强者并兼有余，贫弱者糊口不足”[②]，说的都是荫附人口普遍存在这一问题。另外，北魏前期还有大量没有在官方户籍上登记的浮浪人口。“今京师民庶，不田者多，游食之口，三分居二”[③]，就说明在包括京畿地区在内的北魏国土上，游食问题成了当时的一大社会问题。大量荫附人口的存在表明当时“五十、三十家方为一户”的大户还是比较多的。另外，还需要说明的是，“民多隐冒，五十、三十家方为一户”与五口之家不是一个单纯的数量比例问题，问题的关键是大户中的荫附人口的大量存在严重影响了政府的财政收入。

其次，杨文对当时赋税制度的理解并不正确。杨文认为，“太和八年改订赋税后，户租二十二点九石，户调绢帛七匹，丝絮三斤。如果这种赋役的主要对象是‘五十、三十家方为一户’之户，那么，其定额就轻到不可思议；如果这种赋役的主要对象是五口上下之户，那就重到不可思议”。作者所说的数字没有问题，但作者忽略了《魏书》卷一一〇《食货志》中“太和八年，始准古班百官之禄，以品第各有差。先是，天下户以九品混通……”这一关键内容。也就是说，北魏在推行均田制之前，租调制度采用的是九品混通方式。可惜的是，史书中没有给我们留下当时的相关实例。但王仲荦先生《魏晋南北朝史》下册第七章第二节引了一条《张丘建算经》中的材料：“今有率户出绢三匹，依贫富欲以九等出之，令户各差除二丈。今有上上三十九户，上中二十四户，上下五十七户，中上三十一户，中中七十八户，中下四十三户，下上二十五户，下中七十六户，下下一十三户，问九等户户各出绢几何？答曰：上上户户各出绢五匹，上中户户各出绢四匹二丈，上下户户出绢四匹，中上户户出绢三匹二丈，中中户户出绢三匹，中下户户出绢二匹二丈，下上户户出绢二匹，下中户户出绢一匹二丈，下下户户出绢一匹。”其叙述制度部分的数字“今有率户出绢三匹”是其平均数，同时也是中中户所纳数额。张丘

① 《魏书》卷五三《李安世传》。

② 《魏书》卷一一〇《食货志》。

③ 《魏书》卷六〇《韩麒麟传》。

建是北魏人，但从“率户出绢三匹”看，其叙述的是两晋的制度。以此类推，《魏书·食货志》中的数字也是当时的平均数字，同时也是中中户所纳数额，而不是“五十、三十家方为一户”之户或者五口上下之户所纳标准。

需要指出的是，北魏在推行均田制之前的租调制度虽然采用的是九品混通方式，但对于五口之家的下下户而言，其负担还是非常重的：一是正税数额本身就比较高；二是在正税之外还要加征调外的运输费和官吏的俸禄；三是在实际征收过程中，官吏想方设法将赋税转嫁到贫困农民身上了。南朝谢灵运说“又北境自染逆虏，穷苦备罹，征调赋敛，靡有止已，所求不获，辄致诛殒，身祸家破，阖门比屋，此亦仁者所为伤心者也”[①]，表明当时很多贫民家庭因不堪重负而纷纷走上荫附、流浪的道路。后来，北魏政府推行均田制、新租调制、三长制，就是采用保证贫民占有土地的基本数量、降低租调数额、严格控制户籍等办法和豪强大族争夺苞荫之户。从其结果来看，北魏政府采用这些新制度之后，国家控制的土地增多了，纳税面拓宽了，国家的总财政收入增加了，冯太后在推行三长制的诏令中说的“立三长，则课有常准，赋有恒分，苞荫之户可出，侥幸之人可止”[②]的目标实现了。

以上分析表明，当时“五十、三十家方为一户”的情况还是比较多的，这种拥有大量荫附人口的大户的存在严重影响了国家的财政收入；北魏在推行均田制之前的租调制度对于五口之家的下下户而言，其负担还是非常重的；正是由于当时五口之家的税赋负担过重，所以才导致他们纷纷走上荫附、流浪的道路。这些弊端在北魏政府推行均田制、新租调制、三长制后得到了纠正。

（四）第五条

杨文给出的最后一条、也是最重要的一条理由是，乡里基层政权组织的完全破坏或被完全废弃是“唯立宗主督护”的必要前提。《魏书》本身所含的相关资料与出土文书既然都已确证北魏太和十年以前乡里机构仍在正常运转，并无被宗主督护所取代之迹象，那么说明当时并不具备“唯立宗主督护”

---

① 《宋书》卷六七《谢灵运传》。

② 《魏书》卷一一〇《食货志》。

的必要前提。

作者用《魏书》中的相关材料与出土文书证明北魏太和十年以前乡里机构仍在正常运转，这个结论是正确的。这也是"制度说"不能成立的关键所在。但是，笔者不同意"乡里基层政权组织的完全破坏或被完全废弃是'唯立宗主督护'的必要前提"这一观点。北魏太和十年以前乡里机构仍在正常运转，只能说明宗主督护不是一种制度。《魏书》卷五三《李冲传》"旧无三长，惟立宗主督护，所以民多隐冒，五十、三十家方为一户"中的宗主所督护的是"五十、三十家方为一户"的这样一个特殊大户。《北史·李灵传》中说李显甫"豪侠知名，集诸李数千家于殷州西山，开李鱼川方五六十里居之，显甫为其宗主"。李显甫作为宗主所督护的就是位于李鱼川的诸李数千家这样一个特殊大户。由此论之，宗主督护不是一种制度，不是代替乡里制度的地方行政组织，宗主所督护的是乡里管辖之下的一个拥有大量荫附人口的特殊大户。

另外，说北魏太和十年以前乡里机构仍在正常运转也不完全准确。因为，乡里制度的一项重要功能是案比户口，而北魏前期大量荫附人口的存在则表明乡里制度在当时的运转并不正常。

综上所述，笔者认为，魏收"旧无三长，唯立宗主督护"不算孤证，李显甫集诸李开李鱼川就是宗主督护的一个典型实例。宗主督护是一种乡里管辖之下的一个拥有大量荫附人口的特殊大户，它不是取代乡里制度的地方基层政权组织，不是一种制度。宗主所督护的是一个拥有大量荫附人口的特殊大户，户主就是宗主。同五口之家一样，宗主所督护的大户也是乡里管辖范围之内的一户。宗主所督护的大户与五口之家的关键区别是，宗主所督护的大户成员当中有大量的荫附人口，这些荫附者大都没有在官方户籍上进行登记，也不向国家交纳租税。北魏前期政权之所以允许这样的特殊大户存在，主要是因为中原地区的强宗大族拥有强大的实力，统治者在采用徙民等旨在加强中央集权的措施遭到大规模普遍反抗之后不得不采用这样一种妥协政策。直到孝文帝时期，随着统治者的文化水平与统治能力的提高，均田制、三长制、新租调制相继出台，北魏王朝才真正开始展开一场与豪强大族争夺荫附人口的斗争。

二、宗主督护制之下政府权力的渗透与加强

与十六国时期的乡里坞壁相比，北魏王朝通过允许宗主督护有大量荫附人口的办法，实现了对中原乡村社会权力的进一步渗透，这主要体现在赋役征发的制度化上。[①] 本章第二节已经指出，乡里坞壁在归附各政权后，坞主要输粮、出兵资助所属政权，但是这种资助并没有制度化。而宗主所督护的"三五十家"作为一个大户，要按照九品差调制度定期向王朝上缴赋税。《魏书》卷五三《李冲传》中"五十、三十家方为一户"表明，普通的宗主督护有三五十个个体小家庭，按每个个体小家庭有五口人计，大约有二百人。这二百来口人在户籍上都属于一户（其中，很大一部分并没有登记在册，属于荫附人口），户主为宗主。拥有这么多人口的大户占有的土地数目也是非常庞大的。如，《北史》卷三三《李灵传》载，"集诸李数千家于殷州西山，开李鱼川方五六十里居之，显甫为其宗主"。占地方圆五六十里的大户的规模可以与东汉大田庄相媲美了。但汉代"田庄之中，无论是在田作上，还是在手工业、副业生产中，进行的多是集约化的协作劳动"[②]，而《魏书》卷一一〇《食货志》"豪强征敛，倍于公赋"则表明，虽然宗主督护的三五十个小家庭在国家户籍上是以一个大户进行登记的，但其生产单位仍是一个个的个体小家庭，个体小家庭要将很大一部分劳动产品作为赋税交给宗主。假若采用的是集约化协作劳动的话，就不存在"豪强征敛"的问题了。

宗主督护下的两百多人由两部分构成，一小部分人员的名字是登记在政府户籍上的。这一小部分人口数目就是九品差调制度评定等级的重要依据，宗主要按照九品差调制度向王朝上缴租税。《魏书》卷四《太武帝纪上》

---

① 高敏先生认为："'宗主督护'制产生的社会背景和历史条件是：一方面有大量的人口流移，使原有的乡里组织丧失控制居民的职能；另一方面是封建'荫附'关系迅速发展，依靠经济与宗族势力并建有坞、堡、垒、壁等军事自保组织的坞壁主大量涌现，众多的人口为逃避战乱而为坞壁主所控制。笔者认为，'宗主督护'制产生于西晋末年。"（高敏：《北魏"宗主督护"制实行时间试探——兼论"宗主督护"制的社会影响》，载《广州大学学报》2002 年第 1 期）高敏先生认为，十六国统治者对待坞壁主的办法就是"宗主督护"的办法。但笔者认为，其间还是有所区别的，是否制度化是其关键区别所在，理由详见正文。

② 马新：《两汉乡村社会史》，齐鲁书社 1997 年版，第 87 页。

所载太延元年十二月诏云：

州郡县不得妄遣吏卒，烦扰民庶。若有发调，县宰集乡邑三老计赀定课，裒多益寡，九品混通，不得纵富督贫，避强侵弱。

《魏书》卷五三《李冲传》载：

旧无三长，惟立宗主督护，所以民多隐冒，五十、三十家方为一户。冲以三正治民，所由来远，于是创三长之制而上之。文明太后览而称善，引见公卿议之。中书令郑羲、秘书令高佑等曰："冲求立三长者，乃欲混天下一法。言似可用，事实难行。"羲又曰："不信臣言，但试行之。事败之后，当知愚言之不谬。"太尉元丕曰："臣谓此法若行，于公私有益。"咸称方今有事之月，校比民户，新旧未分，民必劳怨，请过今秋，至冬闲月，徐乃遣使，于事为宜。冲曰："民者，冥也，可使由之，不可使知之。若不因调时，百姓徒知立长校户之勤，未见均徭省赋之益，心必生怨。宜及课调之月，令知赋税之均。既识其事，又得其利，因民之欲，为之易行。"著作郎傅思益进曰："民俗既异，险易不同，九品差调，为日已久，一旦改法，恐成扰乱。"

宗主督护与乡里坞壁相同的地方是，宗主督护时期战乱依然很多，社会环境仍不太平，宗主仍经常配合政府参与平定叛乱，以求得局部安定的生产生活环境。《魏书》卷四二《裴初古拔传》云：

真君中，盖吴扰动关右，薛永宗屯据河侧，世祖亲讨之。乃诏拔纠合宗乡，壁于河际，断二寇往来之路。事平，除中散，赐爵永康侯。世祖南讨，以拔为都将，从驾临江而还。又共陆真讨反氐仇傉檀、强免生，平之。皇兴三年，除散骑常侍，尚西河长公主，拜驸马都尉。其年，拔族叔刘彧徐州刺史安都据城归顺，敕拔诣彭城劳迎。除冠军将军、南豫州刺史。

同书卷四五《裴骏传》云：

裴骏，字神驹，小名皮，河东闻喜人。……盖吴作乱关中，汾阴人薛永宗聚众应之，屡残破诸县，来袭闻喜。县中先无兵仗，人情骇动，县令忧惶，计无所出。骏在家闻之，便率厉乡豪曰："在礼，君父有危，臣子致命。府县今为贼所逼，是吾等殉节之秋，诸君可不勉乎！"诸豪皆奋激请行，骏乃简骑骁勇数百人奔赴。贼闻救至，引兵退走。刺史嘉之，以状表闻。会世祖（太武帝）亲讨盖吴，引见骏，骏陈叙事宜，甚会机理。世祖大悦，顾谓崔浩曰："裴骏有当世才具，且忠义可嘉。"补中书博士。浩亦深器骏，目为三河领袖。

单看"在礼，君父有危，臣子致命。府县今为贼所逼，是吾等殉节之秋，诸君可不勉乎"，似乎裴骏配合北魏政府镇压盖吴起义只是为了国家利益。实际上，在战乱侵扰的情况下，宗主督护的属民也难以进行正常的生产活动。也就是说，他率众配合北魏政府镇压盖吴起义也是为了保证其属民能有一个局部安定的生产生活环境。前引《北史》卷三六《薛辩传》中，"辩即还任，务农教战，恒以数千之众，摧抗赫连氏"，也属于这种情况。王朝对宗主的军事支持也持赞许的态度。引文中的"世祖大悦，顾谓崔浩曰：'裴骏有当世才具，且忠义可嘉。'补中书博士。浩亦深器骏，目为三河领袖"，就是一个典型事例。

但是，在允许宗主督护有大量荫附人口的情况下，北魏王朝对乡村的权力渗透很不彻底。第一，在九品差调制度下，按人均计算，宗主所纳赋税比普通民户少一半以上。前引《张丘建算经》关于九品差调的算术题中，上上户出绢五匹，等而下之，至下下户出绢一匹。上上户出绢数量为下下户的五倍。而按人口计，据《李冲传》大户"五十、三十家方为一户"，而普通小家庭的规模为五口左右，人口比例为十倍左右。所以，按人头计算，上上户所纳比下下户要少一半以上。第二，宗主督护制下大量荫附人口所交的租赋为宗主所独有。前文指出，宗主督护下的很大一部分人口并没有在政府的户籍上登记，但他们都要给宗主交纳很重的租税。《魏书》卷一一〇《食货志》所载"魏初不立三长，故民多荫附。荫附者皆无官役，豪强征敛，倍于公赋"，表明宗主对国家赋税的分割达到了很严重的程度。第三，北魏统治者并没有改变原来乡里坞壁的部众隶属关系，宗主依然拥有强大的军事力量，成为王朝的潜在威胁。如《魏书》卷五三《李孝伯附李安世传》：

初，广平人李波，宗族强盛，残掠生民。前（相州）刺史薛道檦往讨之，波率其宗族拒战，大破檦军。遂为逋逃之薮，公私成患。百姓为之语曰："李波小妹字雍容，褰裙逐马如卷蓬，左射右射必叠双。妇女尚如此，男子那可逢！”安世设方略诱波及诸子侄三十余人，斩于邺市，境内肃然。

北魏王朝对乡村的权力渗透很不彻底也是有其客观原因的。诸如民族矛盾仍很尖锐，统治者的知识水平和政治能力还不足以使国家机器正常运转，等等。这些问题到孝文帝太和年间才逐步地得以解决。随着这些问题的一一解决，北魏政府始采用三长制将宗主所督护的大量荫附人口括出，最终实现了王朝对乡村社会的全方位的控制。

第四节　三长制

北魏孝文帝时代，以《周礼·地官·大司徒》的乡约制度为制度蓝本，建立起了一套以家、户为中心而又与均田制、新租调制共为一体的新兴乡村组织——三长制。本节将重点分析三长制的内容、功能及实质。

一、三长制的内容

从北魏太和十年(486年)[①]开始，三长制一直是整个北朝的乡村行政组织。三长制的内容在整个北朝时期有如下几次大的变动：

北魏所实施的三长制的内容与孝文帝推行三长制的诏令见于《魏书》卷

① 史书中关于立三长的时间有歧异：据《魏书》卷七上《孝文帝纪上》，均田制的颁行在太和九年(485年)十月，立三长在太和十年(486年)十月；据《魏书》卷五三《李世安传》，均田制的颁行晚于立三长；而据《南齐书》卷五七《魏虏传》，北魏三长制立于485年。对此，学者进行了广泛的讨论。相关论著有：武仙卿《北魏均田制度考察之一》，载《食货》第3卷第3期，1936年；唐长孺《北魏均田制中的几个问题》，载《魏晋南北朝论丛续编》，三联书店1959年版，第16～20页；缪钺《北魏立三长制年月考》，载《读史存稿》，三联书店1963年版，第49～50页；[日]池田温《中国古代籍帐研究》，龚泽铣译，中华书局1984年版，第103页；[日]崛敏一《均田制研究》，韩国磐等译，福建人民出版社1984年版，第113～115、128、133～134页；韩国磐《北朝隋唐的均田制度》，上海人民出版社1984年版，第86～88页；朱绍侯《魏晋南北朝土地制度与阶级关系》，中州古籍出版社1988年版，第139页；严耕望《中国地方行政制度史》上编卷中，(台北)“中央研究院”历史语言研究所专刊45(B)，1997年，第684页；吕一飞《北魏立三长制年代质疑》，载《许昌师专学报》1991年第1期；魏明孔《北魏立三长、行均田孰先孰后》，载《西北师范大学学报》1991年第2期；高敏《北魏三长制与均田制的实行年代问题辨析》，载《史学月刊》1992年第5期；侯旭东《北朝“三长制”四题》，载《中国史研究》2002年第4期，等等。学者们的意见不一，笔者同意太和十年立三长说。

一一〇《食货志》：

魏初不立三长，故民多荫附。荫附者皆无官役，豪强征敛，倍于公赋。十年，给事中李冲上言："宜准古，五家立一邻长，五邻立一里长，五里立一党长，长取乡人强谨者。邻长复一夫，里长二，党长三。所复复征戍，余若民。三载亡愆则陟用，陟之一等。其民调，一夫一妇帛一匹，粟二石。民年十五以上未娶者，四人出一夫一妇之调；奴任耕，婢任绩者，八口当未娶者四；耕牛二十头当奴婢八。其麻布之乡，一夫一妇布一匹，下至牛，以此为降。大率十匹为公调，二匹为调外费，三匹为内外百官俸，此外杂调。民年八十以上，听一子不从役。孤独癃老笃疾贫穷不能自存者，三长内迭养食之。"

书奏，诸官通议，称善者众。高祖从之，于是遣使者行其事。乃诏曰："夫任土错贡，所以通有无；井乘定赋，所以均劳逸。有无通则民财不匮，劳逸均则人乐其业。此自古之常道也。又邻里乡党之制，所由来久。欲使风教易周，家至日见，以大督小，从近及远，如身之使手，干之总条，然后口算平均，义兴讼息。是以三典所同，随世污隆；贰监之行，从时损益。故郑侨复丘赋之术，邹人献盍彻之规。虽轻重不同，而当时俱适。自昔以来，诸州户口，籍贯不实，包藏荫漏，废公罔私。富强者并兼有余，贫弱者糊口不足。赋税齐等，无轻重之殊；力役同科，无众寡之别。虽建九品之格，而丰埆之土未融；虽立均输之楷，而蚕绩之乡无异。致使淳化未树，民情偷薄。朕每思之，良怀深慨。今革旧从新，为里党之法，在所牧守，宜以喻民，使知去烦即简之要。"初，百姓咸以为不若循常，豪富并兼者尤弗愿也。事施行后，计省昔十有余倍。于是海内安之。

诏令颁布之前大臣们讨论的情况见于《魏书》卷五三《李冲传》：

冲以三正治民，所由来远，于是创三长之制而上之。文明太后览而称善，引见公卿议之。中书令郑羲、秘书令高佑等曰："冲求立三长者，乃欲混天下一法。言似可用，事实难行。"羲又曰："不信臣言，但试行之，事败之后，当知愚言之不谬。"太尉元丕曰："臣谓此法若行，于公私有益。咸称方今有事之月，校比民户，新旧未分，民必劳怨，请过今秋，至冬闲月，徐乃遣使，于事为宜。”冲曰：“民者，冥也，可使由之，不可使知之。若不因调时，百姓徒知立长校户之勤，未见均徭省赋之益，心必生怨。宜及课调之月，令知赋税之均。既识其事，又得其利，因民之欲，为之易行。”著作郎傅思益进曰：“民俗既异，险易不同，九品差调，为日已久，一旦改法，恐成扰乱。”太后曰：“立三长，则课有常准，赋有恒分，苞荫之户可出，侥幸之人可止，何为而不可？”群议虽有乖异，然唯以变法为难，更无异义。遂立三长，公私便之。

东魏孝静帝时，三长的名称、单位有所变动。这一信息见于沧州刺史元孝友上孝静帝的奏书。奏书中有关三长制的内容是：

> 令制：百家为党族，二十家为闾，五家为比邻。百家之内，有帅二十五人，征发皆免，苦乐不均。羊少狼多，复有蚕食。此之为弊久矣。京邑诸坊，或七八百家唯一里正、二史，庶事无阙，而况外州乎？请依旧置三正之名不改，而百家为族，四闾，闾二比。计族少十二丁，得十二匹赀绢。略计见管之户应二万余族，一岁出赀绢二十四万匹。十五丁为一番兵，计得一万六千兵。此富国安人之道也。①

北齐河清三年（564 年）颁布了新的三长制。《隋书》卷二四《食货志》载：

> 至河清三年定令，乃命人居十家为比邻，五十家为闾里，百家为族党。

西魏、北周的相关制度，史书缺载。相关材料见于《周书》卷二三《苏绰传》中的《六条诏书》“擢贤良”条：

> 非直州郡之官，宜须善人，爰及党族闾里正长之职，皆当审择，各得一乡之选，以相监统。夫正长者，治民之基。基不倾者，上必安。

这表明西魏、北周仍继续实行三长制。②

对于三长制的内容，我们重点分析两个问题。第一个问题是三长的责

---

① 《北齐书》卷二八《元孝友传》。

② 有些学者认为北周实行的是二长制。参见严耕望《中国地方行政制度史》上编卷中，（台北）“中央研究院”历史语言研究所专刊 45(B)，1997 年，第 689 页；[日]福岛繁次郎《北周の村落考》，载《中国南北朝史研究》，名著出版，1979 年，第 304 页。

任与地位。

在北魏孝文帝时代，三长的待遇是："长取乡人强谨者。邻长复一夫，里长二，党长三。所复复征戍，余若民。"这表明，三长由当地豪族担任，邻里党长分别享受复除家内一到三人征戍的待遇。但从元孝友上孝静帝的奏书中我们可以看出，三长还享受复除徭役、调绢的待遇。这种待遇到西魏、北周时发生了变化。杨际平先生在对西魏大统十三年(547年)计账户籍文书的相关材料进行分析之后得出结论："当时的闾、邻长已无免正役、租调特权。党(族)长可否免调与正役，因文献无征，难以确知，估计尚可免役。"[①]

从李充的建议以及大臣们的讨论等内容看，孝文帝时代三长的职责，一是校比户口，"诸州户口，籍贯不实，包藏荫漏，废公罔私"、"百姓徒知立长校户之勤"、"苞荫之户可出"等内容即是。二是负责征收租调，"口算平均，义兴讼息"、"赋税齐等，无轻重之殊；力役同科，无众寡之别"、"未见均徭省赋之益"、"立三长，则课有常准，赋有恒分"等内容即是。三是要养食孤独、癃老、笃疾、贫穷不能自存者。"孤独癃老笃疾贫穷不能自存者，三长内迭养食之"、"大旱，京都民饥。加以牛役，公私阙之，时有马驴及橐驼供驾挽耕载。诏听民就丰。行者十五六，道路给粮廪，至所在，三长赡养之"等内容即是。在后代，统治者不断给三长增添新的职责。《魏书》卷一一四《释老志》所载熙平二年(517年)灵太后诏云："私度之僧，皆由三长罪不及己，容多隐滥。自今有一人私度，皆以违旨论。邻长为首，里、党各相降一等。"三长要防止属民私度为僧，这是前代没有的。《周书》卷二三《苏绰传》："若有游手怠惰，早归晚出，好逸恶劳，不勤事业者，则正长牒名郡县，守令随事加罚，罚一劝百。"正长要督察属民的生产情况并向上级汇报，这种监督农业生产的职责，在前代也是没有的。

对于违规三长的处罚，在孝文帝时代是："三载亡愆则陟用，陟之一等。""一等"的含义不详，可能仅仅是一种行政的处罚。肃宗即位不久，张普惠上奏批评当时规定州郡收租时，"若一匹之滥，一斤之恶，则鞭户主，连三长，此

---

① 杨际平：《北朝隋唐均田制新探》，岳麓书社2003年版，第66～67页。

所以教民以贪者也"[1]，这表明肃宗时对于违规三长的处罚已经升级到了鞭打。北齐初年，"时又大括燕、恒、云、朔、显、蔚、二夏州、高平、平凉之民以为军士，逃隐者身及主人、三长、守令罪以大辟，没入其家。于是所获甚众，搴之计也"[2]。"（北周）初行《刑书要制》。持杖群强盗一匹以上，不持杖群强盗五匹以上，监临主掌自盗二十匹以上，小盗及诈伪请官物三十匹以上，正长隐五户及十丁以上、隐地三顷以上者，至死。《刑书》所不载者，自依律科。"[3]这两条材料表明，北齐、北周对于违规三长的处罚又升级到了死刑。

以上分析表明，从三长制开始施行迄于北齐、北周，三长的责任在逐渐增加，待遇在不断降低，地位在不断下降。

我们分析的第二个问题是三长人数在总户口数中所占的比重。北魏孝文帝时代是以一百二十五户为一乡村基本单位——党，一党之中含有五里、二十五邻，计有邻、里、党三长三十一人。孝静帝时，三长制变化为五家为比邻、四比邻为闾、五闾为党族。乡村基层单位由一百二十五户降为一百户，三长总人数由三十一人减为二十五人。北齐河清三年令中以百家为一族党，其中只有二闾里、十比邻，三长人数降至十三人。根据杨际平先生的研究，免征役人数更少。

根据以上数字，我们可以看出，在三长制实施过程中，免征人数在不断减少，赋役承纳面在逐渐扩大。这种变化是从国家利益考虑，针对"百家之内，有帅二十五人，征发皆免，苦乐不均。羊少狼多，复有蚕食"的情况采取的措施，这也反映了国家与乡村强宗大族之间的力量变化。

二、三长制的功能与北朝政府的权力渗透

虽然三长制的具体名称、单位有过几次大的变动，但其基本功能是贯穿始终的。具体而言，三长具有行政功能、经济功能、治安功能、教化功能等。

---

① 《魏书》卷七八《张普惠传》。
② 《北齐书》卷二四《孙搴传》。
③ 《周书》卷六《武帝纪下》。

(一)行政功能

三长制最基本的行政功能是户籍管理。太和九年(485 年)北魏推行均田制,太和十年(486 年)推行三长制与新租调制,给事中李冲上言:

> 其民调,一夫一妇帛一匹,粟二石。民年十五以上未娶者,四人出一夫一妇之调;奴任耕,婢任绩者,八口当未娶者四;耕牛二十头当奴婢八。其麻布之乡,一夫一妇布一匹,下至牛,以此为降。大率十匹为公调(《通典·赋税》中此句作"大率十匹中五匹为公调",《通典》是也),二匹为调外费,三匹为内外百官俸,此外杂调。民年八十已上,听一子不从役。孤独癃老笃疾贫穷不能自存者,三长内迭养食之。(《魏书》卷一一〇《食货志》)

均田制推行后,每户纳税的多少严格按照受田丁口、奴婢、耕牛的数量来计算。根据郑欣先生的研究,北朝后期的租调收入在一定程度上恢复了北魏前期的九品混通制度,但其纳税单位依然为丁,不同于北魏前期的以户为纳税单位。[①] 这样,相对于北魏前期以户为单位的九品混通制度而言,实行三长制以后,北朝政府对户口的掌握情况更直接地影响着政府的赋税收入。北朝政府对户口的管理是通过三长制实现的。《魏书》卷五三《李冲传》所记录的当时大臣们针对三长制进行的讨论就指出三长的核心工作就是"校比民户"。《南齐书》卷五七《魏虏传》载,永明三年(485 年),"初令邻里党各置一长,五家为邻,五邻为里,五里为党。四年,造户籍"。"造户籍"指的就是北魏政府利用三长这一行政系统重新编定户籍。政府对三长的要求特别严格。孝文帝太和十四年,"诏依准丘井之式,遣使与州郡宣行条制,隐口漏丁,即听附实。若朋附豪势,陵抑孤弱,罪有常刑"[②]。北齐初年,"时又大括燕、恒、云、朔、显、蔚、二夏州、高平、平凉之民以为军士,逃隐者身及主人、三长、守令罪以大辟,没入其家。于是所获甚众,搴之计也"[③]。北周"初行《刑书要制》。持杖群强盗一匹以上,不持杖群强盗五匹以上,监临主掌自盗二

① 参见郑欣《北朝均田制度下的租调剥削》,载《齐鲁学刊》1987 年第 4 期,后收入其《魏晋南北朝史探索》,山东大学出版社 1989 年版,第 333～347 页。

② 《魏书》卷七《孝文帝纪下》。

③ 《北齐书》卷二四《孙搴传》。

十四以上，小盗及诈伪请官物三十匹以上，正长隐五户及十丁以上、隐地三顷以上者，至死。《刑书》所不载者，自依律科”[①]。同时，北朝政府还派遣使臣到各地督促、协助三长编定户籍，如派尧喧为“东道十三州使，更比户籍”[②]，派闾庄“为定户籍大使”[③]。东魏武定二年(544年)，高欢以太保孙腾、大司马高隆之为括户大使，分行诸州，“凡获逃户六十余万”[④]。

(二)经济功能

三长制的经济功能主要体现在收授土地、征发赋役、监督农业生产、养食孤弱者等方面。

1. 收授土地

均田制、三长制和新租调制是一个不可分割的整体。均田制中土地的收授根据性别、年龄、身份等不同因素而区别对待，这庞大的工作量主要依靠三长来完成。

2. 征发赋役

孝文帝诏令要求三长要做到：“赋税齐等，无轻重之殊；力役同科，无众寡之别。”[⑤]

《通典》卷二《食货·田制下》引北齐宋孝王《关东风俗传》曰：

> 其时强弱相凌，恃势侵夺，富有连畛亘陌，贫无立锥之地。昔汉氏募人徙田，恐遗垦课，令就良美。而齐氏全无斟酌，虽有当年权格，时蹔施行，争地文案有三十年不了者，此由授受无法者也。其赐田者，谓公田及诸横赐之田。魏令，职分公田，不问贵贱，一人一顷，以供刍秣。自宣武出猎以来，始以永赐，得听卖买。迁邺之始，滥职众多，所得公田，悉从货易。又天保之代，曾遥压首人田，以充公簿。比武平以后，横赐诸贵及外戚佞宠之家，亦以尽矣。又河渚山泽有可耕垦肥饶之处，悉是豪势，或借或请，编户之人不得一垄。纠赏者，依令，口分之外知有买

① 《周书》卷六《武帝纪下》。
② 《魏书》卷四二《尧喧传》。
③ 《北史》卷八〇《闾毗传》。
④ 《魏书》卷一二《孝静帝纪》。
⑤ 《魏书》卷一一〇《食货志》。

匿，听相纠列，还以此地赏之。至有贫人，实非剩长买匿者，苟贪钱货，诈吐壮丁口分，以与纠人，亦既无田，即便逃走。帖卖者，帖荒田七年，熟田五年，钱还地还，依令听许。露田虽复不听卖买，卖买亦无重责。贫户因王课不济，率多货卖田业，至春困急，轻致藏走。亦有懒惰之人，虽存田地，不肯肆力，在外浮游。三正卖其口田，以供租课。比来频有还人之格，欲以招慰逃散。假使蹔还，即卖所得之地，地尽还走，虽有还名，终不肯住，正由县听其卖帖田园故也。广占者，依令，奴婢请田亦与良人相似。以无田之良口，比有地之奴牛。宋世良天保中献书，请以富家牛地先给贫人，其时朝列，称其合理。

该条史料详细叙述了北齐土地分配中存在的严重问题，许多农民因不堪重负纷纷抛弃土地。三正之所以急于出售口田，就是要补足因所谓懒人不务农所欠的租税。这就表明三正负有赋役征发的责任。

3. 监督农业生产

《周书》卷二三《苏绰传》载：

若有游手怠惰，早归晚出，好逸恶劳，不勤事业者，则正长牒名郡县，守令随事加罚，罚一劝百。此则明宰之教也。

属民不勤劳正长就要受到处罚，这表明正长有监督农业生产的职责。

4. 养食孤弱者

三长要养食“孤独癃老笃疾贫穷不能自存者”。《魏书》卷一一〇《食货志》云：

孤独癃老笃疾贫穷不能自存者，三长内迭养食之。

在发生灾难时，三长还要负责流民的给养。《魏书》卷一一〇《食货志》云：

十一年，大旱，京都民饥。加以牛役，公私阙乏，时有以马驴及橐驼供驾挽耕载。诏听民就丰。行者十五六，道路给粮廪，至所在，三长赡养之。

(三)治安功能

《魏书》卷一一四《释老志》所载熙平二年(517年)灵太后诏云：

私度之僧，皆由三长罪不及己，容多隐滥。自今有一人私度，皆以违旨论。邻长为首,里、党各相降一等。

属民私度为僧,三长就要担负法律责任,处以连坐之刑,这反映了三长制的治安功能。

(四)教化功能

北朝政府利用三长制行乡饮之礼,体现了三长制的教化功能。如,太和十一年(487年)十月,诏:

> 乡饮礼废,则长幼之叙乱。孟冬十月,民闲岁隙,宜于此时导以德义。可下诸州,党里之内,推贤而长者,教其里人父慈、子孝、兄友、弟顺、夫和、妻柔。不率长教者,具以名闻。

再如,太和十九年(494年)五月,"行饮至之礼,班赐有差"①。尤其值得注意的是,"推贤而长者"的工作是由三长组织进行的。

(五)兵役征发功能

据沧州刺史元孝友上孝静帝的奏书,三长制还有兵役征发功能:

> 令制:百家为党族,二十家为闾,五家为比邻。百家之内,有帅二十五人,征发皆免,苦乐不均。羊少狼多,复有蚕食。此之为弊久矣。京邑诸坊,或七八百家唯一里正、二史,庶事无阙,而况外州乎?请依旧置三正之名不改,而百家为族,四闾,闾二比。计族少十二丁,得十二匹赀绢。略计见管之户应二万余族,一岁出赀绢二十四万匹。十五丁为一番兵,计得一万六千兵。此富国安人之道也。(《北齐书》卷二八《元孝友传》)

北朝施行三长制的效果如何,史书没有明确记载。周一良先生曾根据青齐地区数郡户口的变化探讨过该问题。② 侯旭东先生依据《魏书》卷一〇六《地形志》中太和十年至十四年州郡县设置变动的情况,考订出初立三长时期朝廷搜括民户所得达六十万口。③ 周一良、侯旭东二位先生是从户口增长变化的角度论证三长制成效的。本文打算从功能转移、权力渗透的角度

---

① 《魏书》卷七《孝文帝纪下》。

② 参见周一良《从北魏几郡的户口变化看三长制的作用》,载《社会科学战线》1980年第4期,后收入其《魏晋南北朝史论集》,北京大学出版社1997年版,第369～383页。

③ 参见侯旭东《北朝"三长制"四题》,载《中国史研究》2002年第4期。

来论证三长制的历史作用。具体而言，北朝政府通过三长制，实现了其对乡村社会权力的进一步渗透。这一渗透主要包括以下几个方面：

行政功能方面：在北魏前期，许多由宗主所督护的大户保留原来作为乡里坞壁时的部众隶属关系，其内部事务由宗主总负责；在三长制下，政府可以完全掌握每一个单位里家、户的具体情况，三长虽然由“乡里强谨者”担任，但他们首先是以政府地方基层官员的身份出现的，如其不能履行职责会受到政府严惩。

经济功能方面：宗主所督护的大户虽然按照九品混通制度上缴赋税，但按人头算，大户所缴要比小户少得多，而且宗主还独占大量荫附者上缴的赋税。三长制下，三长要依法收授土地，其家庭成员上缴赋税时，除按照制度所复者外，与一般民户相同；其所辖单位内如果有荫附人口，则要依法受到严惩。简言之，在三长制下，赋役承纳面明显扩大了。

治安功能方面：在三长制下，三长要严格控制所辖家户，如不能按照政府旨意行事，就要承担相应的法律责任。而在北魏前期，王朝对宗主所督护的大户仅有要求其按照九品混通制度上缴赋税一项内容。

从以上分析可以看出，与北魏前期相比，在三长制下，北朝政府对乡村社会的权力渗透得到了进一步的加强。

三、三长制实质探讨

日本学者宫川尚志博士曾指出：“据《魏书》所载，北魏在太和十年因给事中李冲的上言建立三长制，即五家为邻、五邻为里、五里为党。这个制度中的里与汉代以来接近于实际聚落形态的百户之里不同，它是依照《周礼》古制规划的行政村落，显然是依照六乡六遂制中二十五家为一闾里而制订的，是以十家以下为下级单位、数十家构成中级单位、百家前后为上级单位的三级自治制度。”①笔者认为，尽管宫川尚志博士的这个认识不无可商榷之处，但宫川氏的研究视角为进一步认识三长制的实质打开了一个新的切入

① ［日］宫川尚志：《六朝时代的村》，载刘俊文主编《日本学者研究中国史论著选译》第4卷，中华书局1992年版，第99～100页。

点。只是宫川氏的关注点是村落，没有对之展开深入分析。本文将顺此思路试作一解。

儒家乡约制度的雏形，最早见于《周礼·地官·大司徒》[①]：

> 令五家为比，使之相保；五比为闾，使之相受；四闾为族，使之相葬；五族为党，使之相救；五党为州，使之相赒；五州为乡，使之相宾。

这是一个相当理想的区域构成模式。除"四闾为族"之外，其他层次组织都是以五进位，十分整齐划一。每一级组织均任命一位乡官，主持教化、军旅之事，把政治与教育、文事与武事连成一片，构成"政教合一"的体系。这个体系以家、户为单位，是血缘性质的，而不是以地域来划分的，这是其最本质的特点。

《管子·立政》[②]中也有一段有关乡里组织的描述：

> 分国以为五乡，乡为之师；分乡以为五州，州为之长。分州以为十里，里为之尉。分里以为十游，游为之宗。十家为什，五家为伍，什伍皆有长焉。筑障塞匿，一道路，博出入，审闾闬，慎筦键。筦藏于里尉，置闾有司，以时开闭。闾有司观出入者，以复于里尉。凡出入不时，衣服不中，圈属群徒不顺于常者，闾有司见之，复无时。若在长家子弟、臣妾、属役、宾客，则里尉以谯于游宗，游宗以谯于什伍，什伍以谯于长家。谯敬而勿复，一再则宥，三则不赦。凡孝悌、忠信、贤良、佳材，若在家子

---

① 对《周礼》一书的作者与成书年代，学界有很多不同意见。陈高华、陈智超等认为："此书是西汉中后期始出的古文经，故历代为人所疑。但汪中《周官征文》已举六证说明先秦有此书。王国维亦补充了资料。今考此书中的官名，至迟不出春秋之世周王室及鲁、郑、卫三国的官制范围，没有受战国官制影响；惟各官的职掌有同于战国者，如小宗伯祭五帝之祀典，大司徒及遂人与《考工记》匠人所掌田制，以及大司徒等正月公布法律，等等，皆取自战国现实。可知此书官制原本是春秋以前的，后来杂采了战国一些制度、办法。此书可分别作为春秋、战国两时代的史料。"（陈高华、陈智超等：《中国古代史史料学》，北京出版社 1983 年版，第 56 页）此说较公允。无论如何，该书反映的是早期儒家的治国理想。

② 陈高华、陈智超等认为："此书是齐国稷下学派的论文集，经历很长的历史时期积累而成。记下了不少管仲的政治措施和齐国一些政治故事，而更多的是一二百年间稷下学派的学说与思想，个别篇章甚至晚到汉代才写定。总之它是反映齐国较长时期内政治和思想的著作，主要是齐国法家思想，也有齐国的阴阳、五行思想，等等。"（陈高华、陈智超等：《中国古代史史料学》，北京出版社 1983 年版，第 61 页）

弟、臣妾、属役、宾客，则什伍以复于游宗，游宗以复于里尉，里尉以复于州长，州长以计于乡师，乡师以著于士师。凡过党，其在家属，及于长家；其在长家，及于什伍之长；其在什伍之长，及于游宗；其在游宗，及于里尉；其在里尉，及于州长；其在州长，及于乡师；其在乡师，及于士师。

与《周礼》中的乡约制度相比，《管子》所述的乡里组织趋于繁琐严密。它的内容中虽然有"十家为什，五家为伍"的以家、户为划分标准的小单位，但它"分国以为五乡，乡为之师；分乡以为五州，州为之长；分州以为十里，里为之尉；分里以为十游，游为之宗"，明显的是以地域为划分标准的，这是《管子》乡约制度与《周礼》乡约制度最本质的区别。二者的共同特点是"寓教于政"。

自秦汉始，中国成为一个中央集权的专制主义国家。皇帝通过州、郡、县这样一个行政系统统治全国各地。乡村的社会秩序表现为乡、亭、里、伍等基层组织对编户齐民的控制。如两汉乡的功能有：(1)行政功能，主要是户籍管理、诉讼受理、选举管理；(2)经济功能，实际上是赋役管理；(3)治安功能；(4)教化功能。亭直属县尉而不隶于乡，它与乡中的游徼相配合，是典型的治安派出机关。里是两汉乡村基层组织，政府的一切政策、法令、任务都由乡传到里，由里具体贯彻执行。什伍是里的下级单位，其目的是对农民实行严格控制。汉代里的户数多少不等，有的差异还很大，"汉代的里实际上是因自然聚落而设，并大致与之合而为一"①。也就是说，两汉的基层行政制度的建设是以《管子》乡约制度为蓝本的。

两汉基层行政系统与《管子》乡约制度的不同点是，汉代掌管听讼、收税之权的啬夫与巡行乡里、查禁盗匪的游徼比三老的作用更为重要，三老虽由民选，出掌教化，实则形同虚设。质言之，汉王朝的基层行政系统主要体现的是"政"的功能，"教"的色彩极其微弱。

从东汉末年至三国时代，随着整个社会的动荡，乡里民众"荡析离居，靡所依怀"，全国性的社会基层组织遭到了大破坏，乡里难以发挥其原有的作

① 马新：《两汉乡村社会史》第四章第一节"两汉的乡里村落"，齐鲁书社 1997 年版，第189～210 页。

用。西晋统一后，乡里之制得以重整。《晋书》卷二四《职官志》云：

又县五百以上皆置乡，三千以上置二乡，五千以上置三乡，万以上置四乡，乡置啬夫一人。乡户不满千以下，置治书史一人；千以上置史、佐各一人，正一人；五千五百以上，置史一人，佐二人。县率百户置里吏一人，其土广人稀，听随宜置里吏，限不得减五十户。户千以上，置校官掾一人。

从制度的本质属性来讲，西晋乡里制度仍是以地域为划分标准的。从这个意义上讲，汉、晋制度是一脉相承的。

对于十六国时代乡里制度是否仍然存在这一问题，学界还没有统一的认识。有些学者认为是存在的①，笔者同意这一观点。但是，在西晋末年、十六国时代的北中国乡村社会里，起主导作用的是坞壁。北魏实行三长制之前还有很多督护有大量荫附人口的大户。如本章第二、三节所指出的那样，坞壁是十六国各个政权所辖地域范围内的半割据、割据集团；宗主所督护的、拥有大量荫附人口的大户的大量存在是政府与宗主相互妥协的产物。在这样的社会环境下，乡里制度难以继续发挥其原有作用。

孝文帝时期撇开汉晋旧制，实行三长制。三长制是以《周礼》乡约制度为制度蓝本，以家、户为中心而又与均田制、新租调制共为一体的新型乡村基层行政系统，它是半血缘、半地缘性质的新兴乡里组织。

乡里坞壁是以宗法关系为纽带建立起来的乡里组织，具有很强的血缘色彩。三长制只是将宗主所督护的没有登记在册的荫附人口括出，并没有完全打破宗主督护的宗法血缘关系。对于强宗大族登记在册的依附人口，政府依然承认其依附关系，并按照制度给予相应数量的土地；三长还可以依照制度复除部分人口的赋役。这些都是政府对原有宗法关系的承认，也是三长制半血缘性的体现。

三长制的半地缘性表现在，三长制的基点是家、户，其所辖对象严格按

① 参见陈垣《跋西凉户籍残卷》，载《北京师范大学学报》1963年第2期；朱雷《吐鲁番出土北凉赀簿考释》，载《武汉大学学报》1980年第4期；唐长孺《从吐鲁番出土文书中所见的高昌郡县行政制度》，载《文物》1987年第6期。

照规定的家、户数目来划分(而不是以姓氏、宗族为划分标准)。每一个单位里的成员并不一定是同一宗族,甚至不是同一姓氏。如,西魏大统十三年文书中有:

息女丑婢丙辰生年拾两 中女 出嫁效谷县斛斯已奴党王奴子

《信行遗文》(S二一三七)中有:

魏州贵乡县党孙浪彪下王善行

赵州瘿陶县党王凤邕下王善性

开皇九年正月十二日砖铭铭文中有:

长安县通义坊杨虎族正刘术下云云①

以上四个例子当中,只有一个属民与其所属三长的姓氏相同。

也正因为三长制只是半血缘、半地缘性质的乡村组织,每一个单位内家、户的姓氏与宗族构成经常由于生死、户绝、人口迁徙等原因而变动,所以三长名称普遍以党族正长姓名作为党族名称,而没有像乡里、村落那样长期固定不变的名称。

以上分析表明,三长制是以家、户为中心而又与均田制、新租调制共为一体的乡村基层行政系统,它是半血缘、半地缘性质的新兴乡里组织。

从本节第二小题还可以看出,三长制体现出了"寓教于政"的特点。但是,由于民众生活其中的自然聚落是村落,北朝政府在充分发挥三长制教化功能的同时,还充分利用村落作为推行教化的载体。

至此,本节的主要内容已论述完备。最后再探讨一下:作为儒家理想模式的《周礼》乡约制度,为何在汉晋没能实现,而在北朝却变成了现实?汉晋社会也十分重视户籍管理,但在传统农业社会里,政府更为重视的是土地,历代统治者往往重视土地制度的改革而不够关注人口管理政策。而以孝文帝为首的鲜卑拓跋氏统治者,他们一方面十分熟悉儒家经典,另一方面,他们在五胡中汉化最晚,对于游牧民族的生产生活方式也十分熟悉。正是在这样特殊的背景下,统治者才能将传统农业社会重土和游牧民族重水草、重

① 以上材料转引自[日]池田温《中国古代籍帐研究》,龚泽铣译,中华书局1984年版,第108、119页。

生产者的两种特点糅合在一起，创造出均田制、三长制与新租调制三位一体的乡村管理体系来。可以说，如果没有三长制对户口的严格控制，均田制与新租调制的成效也难以保证。

第二章　南北朝的村落①

两汉时期的自然聚落多称“聚”。到了南北朝时期，“村”则成为自然聚落的泛称。这一时期的“村”不仅是地域概念，同时也已经具备了一定的组织功能。

第一节　从“聚”到“村”的演变

一、聚落起源的学术史回顾

侯旭东对“村”的起源作了简明扼要的总结，认为目前有五种观点：一种强调汉末出现的“村”是在汉代“聚”的基础上发展起来的。二是认为汉代、三国的屯田所形成的聚落发展为“村”。三是认为汉末动乱中形成的“坞”与“坞壁”之类自卫性集团是村落，特别是北方村落的来源。四是认为村来源于汉代城内外的里，另有在无人之地新设立的村。五是认为村的早期形态还有庐与丘。②

讨论村落的发生问题就要涉及乡村社会的真正源头这一学术命题。对

---

① 本章参考了齐涛师《魏晋隋唐乡村社会研究》(山东人民出版社 1995 年版)中的相关部分。

② 参见侯旭东《汉魏六朝的自然聚落——兼论“邨”、“村”关系与“村”的通称化》，载黄宽重主编《中国史新论·基层社会》，(台北)联经出版事业有限公司 2009 年版，第 127～182 页。

该问题较早进行讨论的是日本学者宫崎市定、宫川尚志两位先生。宫崎市定先生创建了中国城市国家理论。他认为:“聚落恰似一个个细胞,在一定面积的耕地中心,存在着细胞似的城郭。城郭之内,被区分为数个区域,那就是里。不仅是工商业者,就连农民也居住在城内的里中。在汉代,根据城郭的大小、重要程度、里民人口的多寡等,分别定级为县、乡、亭。……促使这种瓦解趋势进一步发展者,是汉代豪族势力的扩张。可能是一方面便利农耕的负郭、带郭之田都被有势力者所独占,贫民要想拥有自己的田地,就必须求之于遥远的地方;另一方面,豪族们在远距离的地方开拓庄园,招募劳动者,于是城内的农民渐渐脱出城外,前来居住应募。这里出现的就是另一种新形态的聚落——村(邨)。”①以后,多数学者接受了宫崎市定先生的这一“村是城郭之外新兴聚落形态”的学说。宫川尚志先生在其著名论文《六朝时代的村》中首先指出:“在汉代,有不分都鄙每百户设里的制度。到唐代,虽然单位一样,但在城市与乡村分别称之为坊和村。这是城市和乡村分化在制度上的反映,同时也使人联想到,村是否就起源于远离中央政权的边鄙地区呢?”在深入细致地分析六朝村落的相关史料的基础上,宫川先生得出结论:“总体来看,村庄分布在山间河谷地带以及一般远离城市地区的实例较多。”②此后,有关六朝村落的研究大都是在“村是城郭之外新兴聚落形态”这一学说的基础上展开的。

对宫崎市定这一观点首先提出质疑并进行深入细致分析论证的是马新、齐涛二师。齐涛、马新二师在《中国远古社会史论》中指出,关于村落的起源应当追溯到文明的初生。根据考古学研究,特别是聚落考古学的进展,随着农耕文明的出现,聚落也开始形成并迅速发展;至龙山文化时代,聚落已分化为中心聚落与普通聚落;随后,便开始了城邑与乡村的分化,中心聚落演化为城邑并成为一定区域的权力与经济中心,普通聚落则成为依附于

① [日]宫崎市定:《关于中国聚落形体的变迁》,载《日本学者研究中国史论著选译》第3卷,中华书局1993年版,第21、23～24页。

② [日]宫川尚志:《六朝时代的村》,载《日本学者研究中国史论著选译》第4卷,中华书局1992年版,第68、79页。

中心聚落周围的星散分布的村落。[①] 这一研究成果对于我们重新认识整个中国古代乡村社会，尤其是汉唐乡村社会具有重要意义。

二、从“聚”到“村”的演变

两汉时代，聚是农村人口的自然聚居地。典籍中有关“聚”的记述有：

邑落曰聚。(《说文解字》，段注：“邑落，谓邑中村落。”)

一年而所居成聚，二年成邑，三年成都。(《史记》卷一《五帝本纪》)

天下郡国且百余，县邑出万，乡亭聚里，皆有名号，贤圣之才莫能说。(《论衡·书虚》)

居三年，作为筑冀阙宫庭于咸阳，秦自雍徙都之。而令民父子兄弟同室内息者为禁。而集小乡邑聚为县，置令、丞，凡三十一县。(《史记》卷六八《商君传》)

以上史料表明，两汉时代作为农村人口聚居地的聚是广泛存在的，而且都有其名号。

两汉聚的规模比乡小。上引史料中的聚都排在乡的后面，即为明证。另，《汉书》卷一二《平帝纪》载：“(元始三年)立官稷及学官。郡国曰学，县、道、邑、侯国曰校。校、学置经师一人。乡曰庠，聚曰序。序、庠置《孝经》师一人。”张晏曰：“聚，邑落名也。”颜师古曰：“聚小于乡。聚音才喻反。”《后汉书》卷一《光武帝纪》载：“伯升于是招新市、平林兵，与其帅王凤、陈牧西击长聚。”广雅曰：“聚，居也，音慈谕反。”前书音义曰：“小于乡曰聚。”

聚只是自然聚落的称谓，不是基层编制单位，不具有行政和法律意义。不过，汉代的里实际上是因自然聚落而设，并大致与之合而为一。据统计，《汉书》卷二八《地理志》中的聚名有十个，《后汉书·郡国志》录有聚名五十五个。[②]

到魏晋南北朝时期，自然聚落的名称逐渐以“村”为主。“村”在史籍中

---

① 参见马新、齐涛《中国远古社会史论》第六章“聚落的分化与消亡”，科学出版社 2003 年版，第 196～229 页。

② 参见马新《两汉乡村社会史》，齐鲁书社 1997 年版，第 201～204 页。

最早出现于东汉后期。有关的记述有：

得长生，居仙村。（魏伯阳《周易参同契》）

故太丘长颍川陈仲弓，笃论士也，撰异闻记云，其郡人张广定者，遭乱常避地，有一女年四岁，不能步涉，又不可担负，计弃之固当饿死，不欲令其骸骨之露，村口有古大冢，上巅先有穿穴，乃以器盛缒之，下此女于冢中，以数月许干饭及水浆与之而舍去。（葛洪《抱朴子内篇》）

村里凡人之谓良守善者，用时，或赍酒肴候洪，虽非俦匹，亦不拒也。后有以答之，亦不登时也。（葛洪《抱朴子外篇》）

汉郑弘为灵文乡啬夫，宿一埭，埭名沈酿，于埭逢故旧友人，回顾荒邻，村落绝远，酤酒无处。（崔豹《古今注》卷下）

正史当中第一个“村”的记述见于《三国志》：

又以郡下百姓，苦乏材木，乃课树榆为篱，并益树五果；榆皆成藩，五果丰实。入魏郡界，村落齐整如一，民得财足用饶。（《三国志》卷一六《郑浑传》）

能直接表明自然聚落名称是由“聚”变为“村”的材料见于《颜氏家训》卷三《勉学》：

吾尝从齐主幸并州，自井陉关入上艾县，东数十里，有猎闾村，后百官受马粮在晋阳东百余里亢仇城侧。并不识二所本是何地，博求古今，皆未能晓。及检《字林》、《韵集》，乃知猎闾是旧猎余聚……

从“猎余聚”到“猎闾村”，向我们昭示了汉代的自然聚落叫做“聚”，而颜之推生活的北朝时期的自然聚落则叫做“村”。不过，村的来源除了聚之外，还有屯、坞、庐。①

第二节 南朝村落

南朝时期的村落既是自然聚落单位，同时又具备一定的行政组织功能。

---

① 参见章义和《关于南朝村的渊源问题》，载《福建论坛》2005 年第 4 期；刘再聪《村的起源及“村”概念的泛化》，载《史学月刊》2006 年第 12 期。

一、南朝村落的存在状态

史书中有关南朝村落的记载非常多，为明了起见，兹将刘再聪先生所制“六朝村名统计表”转引如下(见表 2-1)：

表 2-1　　六朝村名统计表①

村名	所在地	资料出处
孝敬村	赵郡	《隋书》卷七二《李德饶传》
秀才村	赵郡	《北史》卷三三《李雄传》
薛村	巨鹿	《水经注》卷八“济水”
北城村	上谷	《水经注》卷一三“湿水”
猎闾村	上艾县	《颜氏家训》卷三《勉学》
介村	蒲坂	《续高僧传》卷〇《释僧彻传》
龙贵村	恒州石邑	《续高僧传》卷二四《释明赡传》
雍村	雍州	《续高僧传》卷二七《释普安传》
白村	雍州	《续高僧传》卷二七《释普安传》
程郭村	雍州	《续高僧传》卷二七《释普安传》
大方村	雍州	《续高僧传》卷二七《释普安传》
王思村	湖城	《北史》卷五《魏孝武纪》
长柳村	城固	《水经注》卷二七“汉水”
牛门村	新野	《宋书》卷八三《谭金传》
土因村	新野	《魏书》卷五二《阴仲达传》
余乌村	颍川县东乡博陆里	《南史》卷五七《沈约传》
乌榜村	西州(建康)	《南齐书》卷二六《陈显达传》
地黄村	建康	《南齐书》卷二六《陈显达传》

① 该表引自刘再聪《村的起源及“村”概念的泛化》，载《史学月刊》2006 年第 12 期。

续表

雀林村	晋陵	《南史》卷五二《萧晔传》
白土村	江都	《隋书》卷六四《来护儿传》
古村	江曲	《隋书》卷六五《周法尚传》
破坞村	建康	《高僧传》卷一三《释僧慧传》
若邪村	会稽传	《陈书》卷三《世祖纪》
嵴山村	会稽上虞	《宋书》卷八四《孔觊传》
白石村	会稽山阴	《南史》卷七五《顾欢传》
木客村	会稽	《水经注》卷四〇“浙江水”
鱼浦村	富阳	《南齐书》卷四四《沈文季传》
青田村	永嘉	郑缉之《永嘉郡记》
徐村	吴兴	《水经注》卷二八“沔水”
桥村	吴兴	张玄之《吴兴山墟名》
敢村	吴兴	张玄之《吴兴山墟名》
锦墟村	吴兴	山谦之《吴兴记》
计村	吴兴	山谦之《吴兴记》
上箬村	吴兴	山谦之《吴兴记》
下箬村	吴兴	山谦之《吴兴记》
桃墟村	涂口	《宋书》卷六七《谢灵运传》
大周村	亳州	《北史》卷三五《王劭传》
南村	寻阳	《陶靖节集》卷二《移居》
昌村	建宁	《江文通集·萧上铜钟芝草众瑞表》
岍山村	新涂	《南史》卷五一《梁宗室吴平侯景传》
烽村	九江	《水经注》卷三二“肥水”
上保村	襄阳	《南齐书》卷二五《张敬儿传》
蛇村	浔阳郡	《高僧传》卷一《安清传》

续表

牛冈村	襄阳	《宋书》卷九七《豫州蛮传》
下柴村	襄阳	《宋书》卷九七《豫州蛮传》
汤渚村	江陵	《南齐书》卷二五《张敬儿传》
左桑村	云杜	《水经注》卷二“沔水”
须导村	云杜	《水经注》卷二“沔水”
北谷村	宜昌东	《水经注》卷三四“江水”
射堂村	佷山县	《水经注》卷三七“夷水”
平乐村	佷山县	《水经注》卷三七“夷水”
东亭村	佷山县	《水经注》卷三七“夷水”
石堂村	阳山县	《水经注》卷三九“洭水”
万岁村	桂阳	《水经注》卷三九“耒水”
湘陂村	桂阳	《水经注》卷三九“耒水”
故陵村	鱼复	《水经注》卷三三“江水”
博村	朐忍	《水经注》卷三三“江水”
阳村	朐忍	《水经注》卷三三“江水”
巴乡村	朐忍	《水经注》卷三三“江水”
大度村	益州獠地	《南史》卷四五《陈显达传》
小辛村	曲阿	刘敬叔《异苑》六
东城村	海陵如皋	刘敬叔《异苑》七
日黄村	安城郡东十里	《搜神后记》卷一〇
襄城村	河南	周兴嗣《答吴均》三首之一
狼村	洛阳村中	《述异记》
昙瓖村	山阴	虞龢《论书表》
谋等村	陈留襄邑县	《宋书》卷四五《刘粹传》
筑弋村	梁郡	《法苑珠林》卷一五《宋比丘尼慧木感应缘》

续表

南邓村	青州	《北齐书》卷五《幼主纪》
坂怡村	会稽剡	《法苑珠林》卷一八《晋会稽周珰感应缘》
上明村	江陵	《法苑珠林》卷三《宋沙门释僧妙有袈裟感应缘》
吴村	会稽鄮县	《法苑珠林》卷三八《西晋会稽鄮县塔碑感应缘》
路城村	晋陵东	《法苑珠林》卷六二《宋刘龄感应缘》
石鼓村	始平郡	《梁书》卷三《武帝纪下》
涡口村	近樊城	《南齐书》卷五一《崔慧景传》
新昌村	历阳龙亢县	《南齐书》卷一八《祥瑞志》
安乐村	东平寿张	《南齐书》卷一八《祥瑞志》
内乐村	盐官县	《南齐书》卷一八《祥瑞志》
建昌村	建宁县	《南齐书》卷一八《祥瑞志》
昌乐村	始兴郡	《南齐书》卷一八《祥瑞志》
亮野村	蒲涛县	《南齐书》卷一八《祥瑞志》
商王村	太山博县	《魏书》卷七七《羊深传》
五女村	襄阳	《南史》卷一二《后妃列传下》
富民村	徐州高平金乡	《宋书》卷二八《符瑞志》
虎槛村	国山	《宋书》卷八四《孔觊传》

从上表可以看出，南朝村落遍布各地。其中有一些是由少数民族组成的村落，实例如：

先是，刘道产在雍州有惠化，远蛮悉归怀，皆出缘沔为村落，户口殷盛。及道产死，群蛮大为寇暴。(《宋书》卷七七《柳元景传》)

丹、淅二川蛮屡为寇，邵诱其帅并出，因大会诛之，遣军掩其村落，悉禽。既失信群蛮，所在并起，水陆路断。(《南史》卷三二《张邵传》)

益部山险，多不宾服。大度村獠，前刺史不能制，显达遣使责其租赕。獠帅曰："两眼刺史尚不敢调我。"遂杀其使。显达分部将吏，声将出猎，夜往袭之，男女无少长皆斩之。自此山夷震服。(《南史》卷四五

《陈显达传》)

正史当中,用"邻村"、"比村"作为完整地域概念的表述方式也越来越多,实例如:

时沛郡相县唐赐往比村朱起母彭家饮酒还,因得病,吐蛊虫十余枚。(《宋书》卷八一《顾觊之传》)

仁厚之风,行于乡党,邻村小大,莫有呼其名者。(《宋书》卷九一《郭世道》)

有时,村还被作为封赐单位。《宋书》卷九七《蛮夷传》云:"顺帝升明初,又转射声校尉、冠军将军。成邪财死,子婆思袭爵,为辅国将军、武骑常侍。晋熙蛮梅式生亦起义,斩晋熙太守阎湛之、晋安王子勋典签沈光祖,封高山侯,食所统牛岗、下柴二村三十户。"

南朝诗歌中也有很多用村落作为地域概念的例子,如:

昔欲居南村,非为卜其宅。(陶渊明《移居》)

暧暧远人村,依依墟里烟。(陶渊明《归园田居》)

赤岸绕新村,青城临绮门。(庾信《同州还》)

远村支里出,遥船天际归。(梁元帝《出江陵县还》)

犹如两汉时代的里,南朝村落的规模也大小不一。《南齐书》卷一四《州郡志上》云:

永明元年,刺史柳世隆奏:"尚书符下土断条格,并省侨郡县。凡诸流寓,本无定憩,十家五落,各自星处。一县之民,散在州境,西至淮畔,东届海隅。今专罢侨邦,不省荒邑,杂居舛止,与先不异。离为区断,无革游滥。谓应同省,随堺并帖。若乡屯里聚,二三百家,井甸可修,区域易分者,别详立。"于是济阴郡六县,下邳郡四县,淮阳郡三县,东莞郡四县,以散居无实土,官长无廨舍,寄止民村,及州治立,见省,民户帖属。

柳世隆所描述的南朝村落从几家到二三百家不等,应该是南朝村落的概况。

村与里的关系互相交错。有些村落大于里。《续高僧传·释明赡传》所记的石邑龙贵村有两千余家。《建康实录》卷一〇所记的秣陵斗场村,东晋时成为县治所在,其规模应该也不小。这些大村应该是由若干个里组成的。

有很多村落的规模大约为百家左右,与里大致相当。《南史》卷五五《罗研传》云:"蜀中积弊,实非一朝。百家为村,不过数家有食,穷迫之人,什有八九,束缚之使,旬有二三。"

也有一些村落的规模小于里。《宋书》卷一〇〇《自序》中,余乌沈约的七世祖沈延始居武康县"东乡之博陆里余乌村"。从其叙述来看,在这种情况下,可能是若干村共为一里。另外,据《法苑珠林》卷二六《周珰感应录》所记,俢县坂怡村,只有十余户人家。再有,《宋书》卷四五《刘粹传》载:"少帝景平二年,谯郡流离六十余家叛没虏,赵昃、秦刚等六家悔倍还投陈留襄邑县,顿谋等村,粹遣将苑纵夫讨叛户不及,因诛杀谋等三十家,男丁一百三十七人,女弱一百六十二口,收付作部。"这里的襄邑顿谋等村,只有三十家。这个村便是小于里、处于里之下的小村落。

当时的"里"、"村"的使用是有一定区别的。在实际生活中,里在法律上是存在的,人们在表述本籍时,常举乡亭里的名称;当表述居住地的时候,则常用村名。[①] 例如,《陈书》卷一《武帝纪》记陈高祖武皇帝为"吴兴长城下若里人",就是以"里"表示籍贯。又如,《法苑珠林·冥祥记》云:"宋刘龄者,不知何许人也,居晋陵东路成村,颇奉法,于宅中立精舍一间,时设斋集。"《南齐书》卷二五《张敬儿传》云:"敬儿弟恭儿,不肯出官,常居上保村中,与居民不异。"这两例都是以村表示居住地。

二、南朝村落的功能

南朝的村落具有防御、治安、互助、经济等功能。

(一)防御功能

南朝的村落,一般筑有围墙,修有门间,不允许外人随便出入。《高僧传》卷六《晋新阳释法安传》云:

> 晋义熙中,新阳县虎灾,县有大社树,下筑神庙,左右居民以百数,遭虎死者夕有一两。安尝游其县,暮逗此村,民以畏虎,早闭闾,安径之树下,通夜坐禅。向晓闻虎负人而至,投之树北,见安如喜如惊,跳伏安

---

① 参见[日]宫川尚志《六朝时代的村》,载《日本学者研究中国史论著选译》第4卷,中华书局1992年版,第98页。

前，安为说法授戒，虎踞地不动，有顷而去。旦村人追虎至树下，见安大惊，谓是神人，遂传之一县，士庶宗奉，虎灾由此而息，因改神庙，留安立寺，左右田园皆舍为众业。

《续高僧传·释法通传》云：

释法通，龙泉石楼人。初在隰乡，未染正法。众僧行往，不达村閭。如有造者以灰洒面。

众僧不能随便进入村閭，虽然有着宗教信仰方面的原因，但也反映了村落的防御功能。只要村民不欢迎他们，他们便不能随便出入。

南朝的不少村落还筑有防御屏障，《梁书》卷一七《马仙琕传》云：

其在边境，常单身潜入敌庭，伺知壁垒村落险要处所，故战多克捷，士卒亦甘心为之用，高祖雅爱仗之。

《陈书》卷三五传末"史臣曰"：

梁末之灾沴，群凶竞起，郡邑岩穴之长，村屯坞壁之豪，资剽掠以致强，恣陵侮而为大。

其时，遇有战乱或寇盗，一般是举村而起，共同抵御；而抵御不果或无从抵御时，则"举村而逃"。《宋书》卷六五《申坦传》云：

大明元年，虏寇兖州，世祖遣太子卫率薛安都、新除东阳太守沈法系北讨，至兖州，虏已去。坦建议："任榛亡命，屡犯边民，军出无功，宜因此翦扑。"上从之。亡命先已闻知，举村逃走，安都与法系坐白衣领职，坦弃市。群臣为之请，莫能得。将行刑，始兴公沈庆之入市抱坦恸哭曰："卿无罪，为朝廷所枉诛，我入市亦当不久。"市官以白上，乃原生命，系尚方。寻被宥，复为骁骑将军，病卒。

"举村而逃"是村民在抵御不果的情况下不得已而为之的行为。由此可以推知，在可能的情况下，村民还是尽力团结一致应对战乱或抵御寇盗的。

（二）治安功能

两汉时代，里长之下设什伍之长，以严格控制乡村农民。《后汉书·百官志五》云："里有里魁，民有什伍，善恶以告。"本注曰："里魁掌一里百家，什主十家，伍主五家，以相检察。民有善事恶事，以告监官。"对于不合乎政府法令规范的恶事，当局则采用连坐的方式进行控制。如《盐铁论·申韩》中文学所言："文诛假法，以陷不辜，累无罪，以子及父，以弟及兄。一人有罪，州里惊骇，十家奔亡。若痈疽之相泞，色淫之相连，一节动而百枝摇。"

南朝时期，什伍设于村之下。村里之内，什伍相连。《宋书》卷五三《谢方明传》云：

江东民户殷盛，风俗峻刻，强弱相陵，奸吏蜂起，符书一下，文摄相续。又罪及比伍，动相连坐，一人犯吏，则一村废业，邑里惊扰，狗吠达旦。方明深达治体，不拘文法，阔略苛细，务存纲领。州台符摄，即时宣下，缓民期会，展其办举；郡县监司，不得妄出，贵族豪士，莫敢犯禁，除比伍之坐，判久系之狱。

《宋书》卷九一《蒋恭传》云：

蒋恭，义兴临津人也。元嘉中，晋陵蒋崇平为劫见禽，云与恭妻弟吴晞张为侣。晞张先行不在，本村遇水，妻息五口避水移寄恭家，讨录晞张不获，收恭及兄协付狱治罪。恭、协并款舍住晞张家口，而不知劫情。恭列晞张妻息是妇之亲，亲今有罪，恭身甘分，求遣兄协。协列协是户主，延制所由，有罪之日，关协而已，救遣弟恭。兄弟二人，争求受罪，郡县不能判，依事上详。州议之曰："礼让者以义为先，自厚者以利为上，末世俗薄，靡不自私。伏膺圣教，犹或不逮，况在野夫，未达诰训，而能互发天伦之忱，甘受莫测之罪，若斯情义，实为殊特。蔑尔恭、协，而能行之，兹乃终古之所希，盛世之嘉事。二子乘舟，无以过此。岂宜拘执宪文，加以罪戮。且晞张封筒远行，他界为劫，造衅自外，赃不还家，所寓村伍，容有不知，不合加罪。"勒县遣之，还复民伍。乃除恭义成令，协义招令。

《宋书》卷一〇〇《自序》云：

世祖出镇历阳，行参征虏军事。民有盗发冢者，罪所近村民，与符伍遭劫不赴救同坐。亮议曰：

寻发冢之情，事止窃盗，徒以侵亡犯死，故同之严科。夫穿掘之侣，必衔枚以晦其迹；劫掠之党，必欢呼以威其事。故赴凶赫者易，应潜密者难。且山原为无人之乡，丘垄非恒途所践，至于防救，不得比之村郭。督实劾名，理与劫异，则符伍之坐，居宜降矣。又结罚之科，虽有同符伍之限，而无远近之断。夫冢无村界，当以比近坐之。若不域之以界，则数步之内，与十里之外，便应同罹其责。防民之禁，不可顿去，止非之宪，宜当其律。愚谓相去百步内赴告不时者，一岁刑，自此以外，差不及罚。

《南史》卷七〇《郭祖深传》记其上言：

又梁兴以来，发人征役，号为三五。及投募将客，主将无恩，存恤失理，多有物故，辄刺叛亡。或有身殒战场，而名在叛目，监符下讨，称为逋叛，录质家丁。合家又叛，则取同籍，同籍又叛，则取比伍，比伍又叛，则望村而取。一人有犯，则合村皆空。虽肆眚时降，荡涤惟始，而监符犹下旧日，限以严程。上不任信下，转相督促。

《南史》卷三六《羊玄保传》云：

先是，刘式之为宣城立吏人亡叛制，一人不禽，符伍里吏送州作部；能禽者赏位二阶。玄保以为非宜，陈之曰："臣伏寻亡叛之由，皆出于穷逼。今立殊制，于事为苦。又寻此制施一邦而已，若其是邪，则应与天下为一；若其非邪，亦不宜独行一郡。"由此制停。

以上事例表明，在南朝"一人犯吏，则一村废业"的情况是非常普遍的。而且，正因为政府对于哪些事项实行什伍连坐并没有明确规定，所以才引发了许多争端。

与两汉不同，南朝什伍连坐中的等级非常森严。《宋书》卷四二《王弘传》云：

与八座丞郎疏曰："同伍犯法，无士人不罪之科。然每至诘谪，辄有请诉。若垂恩宥，则法废不可行；依事纠责，则物以为苦怨。宜更为其制，使得忧苦之衷也。又主守偷五匹，常偷四十匹，并加大辟，议者咸以为重，宜进主守偷十匹、常偷五十匹死，四十匹降以补兵。既得小宽民命，亦足以有惩也。想各言所怀。"

左丞江奥议："士人犯盗赃不及弃市者，刑竟，自在赃污淫盗之目，清议终身，经赦不原。当之者足以塞愆，闻之者足以鉴诫。若复雷同群小，谪以兵役，愚谓为苦。符伍虽比屋邻居，至于士庶之际，实自天隔，舍藏之罪，无以相关。奴客与符伍交接，有所藏蔽，可以得知，是以罪及奴客。自是客身犯愆，非代郎主受罪也。如其无奴，则不应坐。”

右丞孔默之议：“君子小人，既杂为符伍，不得不以相检为义。士庶虽殊，而理有闻察，譬百司居上，所以下不必躬亲而后同坐。是故犯违之日，理自相关。今罪其养子、典计者，盖义存戮仆。如此，则无奴之室，岂得宴安。但既云复士，宜令输赎。常盗四十匹，主守五匹，降死补兵，虽大存宽惠，以纾民命。然官及二千石及失节士大夫，时有犯者，罪乃可戮，恐不可以补兵也。谓此制可施小人，士人自还用旧律。”

尚书王准之议：“昔为山阴令，士人在伍，谓之押符。同伍有愆，得不及坐，士人有罪，符伍纠之。此非士庶殊制，实使即刑当罪耳。夫束修之胄，与小人隔绝，防检无方，宜及不逞之士，事接群细，既同符伍，故使纠之。于时行此，非唯一处。左丞议奴客与邻伍相关，可得检察，符中有犯，使及刑坐。即事而求，有乖实理。有奴客者，类多使役，东西分散，住家者少。其有停者，左右驱驰，动止所须，出门甚寡，典计者在家十无其一。奴客坐伍，滥刑必众，恐非立法当罪本旨。右丞议士人犯偷，不及大辟者，宥补兵。虽欲弘士，惧无以惩邪。乘理则君子，违之则小人。制严于上，犹冒犯之，以其宥科，犯者或众。使畏法革心，乃所以大宥也。且士庶异制，意所不同。”

殿中郎谢元议谓：“事必先正其本，然后其末可理。本所以押士大夫于符伍者，所以检小人邪？为使受检于小人邪？案左丞称士庶天隔，则士无弘庶之由，以不知而押之于伍，则是受检于小人也。然则小人有罪，士人无事，仆隶何罪，而令坐之。若以实相交关，责其闻察，则意有未因。何者？名实殊章，公私异令，奴不押符，是无名也，民乏资财，是私贱也。以私贱无名之人，豫公家有实之任，公私混淆，名实非允。由此而言，谓不宜坐。还从其主，于事为宜。无奴之士，不在此例。若士人本检小人，则小人有过，已应获罪，而其奴则义归戮仆，然则无奴之士，未合宴安，使之输赎，于事非谬。二科所附，惟制之本耳。此自是辨章二本，欲使各从其分。至于求之管见，宜附前科，区别士庶，于义为美。盗制，按左丞议，士人既终不为兵革，幸可同宽宥之惠，不必依旧律，于议咸允。”

吏部郎何尚之议:“按孔右丞议,士人坐符伍为罪,有奴罪奴,无奴输赎。既许士庶缅隔,则闻察自难,不宜以难知之事,定以必知之法。夫有奴不贤,无奴不必不贤。今多僮者傲然于王宪,无仆者怵迫于时网,是为恩之所沾,恒在程、卓,法之所设,必加颜、原,求之鄙怀,窃所未惬。谢殿中谓奴不随主,于名分不明,诚是有理。然奴仆实与闾里相关,今都不问,恐有所失。意同左丞议。”

弘议曰:“寻律令既不分别士庶,又士人坐同伍罹谪者,无处无之,多为时恩所宥,故不尽亲谪耳。吴及义兴适有许、陆之徒,以同符合给,二千石论启丹书。己未间,会稽士人云十数年前,亦有四族坐此被责,以时恩获停。而王尚书云人旧无同伍坐,所未之解。恐莅任之日,偶不值此事故邪。圣明御世,士人诚不忧至苦,然要须临事论通,上干天听为纷扰,不如近为定科,使轻重有节也。又寻甲符制,蠲士人不传符耳,令史复除,亦得如之。共相押领,有违纠列,了无等衰,非许士人闾里之外也。诸议云士庶缅绝,不相参知,则士人犯法,庶民得不知。若庶民不许不知,何许士人不知。小民自非超然简独,永绝尘秕者,比门接栋,小以为意,终自闻知,不必须日夕来往也。右丞百司之言,粗是其况。如衰陵士人,实与里巷关接,相知情状,乃当于冠带小民。今谓之士人,便无小人之坐;署为小民,辄受士人之罚。于情于法,不其颇欤?且都令不及士流,士流为轻,则小人令使征预其罚,便事至相纠,闾伍之防,亦为不同。谓士人可不受同伍之谪耳,罪其奴客,庸何伤邪?无奴客,可令输赎,又或无奴僮为众所明者,官长二千石便当亲临列上,依事遣判。又主偷五匹、常偷四十匹,谓应见优量者,实以小吏无知,临财易昧,或由疏慢,事蹈重科,求之于心,常有可愍,故欲小进匹数,宽其性命耳。至于官长以上,荷蒙禄荣,付以局任,当正己明宪,检下防非,而亲犯科律,乱法冒利,五匹乃已为弘矣。士人无私相偷四十匹理,就使至此,致以明罚,固其宜耳,并何容复加哀矜。且此辈士人,可杀不可谪,有如诸论,本意自不在此也。近闻之道路,聊欲共论,不呼乃尔难精。既众议纠纷,将不如其已。若呼不应停寝,谓宜集议奏闻,决之圣旨。”太祖诏:“卫军议为允。”

由王弘发起的这次主奴是否连坐的讨论表明，南朝社会等级非常森严。

史书中还有一些村民协助政府捉拿逃犯的例子，也反映出村落的治安功能。例如：

其后秦郡府将宗齐受至涂口，行达桃墟村，见有七人下路乱语，疑非常人，还告郡县，遣兵随齐受掩讨，遂共格战，悉禽付狱。其一人姓赵名钦，山阳县人，云："同村薛道双先与谢康乐共事，以去九月初，道双因同村成国报钦云：'先作临川郡、犯事徙送广州谢，给钱令买弓箭刀楯等物，使道双要合乡里健儿，于三江口篡取谢。若得者，如意之后，功劳是同。'遂合部党要谢，不及。既还饥馑，缘路为劫盗。"有司又奏依法收治，太祖诏于广州行弃市刑。（《宋书》卷六七《谢灵运传》）

东扬州刺史张彪起兵围临海太守王怀振，怀振遣使求救，世祖与周文育轻兵往会稽以掩彪。后彪将沈泰开门纳世祖，世祖尽收其部曲家累，彪至，又破走，若邪村民斩彪，传其首。（《陈书》卷三《文帝纪》）

王琳东下，世祖征南川兵，江州刺史周迪、高州刺史黄法氍欲沿流应赴，昙朗乃据城列舰断遏，迪等与法氍因帅南中兵筑城围之，绝其与琳信使。及王琳败走，昙朗党援离心，迪攻陷其城，虏其男女万余口。昙朗走入村中，村民斩之，传首京师，悬于朱雀观。于是尽收其宗族，无少长皆弃市。（《陈书》卷三五《熊昙朗传》）

上虞令王晏起兵攻郡，觊忧遽不知所为。其夕率千人声云东讨，实趋石溯。遇潮涸不得去，众叛都尽，门生载以小船，窜于山嵴村。村人缚以送晏，晏调曰："此事孔璪所为，无豫卿事，可作首辞，当相为申上。"觊曰："江东处分，莫不由身，委罪求活，便是君辈行意耳。"晏乃斩之东合外。临死求酒，曰："此是平生所好。"顾琛、王昙生、袁标等并诣吴喜归罪，喜皆宥之。东军主凡七十六人，于阵斩十七人，余皆原宥。（《南史》卷二七《孔觊传》）

正则滋怨诸父，与西江督护靳山顾通室，招诱亡命，将袭番禺。未及期而事发，遂鸣鼓会将攻州城。刺史元景仲命长史元孝深讨之。正则败，逃于厕，村人缚送之，诏斩于南海。（《南史》卷五一《萧正则传》）

(三)互助功能

南朝以村为单位进行互助的例子渐渐增多。例如:

周青,东郡人也。母患积年,青扶持左右,身体羸瘦,村里乃敛钱营助汤药。(《太平御览》卷四一五引王韶之《孝子传》)

纪迈,庐江人,本姓舒,以五月五日生,母弃之。村人纪淳妻赵氏养之。(《太平御览》卷一一引宋躬《孝子传》)

以上二例,都是村民帮助贫弱者的典型事例。

(四)经济功能

在南朝,村是基本的税收单位。《宋书》卷一〇〇《自序》云:

边蛮畏服,皆纳赋调,有数村狡猾,亮悉诛之。

《南齐书》卷四〇《竟陵王子良传》载:

前台使督逋切调,恒闻相望于道。及臣至郡,亦殊不疏。凡此辈使人,既非详慎勤顺,或贪险崎岖,要求此役。朝辞禁门,情态即异;暮宿村县,威福便行。但令朱鼓裁完,铍槊微具,顾眄左右,叱咤自专。擿宗断族,排轻斥重,胁遏津埭,恐喝传邮。破岗水逆,商旅半引,逼令到下,先过己船。浙江风猛,公私畏渡,脱舫在前,驱令俱发。呵蹙行民,固其常理。侮折守宰,出变无穷。既瞻郭望境,便飞下严符,但称行台,未显所督。先诃强寺,却摄群曹,开亭正榻,便振荆革。其次绛标寸纸,一日数至;征村切里,俄刻十催。四乡所召,莫辨枉直,孩老士庶,具令付狱。或尺布之逋,曲以当匹;百钱余税,且增为千。

这种以村为征税单位的做法,早在东晋初年便已出现了。《晋书》卷七〇《刘超传》载:

中兴建,为中书舍人,拜骑都尉、奉朝请。时台阁初建,庶绩未康,超职典文翰,而畏慎静密,弥见亲待。加以处身清苦,衣不重帛,家无儋石之储。每帝所赐,皆固辞曰:"凡陋小臣,横窃赏赐,无德而禄,殃咎足惧。"帝嘉之,不夺其志。寻出补句容令,推诚于物,为百姓所怀。常年赋税,主者常自四出结评百姓家赀。至超,但作大函,村别付之,使各自书家产,投函中讫,送还县。百姓依实投上,课输所入,有逾常年。

在南朝,安置流亡人口、开垦荒田、政府救助等经济事务,也多以村为单位进行。《梁书》卷二《武帝纪中》所载天监十七年诏书云：

凡天下之民，有流移他境，在天监十七年正月一日以前，可开恩半岁，悉听还本，蠲课三年。其流寓过远者，量加程日。若有不乐还者，即使着土籍为民，准旧课输。若流移之后，本乡无复居宅者，村司三老及余亲属，即为诣县，占请村内官地官宅，令相容受，使恋本者还有所托。

《陈书》卷五《宣帝本纪》亦有类似内容：

秋八月甲申，诏曰："怀远以德，抑惟恒典，去戎即华，民之本志。顷年江介襁负相随，崎岖归化，亭候不绝，宜加恤养，答其诚心。维是荒境自拔，有在都邑及诸州镇，不问远近，并蠲课役。若克平旧土，反我侵地，皆许还乡，一无拘限。州郡县长明加甄别，良田废村，随便安处。若辄有课订，即以扰民论。"

村落的经济功能依赖于相关村司来实现，上引《梁书》卷二《武帝纪中》天监十七年诏书即为确证。南朝村司主要有村长、路都等。《南齐书》卷五《海陵王纪》所载延兴元年十月诏书云：

又广陵年常递出千人以助淮戍，劳扰为烦，抑亦苞苴是育。今并可长停，别量所出。诸县使村长、路都防城直县，为剧尤深，亦宜禁断。①

除了村长之外，村耆在村落中也起着重要的作用，实例如：

沔水又东迳左桑。昔周昭王南征，船人胶舟以进之，昭王渡沔，中流而没，死于是水。齐、楚之会，齐侯曰：昭王南征而不复，寡人是问。屈完曰：君其问诸水滨。庾仲雍言：村老云：百姓佐昭王丧事于此，成礼而行，故曰佐丧。佐桑，字失体耳。沔水又东合巨亮水口，水北承巨亮湖，南达于沔。沔水又东得合驿口，庾仲雍言：须导村耆旧云，朝廷驿使，合王丧于是，因以名焉。（《水经注》卷二八"沔水"）

京尹虽居都邑，而境壤兼跨，广袤周轮，几将千里。萦原抱隰，其处甚多，旧遏古塘，非唯一所。而民贫业废，地利久芜。近启遣五官殷沵、

① 中华书局点校本《南齐书》未将"村长"与"路都"断开，日本学者宫川尚志则认为村长、路都、防城、直县都是村司的构成人员。此处断句依齐涛师《魏晋隋唐乡村社会研究》（山东人民出版社1995年版）一书所断。

典签刘僧瑗到诸县循履，得丹阳、溧阳、永世等四县解，并村耆辞列，堪垦之田，合计荒熟有八千五百五十四顷，修治塘遏，可用十一万八千余夫，一春就功，便可成立。（《南齐书》卷四〇《竟陵王子良传》）

第三节 北朝村落

与南朝一样，北朝时期“村”也成为自然聚落的泛称了。但是，由于北朝时期的许多行政功能是由三长制承担的，所以北朝村落的行政组织色彩比较微弱。

一、北朝村落的存在状态

就正史中的例子而言，从北魏到北周、北齐，从关中、河东到山东、河南，各个时代的很多地方都有有关村落的记载。如：

寻属鲜于修礼、毛普贤等率北镇流人反于州西北之左人城，屠村掠野，引向州城。（《北史》卷四〇《甄楷传》）

侃曰：“……河东治在蒲坂，西带河湄，所部之民，多在东境。修义驱率壮勇，西围郡邑，父老妻弱，尚保旧村，若率众一临，方寸各乱，人人思归，则郡围自解。不战而胜，昭然在目。”稚从之，令其子彦等领骑与侃于弘农北渡。所领悉是骑士，习于野战，未可攻城，便据石锥壁。侃乃班告曰：“今且停军于此，以待步卒，兼观民情向背，然后可行。若送降名者，各自还村，候台军举烽火，各亦应之，以明降款。其无应烽者，即是不降之村，理须殄戮，赏赍军士。”民遂转相告报，未实降者，亦诈举烽，一宿之间，火光遍数百里内。围城之寇，不测所以，各自散归，休义亦即逃遁。（《魏书》卷五八《杨播传附杨侃传》）

所在流人先为土人凌忽，闻杲起逆，率来从之，旬朔之间，众逾十万。劫掠村坞，毒害民人，齐人号之为“舔榆贼”。先是，河南人常笑河北人好食榆叶，故因以号之。（《魏书》卷一四《元天穆传》）

时葛荣将向京师，众号百万。相州刺史李神轨闭门自守。贼锋已过汲郡，所在村坞悉被残略。（《魏书》卷七四《尔朱荣传》）

其母张氏，始生一男二岁，令婢为汤，将浴之。婢置而去，养猿系解，以儿投鼎中，焰而死。张使积薪于村外，缚婢及猿焚杀之，扬其灰于漳水，然后哭之。

少与兄干数为劫掠，乡闾畏之，无敢违忤。兄干求博陵崔圣念女为婚，崔氏不许。昂与兄往劫之，置女村外，谓兄曰："何不行礼？"于是野合而归。（《北史》卷三一《高昂传》）

旬日下齐一十九城，所部都督，辄入民村，即斩以徇。由是百姓欣悦，赴者如归。（《周书》卷三〇《于翼传》）

齐人果至南首，疑有大军，乃停留不进。其夜，又令汾水以南，傍介山、稷山诸村，所在纵火。齐人谓是军营，遂收兵自固。版筑克就，卒如其言。（《周书》卷三一《韦孝宽传》）

太祖遂以数百骑南赴平凉，引军向高平，令达率骑据弹筝峡。时百姓惶惧，奔散者多。有数村民，方扶老弱、驱畜牧，欲入山避难，军士争欲掠之。达曰："远近民黎，多受制于贼，今若值便掠缚，何谓伐罪吊民！不如因而抚之，以示义师之德。"乃抚以恩信，民皆悦附，于是迭相晓语，咸复旧业。（《周书》卷二七《赫连达传》）

刘再聪先生统计了史料中有关北魏村落的名称，兹转引如下（见表 2-2）：

表 2-2　　北魏村名统计表①

村名	所在地	来源
任丘村	高阳蠡吾	莞申造像
南乡村	九门县	贾法生造像
岓上村	瀛州高阳蠡吾	王虎兄弟造像
当陌村	幽州范阳涿县	高伏德等造像
高平村	不详	韩愿造像

① 该表引自刘再聪《村的起源及"村"概念的泛化》，载《史学月刊》2006 年第 12 期。因篇幅所限，未详列资料来源。

续表

淳亏村	鲁阳郡龙阳县小留山北	雷天生造像
小辟村	常山(郡)蒲吾县	张莲□造像
北林在村	山东临沂	宣景建夫妻造像
高柳村	青州齐郡临淄县	比丘惠辅等造像
马村	河南洛阳太仓村西北	张宁墓志
东比村	河北灵寿	张僧珍造像
朝阳村	河北曲阳	朝阳村邑义造像
安村	河南新乡北关浮桥	安村造像
桓尹村	□郡昌国县	桓尹村造像
京上村	河北曲阳	乐零秀造像
高陵村	不详	张相女造像
大吴村	河南滑县	大吴村合邑造像
苌湦村	河北曲阳	郅洛住造像
菀中村	河北曲阳	王思和造像
树要村	不详	王早树造像
新王村	青州北海郡都昌县方山东	法义二百人造像
元村	漳西	李玉均造像
上梅村	泰山郡牟县	乐天佑造像
高门村	河北曲阳	张同柱造像
安鹿交村	并州乐平郡石艾县	王法现造像
八涧村	上党郡以南	志朗造像
日□村	河北曲阳	寇遵义造像
洛音村	山西阳曲	僧哲等四十人造像
马□村	河北曲阳	雍州十三人造像

续表

公孙村	不详	公孙村母人三十一人造像
赵村	河南洛阳龙门	赵庆祖造像
阳阿故县村	山西沁水大阳镇	合邑长幼造像
梁罡村	山西沁县南涅水	英造像
贾墥村	河北藁城贾同村	邑人造像
雹水村	不详	晕禅师等五十人造像
□□村	河北灵寿三圣院	张天智造像
岩梁村	不详	□昌墓志
凉上村	河南洛阳	耿韶墓志

自然聚落名称由“聚”演化为“村”之后的总的历史发展趋势是，村落逐渐成为行政编制与自然聚落合而为一的单位。但在十六国及北朝早期，由于战乱与少数民族内迁的影响，北方出现了很多集经济、政治、军事于一体的坞壁。北魏统一北方后，特别是三长制实施后，具有典型意义的坞壁已不多见。

北朝的村落大小不一，稍大些的村落有几百户人家。《北史》卷八六《公孙景茂传》载：

> 转道州刺史，悉以秩俸买牛犊鸡猪，散惠孤弱不自存者。好单骑巡人，家至户入，阅视百姓产业。有修礼者，于都会时，乃褒扬称述；如有过恶，随即训导，而不彰也。由是人行义让，有无均通，男子相助耕耘，妇女相从纺织，大村或有数百户，皆如一家之务。

上文讲到，北魏统一北方后，特别是三长制实施后，具有典型意义的坞壁已不多见。此时的坞壁已多由武装自卫团体转变为生产生活单位。但这些由坞壁转化而来的生产生活单位与自然村落并不重合。敦煌石室本《晋纪》记载：“永嘉大乱，中夏残荒，保壁大帅，数不盈册，多者不过四五千家，少者千家、五百家。”从几百到数千家，表明坞壁的规模相去甚远。在这一时期，小一点的坞壁可能就成了一个单独的村落；由数千家组成的坞壁，可能是以其下级组织(如庾衮例子中所见的邑里)为单位组成几个村落。

这些村落与三长则是交叉关系。一党、一里、一邻都可能是一村,也可能是数党一村、数里一村,还可能一党数村、一里数村。如前引谋等村,若按北魏三长编制,则村中有一里、六邻。又如,《北史》卷三三《李灵传附李德饶传》载:

> 少聪敏好学,有至性。弱冠仕隋为校书郎,仍直内史省,参掌文翰。转监察御史,纠正不避权贵。大业三年,迁司隶从事。每巡四方,理冤枉,褒孝悌。虽位秩未通,德行为当时所重。凡与交结,皆海内髦彦。性至孝,父母寝疾,辄终日不食,十旬不解衣。及丁忧,水浆不入口五日,哀恸,欧血数升。及送葬,会仲冬积雪,行四十余里,单缞徒跣,号踊几绝。会葬者千余人,莫不为之流涕。后甘露降于庭树,有鸠巢其庐,纳言杨达巡省河北,诣庐吊慰之,因改所居村名为孝敬村,里为和顺里。

材料中先说村后说里,表明德饶所居之村比里的规模要大一些。

北朝村落之中,有水井、果园等。孝文帝时,高祐为西兖州刺史,曾下令:

> 一家之中,自立一碓,五家之处,共造一井,以给行客,不听妇人寄舂取水。(《北史》卷三一《高祐传》)

这条材料中所说的水井是供过往行人使用的,但在现实生活中,水井主要供村民使用。《周书》四六《张元传》载:

> 元性谦谨,有孝行。微涉经史,然精修释典。年六岁,其祖以夏中热甚,欲将元就井浴。元固不肯从。祖谓其贪戏,乃发杖击其头曰:“汝何为不肯洗浴?”元对曰:“衣以盖形,为覆其亵。元不能亵露其体于白日之下。”祖异而舍之。南邻有二杏树,杏熟,多落元园中。诸小竞取而食之;元所得者,送还其主。村陌有狗子为人所弃者,元见,即收而养之。

从材料可见当时的村落风情。

二、北朝村落的功能

作为自然聚落的村落,从北朝开始初步具备了组织功能,其中包括防卫与治安功能、经济功能、教育功能、教化功能。

(一)防卫与治安功能

北朝村落最突出的一个功能就是防卫与治安功能。其时，各村落大都保留有防卫性的围墙、壕沟。史籍中留下了很多关于村坞的记载，如：

所在流人先为土人凌忽，闻杲起逆，率来从之，旬朔之间，众逾十万。劫掠村坞，毒害民人，齐人号之为“舔榆贼”。(《魏书》卷一四《元天穆传》)

时葛荣将向京师，众号百万。相州刺史李神轨闭门自守。贼锋已过汲郡，所以村坞悉被残略。(《魏书》卷七四《尔朱荣传》)

于时河西人纥豆陵步藩举兵逼晋阳，尔朱兆频战不利，故灵助唱言：“尔朱自然当灭，不须我兵。”由是幽、瀛、沧、冀之民悉从之。从之者夜悉举火为号，不举火者诸村共屠之。(《魏书》卷九一《刘灵助传》)

在北魏孝文帝时代，村中还设有警楼，楼上有鼓，以防盗贼。《魏书》卷六六《李崇传》载：

以本将军除兖州刺史。兖土旧多劫盗，崇乃村置一楼，楼悬一鼓，盗发之处，双槌乱击。四面诸村始闻者挝鼓一通，次复闻者以二为节，次后闻者以三为节，各击数千槌。诸村闻鼓，皆守要路，是以盗发俄顷之间，声布百之内。其中险要，悉有伏人，盗窃始发，便尔擒送。诸州置楼悬鼓，自崇始也。

其时，在一些村落中，还有作为村中半军事化人员的村义、村勇，负责本村的防卫与治安。《北史》卷三五《郑羲传》载：

连山性严暴，挝挞僮仆，酷过人理。父子一时为奴所害，断首投马槽下，乘马北逃。其第二子思明，骁勇善骑射，被发率村义驰追之。

有时，政府还以村为单位实行连坐。《周书》卷四《明帝纪》记明帝诏云：

帝王之道，以宽仁为大。魏政诸有轻犯未至重罪、及诸村民一家有犯乃及数家而被远配者，并宜放还。

《魏书》卷一一四《释老志》云：

延兴二年夏四月，诏曰：“比丘不在寺舍，游涉村落，交通奸猾，经历年岁。令民间五五相保，不得容止。”

有时候，为了防止战乱影响所在村落，村民们还组织“乡义”。如，北齐幽州范阳郡范阳县发现的北齐标异乡义慈惠石柱，记载该乡义就是由王兴国、严僧安等人贡献出自己的一部分土地等“家资”建成的，目的是预防通过这里的流民变为流贼和暴徒。①

（二）互助功能

北朝的村落也具备一定的经济共同体功能。村是村民的共同生活单位，在生产上也往往成为互助协作单位。《北史》卷八六《公孙景茂传》载：“转道州刺史，悉以秩俸买牛犊鸡猪，散惠孤弱不自存者。好单骑巡人，家至户入，阅视百姓产业。有修理者，于都会时，乃褒扬称述；如有过恶，随即训导，而不彰也。由是人行义让，有无均通，男子相助耕耘，妇女相从纺织，大村或有数百户，皆如一家之务。”

（三）教育功能

北朝的村落，还具备一定的教育功能。高祐在太和中曾建议，“县立讲学，党立教学，村立小学”②。村落中的文化教育在北朝有了一定发展，李密就曾经在村中讲学。《隋书》卷七〇《李密传》载：

> 仲伯潜归天水，密诣淮阳，舍于村中，变姓名称刘智远，聚徒教授。

（四）教化功能

村落中的模范人物及其优异事迹往往能够激励他人弃恶从善，努力奋发，体现出村落的教化功能。实例如：

> （湖）少有节操，笃志于学，专精讲习，不干时务，与物无竞，好以德义服人。或有兄弟忿阋，邻里争讼者，恐湖闻之，皆内自改悔。乡闾化

---

① 参见[日]佐川英治《北齐标异乡义慈惠石柱所见的乡义与国家的关系》，载牟发松主编《社会与国家关系视野下的汉唐历史变迁》，华东师范大学出版社2006年版。

② 《北史》卷三一《高祐传》。《魏书》卷五七《高祐传》与之不同，“乃县立讲学，党立小学”。中华书局点校者认为：“诸本及《北史》卷三一《高允附高祐传》‘小学’作‘教学’，下更有‘村立小学’四字。独百衲本如上摘句。按《通鉴》叙高祐语全本《魏书》，却和百衲本同，知司马光所见《魏书》旧本即如此，南本以下诸本当即据《北史》改补。且上文只说‘县党宜有黉序’，没有提到村，北魏乡闾组织也没有村的一级。虽《北史》或有所本，却未必是《魏书》脱误，今从百衲本。”我们认为，三长制是半地缘、半血缘性质的新兴乡村组织，且处于不断变动之中，而学校的设立则需要依托较为稳定的地域组织；另外，如下文将要指出的李密在村中教授一事，也表明村中设有学校。

其风教，咸以敬让为先。(《北史》卷三六《薛湖传》)

年六七岁，便有孝性，人言其父者，闻辄垂泣。邻伍异之。正光中，母死，女胜年十五，哭泣不绝声，水浆不入口者数日，不胜哀，遂死。太守崔游申请为营墓立碑，自为制文，表其门闾，比之曹娥，改其里曰上虞里。墓在都城东六里大道北，至今名为"孝女冢"。(《魏书》卷九二《河东孝女姚氏传》)

君资累叶之桢，禀气而慧，内穆宗门，外和乡邑。故为邦人所宗，本郡察孝焉。①

孝弟之称，朝野明闻。……皇朝失色，槐佐惊颜，衢男缀歌于巷首，邻妇奄相于舂边。②

奉上崇敬，接下喻温，邻无浊议，邑有清论。③

人见邻里亲戚有佳快者，使子弟慕而学之，不知使学古人，何其蔽也哉？(《颜氏家训》卷三《勉学》)

需要说明的是，上引材料中都是说邻里而没有明确提及村落，但北朝的邻里关系是基于村落而结成的，这就是说，上述材料反映的都是村落的教化功能。

北朝政府也通过村落进行旌彰、优赐，如前述孝敬村，即得自政府的旌彰。《北史》卷五《魏本纪》曾记北魏最后一位皇帝孝武帝逃难至湖城王思村，"有王思村人以麦饭壶浆献帝，帝甘之，复一村十年"。这是以村为单位的优赐。这些旌彰、优赐也起到了教化的作用。

至此，我们对北朝村落组织功能的论述已经大体完备。最后，需要说明的是，我们说北朝村落只是初步具备了组织功能，是因为村落作为一种组织单位，在北朝时期还没有制度化、法定化。

① 《魏故孝谦奚君墓志铭》，载赵超《汉魏南北朝墓志汇编》，天津古籍出版社 1992 年版，第 142 页。下引该书，版本同此。

② 《魏故轻车将军元府君墓志》，载赵超《汉魏南北朝墓志汇编》，第 157 页。

③ 《魏羽林监轻车将军太尉府中兵参军元珽字珍平妻穆夫人墓志铭》，载赵超《汉魏南北朝墓志汇编》，第 109 页。

第四节 南北朝村落比较

从第二、第三节的论述中，我们可以看出，南北朝的村落有其共同的一面，也有一定的差异。

共同的方面包括："村"已经逐渐代替两汉的"聚"，成为一个地域概念，南北朝政府也都承认了村的存在。从功能上讲，南北朝的村落都具有防卫、治安、教化等功能。

不同的地方主要表现在：南朝的村落已经逐渐成为基本的税收单位，具有了较多的行政与法律职能，而北朝的相关职能则由三长制来承担。换言之，北朝村落体现的主要是自然聚落属性，而南朝村落则已开始具备自然聚落与法定乡村组织单位的双重意义。这一过程到唐朝最后完成。《通典》卷三《食货·乡党》所载的开元二十五年《大唐令》规定：

> 诸户以百户为里，五里为乡，四家为邻，五家为保。每里置正一人（若山谷险阻，地远人稀之处，听随便量置），掌按比户口，课植农桑，检查非违，催驱赋役。在邑居者为坊，别置正一人。掌坊门管钥，督察奸非，并免其课役。在田野者为村，别置村正一人。其村满百家，增置一人，掌同坊正。其村居如满十家者，隶入大村，不须别置村正。天下户为九等，三年一造户籍，凡三本，一留县，一送州，一送户部。常留三比在州县，五比送省（仪凤二年二月敕，自今以后装潢省籍及州县籍也）。诸里正，县司选勋官六品以下白丁清平强干者充。其次为坊正。若当里无人，听于比邻里简用。其村正取白丁充，无人处，里正等并通取十八以上中男、残疾等充。

《大唐令》中明确规定村设村正，并规定其职掌同于坊正，这表明唐代的村落已经具备了自然聚落与法定乡村组织单位的双重意义。

第五节 南北朝时期的乡村私学

南北朝时期，政权更迭频繁，地方官学时兴时废。一大批无意于仕途的学者长期在乡村专门从事教育事业，其中有不少学者一生拥有上千名学生，极大地推动了乡村教育事业的发展。就其教育内容而言，南朝私学包括儒家私学、道家私学和佛家私学，而北朝的私学基本上是儒家私学，尚未发现以专门传授佛教思想的佛家私学或专门传授道家思想的道家私学。

一、儒家私学

儒学的功能，诚如唐长孺先生所言："儒家所提倡的伦理秩序由内向外，由亲及疏的扩展，将点放在作为一个家族成员的道德行为上，然后推及乡党。"[①]虽然魏晋南北朝时期玄学对儒学有所冲击，但无论是官方还是民间都有众多士大夫钟情于儒学，为传播儒学进行着不懈的努力。南北朝都出现了很多著名的私学家，其教授的内容包括《三礼》、《诗》、《左氏春秋》、《公羊春秋》等。实例如：

> 除奉朝请不就，兄弟三人共处蓬室一间，为风所倒，无以葺之。怡然自乐，习业不废。聚徒教授，常有数十。……瓛姿状纤小，儒业冠于当时，都下士子贵游，莫不下席受业，当世推其大儒，以比古之曹、郑。性谦率，不以高名自居，之诣于人，唯一门生持胡床随后。主人未通，便坐门待答。住在檀桥，瓦屋数间，上皆穿漏，学徒敬慕，不敢指斥，呼为青溪焉。(《南史》卷五〇《刘瓛传》)

> 曼容早孤，与母兄客居南海。少笃学，善《老》、《易》，倜傥好大言。常云："何晏疑《易》中九事，以吾观之，晏了不学也。故知平叔有所短。"聚徒教授以自业。……曼容多伎术，善音律，射驭、风角、医算莫不闲了。为《周易》、《毛诗》、《丧服集解》，《老》、《庄》、《论语义》。子暅。暅字玄曜，幼传父业，能言玄理……(暅子)挺字士标，幼敏悟，七岁通《孝经》、《论语》。及长，博学有才思，为五言诗，善效谢康乐体。……天监初，除中军参军事。居宅在潮沟，于宅讲《论语》，听者倾朝。挺三世同时聚徒教授，罕有其比。(《南史》卷七一《伏曼容传》)

> 吴苞，字天盖，一字怀德，濮阳鄄城人也。儒学，善《三礼》及《老》、

① ⑤ 唐长孺:《魏晋南北朝史论丛》，三联书店 1955 年版，第 86 页。

《庄》。宋泰始中过江，聚徒教学。冠黄葛巾，竹麈尾，蔬食二十余年。与刘瓛俱于褚彦回宅讲授。瓛讲《礼》，苞讲《论语》、《孝经》，诸生朝听瓛，晚听苞也。齐隆昌元年，征为太学博士，不就。始安王遥光及江祏、徐孝嗣共为立馆于钟山下教授，朝士多到门焉，当时称其儒者。自刘瓛以后，聚徒讲授，唯苞一人而已。以寿终。时有赵僧岩、蔡荟，皆有景行，慕苞为人。(《南史》卷七六《吴苞传》)

隐居余不吴差山，讲经教授，从学士数十百人，各营屋宇，依止其侧，时为之语曰："吴差山中有贤士，开门教授居成市。"麟士重陆机《连珠》，每为诸生讲之。……麟士无所营求，以笃学为务，恒凭素几鼓素琴，不为新声。负薪汲水，并日而食。守操终老，读书不倦。遭火烧书数千卷，年过八十，耳目犹聪明，以反故抄写，火下细书，复成二三千卷，满数十箧。时人以为养身静默所致。制《黑蝶赋》以寄意。著《周易》两《系》、《庄子内篇训》。注《易经》、《礼记》、《春秋》、《尚书》、《论语》、《孝经》、《丧服》、《老子要略》数十卷。梁天监元年，与何点同征，又不就。二年，卒于家，年八十五。(《南史》卷七六《沈麟士传》)

冯元兴，字子盛，东魏郡肥乡人也。其世父僧集，官至东清河、西平原二郡太守，赠济州刺史。元兴少有操尚，随僧集在平原，因就中山张吾贵、常山房虬学，通《礼》传，颇有文才。年二十三，还乡教授，常数百人。(《魏书》卷七九《冯元兴传》)

梁祚，北地泥阳人。父劭，皇始二年归国，拜吏部郎，出为济阳太守。至祚，居赵郡。祚笃志好学，历治诸经，尤善《公羊春秋》、郑氏《易》，常以教授。(《魏书》卷八四《梁祚传》)

性好文学，担笈负书，千里就业。博通经史、天文、术数，尤好《春秋公羊》。曾作《塞上公诗》，有混欣戚、遗得丧之致。……府解，还家教授，受业者千余人。(《北史》卷三一《高允传》)

李孝伯，高平公顺从父弟也。父曾，少以郑氏《礼》、《左氏春秋》教授为业。(《北史》卷三三《李孝伯传》)

及周武平齐，归乡里。以《礼记》、《春秋》讲授子弟。(《北史》卷五五《杜台卿传》)

张伟字仲业，太原中都人也。学通诸经，乡里受业者，常数百人。儒谨泛纳，虽有顽固，问至数十，伟告喻殷勤，曾无愠色。常依附经典，教以孝悌，门人感其仁化，事之如父。(《北史》卷八一《张伟传》)

刘献之，博陵饶阳人也。少而孤贫，雅好《诗》《传》。曾受业于勃海程玄，后遂博观众籍。见名法之言，掩卷而笑曰："若使杨、墨之流，不为此书，千载谁知其小也？"曾谓其所亲曰："观屈原《离骚》之作，自是狂人，死其宜矣。孔子曰'无可无不可'，实获我心。"时人有从献之学者，献之辄谓之曰："人之立身，虽百行殊涂，准之四科，要以德行为首。子若能入孝出悌，忠信仁让，不待出户，天下自知。傥不能然，虽复下帷针股，蹑屩从师，正可博闻多识，不过为土龙乞雨，眩惑将来。其于立身之道，有何益乎？孔门之徒，初亦未悟，见皋鱼之叹，方乃归而养亲。嗟乎！先达何自觉之晚也？"由是四方学者，莫不高其行义，希造其门。献之善《春秋》、《毛诗》。每讲《左氏》，尽隐公八年便止，云："义例已了，不复须解。"由是弟子不能究竟其说。(《北史》卷八一《刘献之传》)

吾贵先未多学，乃从郦诠受《礼》，牛天佑受《易》。诠、佑粗为开发而已，吾贵览读一遍，便即别构户牖，世人竞归之。曾在夏学，聚徒千数，而不讲《传》。生徒窃云："张生之于《左氏》，似不能说。"吾贵闻之，谓曰："我今夏讲暂罢，后当说《传》。君等来日，皆当持本。"生徒怪之而已。吾贵诣刘兰，兰遂为讲《传》。三旬之中，吾贵兼读杜、服，隐括两家，异同悉举。诸生后集，便为讲之，义例无穷，皆多新异，兰仍伏听。学者以此益奇之。(《北史》卷八一《张吾贵传》)

刘兰，武邑人也。年三十余，始入小学书《急就篇》。家人觉其聪敏，遂令从师。受《春秋》、《诗》、《礼》于中山王保安。家贫，无以自资，且耕且学。三年之后，便白其兄，求讲说。其兄笑而听之，为立黉舍，聚徒二百。兰读《左氏》，五日一遍，兼能《五经》。先是，张吾贵以聪辩过人，其所解说，不本先儒之旨。唯兰推《经》、《传》之由，本注者之意，参以纬候及先儒旧事，甚为精悉。自后《经》义审博，皆由于兰。兰又明阴阳，博物多识，故为儒者所宗。瀛州刺史裴植，征兰讲书于州南馆。植为学主，故生徒甚盛，海内称焉。又特为中山王英所重。英引在馆，令

授其子熙、诱、略等。兰学徒前后数千，成业者众。(《北史》卷八一《刘兰传》)

冯伟字伟节，中山安喜人也。身长八尺，衣冠甚伟，见者肃然。少从李宝鼎学，李重其聪敏，恒别意试问之。多所通解，尤明《礼》、《传》。后还乡里，闭门不出，将三十年，不问生产，不交宾客，专精覃思，无所不通。齐赵郡王出镇定州，以礼迎接，命书三至，县令亲至其门，犹辞疾不起。王将命驾致请，佐吏前后星驰报之，县令又自为其整冠履，不得已而出。王下听事迎之，止其拜伏，分阶而上，留之宾馆，甚见礼重。王将举充秀才，固辞不就。岁余请还，王知其不愿拘束，以礼发遣，赠遗甚厚。一无所纳，唯受时服而已。及还，不交人事，郡守县令，每亲至其门。岁时或置羊酒，亦辞不纳。门徒束修，一毫不受。蚕而衣，耕而饭，箪食瓢饮，不改其乐。(《北史》卷八一《冯伟传》)

张买奴，平原人也。经义该博，门徒千余人，诸儒咸推重之。仕齐，历太学博士、国子助教，卒。(《北史》卷八一《张买奴传》)

权会字正理，河间鄚人也。志尚沈雅，动遵礼则。少受郑《易》，妙尽幽微；《诗》、《书》、《三礼》，文义该洽；兼明风角，妙识玄象。仕齐，初四门博士。仆射崔暹引为馆客，甚敬重焉，命世子达拏尽师傅之礼。暹欲荐会与马敬德等为诸王师。会性恬静，不慕荣势，耻于左宦，固辞。暹识其意，遂罢荐举。寻追修国史，监知太史局事。后迁国子博士。会参掌虽繁，教授不阙。性甚儒懦，似不能言，及临机答难，酬报如响，由是为诸儒所推。而贵游子弟慕其德义者，或就其宅，或寄宿邻家，昼夜承间，受其学业。会欣然演说，未尝懈怠。(《北史》卷八一《权会传》)

房晖远字崇儒，恒山真定人也。世传儒学。晖远幼有志行，明《三礼》、《春秋三传》、《诗》、《书》、《周易》，兼善图纬。恒以教授为务，远方负笈而从者，动以千计。(《北史》卷八二《房晖远传》)

马光字荣伯，武安人也。少好学，从师数十年，昼夜不息，图书谶纬，莫不毕览。尤明《三礼》，为儒者所宗。……山东《三礼》学者，自熊安生后，唯宗光一人。初教授瀛、博间，门徒千数，至是多负笈从入长安。后数年，丁母忧归乡里，以疾卒于家。(《北史》卷八二《马光传》)

由上引史料可知，当时的儒学私学家的讲授内容包括《三礼》、《论语》、《孝经》、《公羊春秋》、《左传》等。南朝学者多兼修《老》、《庄》，如吴苞。北朝学者多兼修图纬，如房晖远、马光。北朝学者还特别重视孝悌忠信等方面的教育，如刘献之。讲授地点也不尽相同，吴苞与刘献之是在褚彦回家宅讲授，高允是在自己家中讲授，刘兰是在他兄长专门为他建的黌舍中讲授。私学家们的门徒数量从数十到千余人不等。

二、道家私学

南朝还出现了一批讲授道家学说的私学家，如张讥、杜京产、沈道虔等。实例如：

> 讥性恬静，不求荣利，常慕闲逸。所居宅营山池，植花果，讲《周易》、《老》、《庄》而教授焉。吴郡陆元朗、朱孟博、一乘寺沙门法才、法云寺沙门慧拔、至真观道士姚绥，皆传其业。（《南史》卷七一《张讥传》）

> 沈道虔，吴兴武康人也。少仁爱，好《老》、《易》，居县北石山下。……乡里少年相率受学，道虔常无食以立学徒。武康令孔欣之厚相资给，受业者咸得有成。（《南史》卷七五《沈道虔传》）

> 京产少恬静，闭意荣宦，颇涉文义，专修黄、老。会稽孔觊，清刚有峻节，一见而为款交。郡命主簿，州辟从事，称疾去。与同郡顾欢同契。于始宁东山开舍授学。齐建元中，武陵王晔为会稽，齐高帝遣儒士刘瓛入东为晔讲，瓛故往与之游，曰："杜生，当今之台、尚也。"京产请瓛至山舍讲书，倾资供待。子栖躬自屣履，为瓛生徒下食。孔圭、周颙、谢沦并致书以通殷勤。（《南史》卷七五《杜京产传》）

由上引史料可知，道家私学家的讲授内容包括《周易》、《老》、《庄》。张玑是在自己的家宅中讲授；杜京产是自己开舍授学，并延请刘瓛为自己的门徒授业，还让自己的儿子为刘瓛的生徒做饭；沈道虔的授学则得到了武康令孔欣之的资助。沙门法才、慧拔等人从张玑学道，反映了南朝佛、道双修的特点。

三、佛家私学

南朝还有一些专门讲授佛家学说的私学家。实例如：

僧岩，北海人。寥廓无常，人不能测。与刘善明友。善明为青州，欲举为秀才，大惊，拂衣而去。后忽为沙门，栖迟山谷，常以一壶自随。一旦谓弟子曰："吾今夕当死。壶中大钱一千，以通九泉之路，蜡烛一挺，以照七尺之尸。"至夜而亡。时人以为知命。(《南史》卷七六《赵僧岩传》)

南岳邓先生名郁，荆州建平人也。少而不仕，隐居衡山极峻之岭，立小板屋两间，足不下山，断谷三十余载，唯以涧水服云母屑，日夜诵《大洞经》。梁武帝敬信殊笃，为帝合丹，帝不敢服，起五岳楼贮之供养，道家吉日，躬往礼拜。白日，神仙魏夫人忽来临降，乘云而至，从少妪三十，并着绛紫罗绣袿裈，年皆可十七八许。色艳桃李，质胜琼瑶，言语良久，谓郁曰："君有仙分，所以故来，寻当相候。"至天监十四年，忽见二青鸟悉如鹤大，鼓翼鸣舞，移晷方去。谓弟子等曰："求之甚劳，得之甚逸。近青鸟既来，期会至矣。"少日，无病而终。(《南史》卷七六《邓郁传》)

僧岩、邓郁都是隐居于山谷之中的佛徒，且都有自己的弟子。虽然材料中没有教授弟子的具体信息，但以理推断，邓郁诵《大洞经》，当有教授弟子的环节。

四、各家兼综的私学

南朝有些私学家同时讲授儒家、道家和佛家学说。实例如：

周续之字道祖，雁门广武人也。其先过江，居豫章建昌县。续之八岁丧母，哀戚过于成人，奉兄如事父。豫章太守范宁于郡立学，招集生徒，远方至者甚众。续之年十二，诣宁受业。居学数年，通《五经》、《五纬》，号曰十经，名冠同门，称为颜子。既而闲居读《老》、《易》，入庐山事沙门释慧远。……武帝北讨，世子居守，迎续之馆于安乐寺，延入讲礼，月余复还山。江州刺史刘柳荐之武帝，俄辟太尉掾，不就。武帝北伐，还镇彭城，遣使迎之，礼赐甚厚，每曰"真高士也"。寻复南还。武帝践阼，复召之。上为开馆东郭外，招集生徒，乘舆降幸，并见诸生，问续之《礼记》"傲不可长"、"与我九龄"、"射于矍圃"之义，辩析精奥，称为名通。(《南史》卷七五《周续之传》)

叔父璠之与颜延之友善，还祛蒙山立精舍讲授，伯珍往从学。积十年，究寻经史，游学者多依之。太守琅邪王昙生、吴郡张淹并加礼辟，伯珍应召便退，如此者凡十二焉。征士沈俨造膝谈论，申以素交。吴郡顾欢擿出《尚书》滞义，伯珍酬答，甚有条理，儒者宗之。好释氏、《老》、《庄》，兼明道术。岁尝旱，伯珍筮之，如期而雨。举动有礼，过曲木之下，趋而避之。早丧妻，晚不复重娶，自比曾参。

宅南九里有高山，班固谓之九岩山，后汉龙丘苌隐处也。山多龙须柽柏，望之五采，世呼为妇人岩。二年，伯珍移居之，阶户之间，木生皆连理。门前生梓树，一年便合抱。馆东石壁，夜忽有赤光洞照，俄尔而灭。白雀一双栖其户牖，论者以为隐德之感焉。刺史豫章王辟议曹从事，不就。家甚贫窭，兄弟四人皆白首相对，时人呼为"四皓"。建武四年卒，年八十四。受业生凡千余人。

伯珍同郡娄幼瑜字季玉，亦聚徒教授，不应征辟，弥为临川王映所赏异，著《礼捃拾》三十卷。(《南史》卷七六《徐伯珍传》)

枢数岁而孤，为其姑所养。六岁，能诵《孝经》、《论语》、《老子》。及长，博极经史，尤善佛经及《周易》、《老子》义。梁邵陵王纶为南徐州刺史，素闻其名，引为学士。纶时自讲《大品经》，令枢讲《维摩》、《老子》、《周易》，同日发题，道俗听者二千人。王欲极观优劣，乃谓众曰："与马学士论义，必使屈服，不得空立客主。"于是数家学者，各起问端。枢乃依次剖判，开其宗旨，然后枝分派别，转变无穷，论者拱默听受而已，纶甚嘉之。(《南史》卷七六《马枢传》)

以上学者大都是儒释道兼通，有些私学家的生徒数量很多，徐伯珍有一千多人，马枢更多。徐璠之是自立学舍进行教授，周续之是梁武帝为其开馆。

由上可知，南北朝时期的私学非常兴盛。吕思勉先生指出："南北朝实为资助私家立学最盛之世。固以其时王业偏安，敬教劝学，力有弗逮，乃仅就私家，加以资助。亦以私家立学，为众所归仰者，其人必较有学问，而归仰之者，亦必较有乡学之诚，就加资助，转较官自立学者为有实际也。”①

① 吕思勉：《吕思勉读史札记》(增订本)之《丙帙·魏晋南北朝·为私家立学》，上海古籍出版社2005年版，第997页。

第三章　南北朝乡村中的宗族

宗族问题既是南北朝乡村中的社会问题，也是牵涉到南北朝王朝政治体系的政治问题。在以往的研究中，诸多前辈学者从政治史的角度对南北朝世家大族的兴起与衰落进行了广泛而深入的研究，而对宗族本身，尤其是对豪族的发展变迁关注较少；从宗族史角度进行研究的学者往往将魏晋南北朝甚至将汉唐作为一个完整单元进行研究，似难以将南北朝宗族的特征与发展脉络清晰而准确地凸现出来。有鉴于此，本章将重点分析南北朝乡村宗族的结构及组织功能，并对南北朝时期最活跃、最具代表性的两类宗族——士族与豪族的变迁进行动态考察。

第一节　南北朝乡村宗族的组织结构

作为中国古代宗族发展史上的一个重要环节，南北朝乡村宗族的结构除具有与其他朝代一样的特征外，也具有一些自身的独有特征。本节将按照组织结构、功能结构两条线索对之进行分析。

一、组织结构

古代中国的宗族虽有不同的类型，但就组织结构而言，所有的宗族都具有相同的外部结构——血缘关系结构。它是按男性家长的辈分即血缘的远近，由族、房、家构成的一个完整体系；也正是血缘纽带将同一祖先的后裔联系起来，宗族才得以成为一个不断繁衍、不断延续的群体。各地宗族往往都已延续了很多代，但是这种延续并非完全没有限度；尽管许多宗族在族谱中将本族的起源与远古历史联系了起来，但其可靠的祖先往往是始迁一地的始迁祖。这一情况反映出宗族形成的另一自然因素——地缘纽带，亦即我们常常说的“里贯”。血缘及地缘纽带限定了宗族的发展时空，构成宗族的自然基础。总之，宗族的外在结构主要是一种自然结构，而且这是一种非常重要的结构。以血缘关系言之，南北朝乡村宗族的组织结构可以分成以下几种：

第一种情况是松懈的同姓继嗣群体——“氏族”(clan)。这种情况主要出现在北朝，这也是北朝乡村宗族与南朝乡村宗族之间的最大区别。北朝史籍中所称“同姓”、“九族”者往往就属于这种情况。关于九族的范围，历来说法不一：一种说法为，父族四、母族三、妻族二。《左传・桓公六年》“亲其九族”杜注：“九族谓外祖父、外祖母、从母子及妻父、妻母、姑之子、姊妹之子，女子之子并己之同族，皆外亲有服而异族者也。”另一说是上至高祖，下至玄孙。《诗经・小雅・常棣》曰：“兄弟既具，和乐且孺。”毛笺：“九族，从己上至高祖，下及玄孙之亲也，属者以昭穆相次序。”《白虎通义・宗族》云：“族者，何也？族者，凑也，聚也。谓恩爱相流凑也。上凑高祖，下至玄孙，一家有吉，百家聚之，合而为亲，生相亲爱，死相哀痛，有会聚之道，故谓之族。”顾炎武《日知录》卷二《九族》云：“《路史》曰：‘亲亲，治之始也。’《礼・小记》曰：‘亲亲者，以三为五，以五为九，上杀，下杀，旁杀，而亲毕矣。’是所谓九族者也。夫人生则有父，壮则有子，父子与己，此《小宗伯》三族之别也。父者子之祖，因上推之，以及于己之祖；子者父之孙，因下推之，以及于己之孙。此《礼传》之以三为五也。己之祖，自己子视之，则为曾祖王父；自己孙视之，则为高祖王父。己之孙，自己父视之，则为曾孙；自己祖视之，则为玄孙。故又上推以及己之曾、高，下推以及己之曾、玄，是所谓以五为九也。”就南北朝而言，九族应是后一种情况。实例如：

> 北土重同姓，并谓之骨肉，有远来相投者，莫不竭力营赡。若有一人不至者，以为不义，不为乡邑所容。仲德（王懿字）闻王愉在江南贵盛，是太原人，乃远来归愉。愉接遇甚薄，因至姑孰投桓玄。（《南史》卷

二五《王懿传》)

凡宗亲世数,有从父,有从祖,有族祖。江南风俗,自兹已往,高秩者,通呼为尊,同昭穆者,虽百世犹称兄弟;若对他人称之,皆云族人。河北士人,虽三二十世,犹呼为从伯从叔。梁武帝尝问一中土人曰:"卿北人,何故不知有族?"答云:"骨肉易疏,不忍言族耳。"当时虽为敏对,于礼未通。(《颜氏家训》卷二《风操》)

(愔)自居大位,门绝私交。轻货财,重仁义,前后赏赐,积累巨万,散之九族,架箧之中,唯有书数千卷。(《北齐书》卷三四《杨愔传》)

侯景将于庆南略地至豫章,城邑皆下,瑱穷蹙,乃降于庆。庆送瑱于景,景以瑱与己同姓,托为宗族,待之甚厚,留其妻子及弟为质。遣瑱随庆平定蠡南诸郡。及景败于巴陵,景将宋子仙、任约等并为西军所获,瑱乃诛景党与,以应义军,景亦尽诛其弟及妻子。(《陈书》卷九《侯瑱传》)

以上四条材料中,第一、二、四条都表明北朝比南朝重视"同姓"、"九族"。侯景的行为虽然具有明显的个人政治意图,但其行为的背景也与北朝重视"同姓"有关。第一、四条材料都是北朝士人南下投靠同姓遭到拒绝的事例。第三条材料则是北齐人杨愔散财资助族人的典型事例。南北朝宗族的这种差异不仅体现在观念及行为上,而且如第二条材料中颜之推所言,南北朝对关系疏远的同姓的称呼也不一样。南北朝宗族结构的这种差异是在北方长期战乱、统治者是胡族的大背景下出现的特殊形态。

第二种情况是内部关系较清楚的"宗族"(lineage)。南北朝史籍中所称"五服"、"五族"、"三族"者往往即是。"三族"的解释见于《汉书》卷一《高帝纪下》:高帝九年十二月,"贯高等谋逆发觉,逮捕高等,并捕赵王敖下狱。诏敢有随王,罪三族"。张晏曰:"父母兄弟妻子也。"如淳曰:"父族、母族、妻族也。"颜师古曰:"如说是也。"颜师古认同如淳对"三族"所作的解释。南北朝时,"五族"、"三族"之称往往在刑法中出现。相关实例如:

诏曰:"法秀妖诈乱常,妄说符瑞,兰台御史张求等一百余人,招结奴隶,谋为大逆,有司科以族诛,诚合刑宪。且矜愚重命,犹所弗忍。其五族者,降止同祖;三族,止一门;门诛,止身。"(《魏书》卷七《孝文帝纪

上》）

及平中山，发普骅柩，斩其尸，收议害觚者高霸、程同等，皆夷五族，以大刃剉杀之。（《魏书》卷一五《元觚传》）

时世祖怒甚，敕允为诏，自（崔）浩已下、僮吏已上百二十八人皆夷五族。（《魏书》卷四八《高允传》）

以臣赤心凄凄之见，宜枭诸两观，洿其舍庐。腾合斫棺析骸，沉其五族。（《魏书》卷六〇《韩子熙传》）

后员与伯夫子禽可共为飞书，诬谤朝政。事发，有司执宪，刑及五族。高祖以昭太后之故，罪止一门。（《魏书》卷八三《闾毗传》）

高宗立，诛爱、周等，皆具五刑，夷三族。（《魏书》卷九四《宗爱传》）

三公郎中崔鸿议曰："案律'卖子有一岁刑；卖五服内亲属，在尊长者死，期亲及妾与子妇流'。"（《魏书》卷一一一《刑罚志》）

（世祖）乃下诏曰："……自此以来，代经乱祸，天罚亟行，生民死尽，五服之内，鞠为丘墟，千里萧条，不见人迹，皆由于此。"（《魏书》卷一一四《释老志》）

穷验款引，搜嵩家，果得谶书。洁与南康公狄邻及嵩等皆夷三族，死者百余人。（《北史》卷二五《刘洁传》）

最高统治者的颁赐，对于五服内外也有区别。《宋书》卷九五《索虏传》载：元嘉二十七年（450 年），"是岁军旅大起，王公妃主及朝士牧守，各献金帛等物，以助国用，下及富室小民，亦有献私财至数十万者。又以兵力不足，尚书左仆射何尚之参议发南兖州三五民丁，父祖伯叔兄弟仕州居职从事、及仕北徐兖为皇弟皇子从事、庶姓主簿、诸皇弟皇子府参军督护国三令以上相府舍者，不在发例，其余悉倩暂行征"。梁中大通三年（531 年）七月庚寅，梁武帝下诏："推恩六亲，义彰九族，班以侯爵，亦曰惟允。凡是宗戚有服属者，并可赐沐食乡亭侯，各随远近以为差次。其有昵亲，自依旧章。"①《魏书》卷七《孝文帝纪下》载：太和十一年五月，"诏复七庙子孙及外戚缌服已上，赋役无所与"。《隋书》卷七九《萧琮传》载："琮之宗族，缌麻以上，并随才擢用，于

① 《梁书》卷三《武帝纪下》。

是诸萧昆弟布列朝廷。"

第三种情况是宗族内部因血缘关系而形成的房分[①]结构。《魏书》卷三五《崔浩传》载：

> 始浩与冀州刺史赜、荥阳太守模等年皆相次，浩为长，次模，次赜。三人别祖，而模、赜为亲。浩恃其家世魏晋公卿，常侮模、赜。模谓人曰："桃简正可欺我，何合轻我家周儿也。"浩小名桃简，赜小名周儿。世祖颇闻之，故诛浩时，二家获免。

崔模、崔赜没有受牵连的主要原因之一就是族属比较远。

《北齐书》卷四八《尔朱文畅传》载：

> 任胄令仲礼藏刀于裤中，因高祖临观，谋为窃发，事捷之后，共奉文畅为主。为任氏家客薛季孝告高祖，问皆具伏。以其姊宠故，止坐文畅一房。

毛汉光先生曾指出："自北魏中叶以后，时人虽然泛称郡望，实际上所指渐以房支为单位，至唐而更为明显。"[②]

以地缘纽带言之，南北朝时期的宗族特别重视郡望。胡阿祥先生指出："家族的地域观念是通过郡望来表现的。郡望，从字面上理解，即显贵的家族世代聚居某地，为当地所仰望；形式上则一般以郡名表示，如弘农杨氏、太原王氏、范阳卢氏。有时也写作姓望（姓氏所系之地望）、族望（家族籍贯）、地望等等。这种显贵的家族称为郡姓（一般指在全国有影响的郡中著姓），其它称法尚多，如望族、世族、世家大族、冠族、甲族、门阀士族、名门、大姓、著姓、右姓等等。他们据以显耀者，'太上有立德，其次有立功，其次有立言，其次有爵为公卿、大夫，世世不绝'。也因如此，崇尚源流成为家族的又一特征。这一特征与家族的地域观念相结合，便凝成了郡望顽强的继承性与稳

---

① 根据常建华先生的研究，"'房分'一词，表示族中不同的分支，房在当时也指一个家庭"。（见常建华《中华文化通志・宗族志》，上海人民出版社 1999 年版，第 173 页）本文中的"房分"是指族中不同的分支。

② 毛汉光：《从士族籍贯迁移看唐代士族之中央化》，载其《中国中古社会史论》，上海书店出版社 2002 年版，第 232 页。

定性。”[①]史家对南北朝时期的主要士族做过明确论述，《新唐书》卷一九九《刘冲传》引柳芳《氏族论》云：“过江则为‘侨姓’，王、谢、袁、萧为大；东南则为‘吴姓’，朱、张、顾、陆为大；山东则为‘郡姓’，王、崔、卢、李、郑为大；关中亦号‘郡姓’，韦、裴、柳、薛、杨、杜首之；代北则为‘虏姓’，元、长孙、宇文、于、陆、源、窦首之。”侨置州郡县则是在当时南北分裂的特殊政治形势与社会背景下，对于东晋南朝南渡士族来说，如何保持原来的郡望的一种主要解决方法。[②]

二、功能结构

就功能结构而言，南北朝乡村宗族体系由宗主、谱牒、家训等内容构成。其中，谱牒是宗族存在的基础，宗主、家训是宗族权力系统的象征和集中体现。

(一)宗主

宗主是宗族权力系统的象征和集中体现，是宗族的主宰。宗族的众多活动都要由宗主组织协调或经其首肯。冯尔康先生曾指出：“（魏晋南北朝时期）宗族内部房分分明，族众家多，族内一般有或严密或松散的组织系统，由族内宗族长或尊长者来管理。”[③]探讨北朝宗族的宗主问题要从西晋末年五胡乱华谈起。

永嘉之乱后，留在北方的强宗大族纷纷建立坞壁以求自保。虽然坞壁中也有外姓人员，但其核心是宗族成员，其组织也是按照宗法原则建立起来的。实例如：

> 庾衮字叔褒，明穆皇后伯父也。……齐王冏之唱义也，张泓等肆掠于阳翟，衮乃率其同族及庶姓保于禹山。（《晋书》卷八八《庾衮传》）
>
> 午寻溃散，鉴得归乡里。于时所在饥荒，州中之士素有感其恩义

---

① 胡阿祥：《侨置的源流与东晋南朝侨州郡县的产生》，载《高敏先生八十华诞纪念文集》，线装书局2006年版，第189～204页。

② 参见胡阿祥《侨置的源流与东晋南朝侨州郡县的产生》，载《高敏先生八十华诞纪念文集》，线装书局2006年版，第189～204页。

③ 冯尔康：《中国宗族社会》，浙江人民出版社1994年版，第126页。

者，相与资赡。鉴复分所得，以恤宗族及乡曲孤老，赖而全济者甚多，咸相谓曰："今天子播越，中原无伯，当归依仁德，可以后亡。"遂共推鉴为主，举千余家俱避难于鲁之峄山。(《晋书》卷六七《郗鉴传》)

庾衮、郗鉴作为坞主，其实就是宗族的首领。他们率领宗族成员及其他乡亲建立坞壁，并负责整个坞壁的生产及自卫等事项。

北魏前期，虽然大多数坞壁主都归附了北魏政权，但中原地方社会的结构并没有改变，这些昔日的坞壁主转而成为拥有大量荫附人口的宗主。北魏王朝承认宗主作为一个大户的户主对其所荫附人口的督护权力。《魏书》卷五三《李冲传》载：

旧无三长，惟立宗主督护，所以民多隐冒，五十、三十家方为一户。

《魏书》卷一一〇《食货志》载：

魏初不立三长，故民多荫附。荫附者皆无官役，豪强征敛，倍于公赋。

第一条材料是说一般的宗主督护有三五十个个体小家庭，第二条材料是说每个宗主督护有大量的荫附人口，这些荫附人口的劳动收入大都归宗主所有，他们不向国家纳税服役。

三长制实行后，荫附人口括出不少，但宗族组织仍然基本保持原样，宗主也仍然存在。《北史》卷三三《李灵传》载：

李灵字武符，赵郡平棘人也。父勰，字小同，恬静好学，有声赵、魏间，道武平中原，闻其已亡，哀惜之，赠宣威将军、兰陵太守。……(其孙)显甫，豪侠知名，集诸李数千家于殷州西山，开李鱼川方五六十里居之，显甫为其宗主。……及葛荣起，元忠率宗党作垒以自保，坐于大槲树下，前后斩违命者凡三百人。贼至，元忠辄却之。

李显甫、李元忠都是统领族人及部分乡亲的宗主。其他实例有：

薛辩字允白。其先自蜀徙于河东之汾阴，因家焉。祖陶，与薛祖、薛落等分统部众，故世号三薛。父强，复代领部落，而祖、落子孙微劣，强遂总摄三营。善绥抚，为民所归，历石虎、苻坚，常凭河自固。仕姚兴为镇东将军，入为尚书。强卒，辩复袭统其营，为兴尚书郎、建威将军、河北太守。辩稍骄傲，颇失民心。刘裕平姚泓，辩举营降裕，司马德宗拜为宁朔将军、平阳太守。及裕失长安，辩来归国，仍立功于河际，太宗授平西将军、雍州刺史，赐爵汾阴侯。(《魏书》卷四二《薛辩传》)

皇始初，太祖平中山，纂宗室南奔，家于济阴。(《魏书》卷六一《申纂传》)

属洛周陷城，弼遂率宗亲南渡河，居于青州。(《魏书》卷七二《阳弼传》)

薛陶、薛祖、薛落、薛强、薛辩、申纂、阳弼都是其各自宗族的宗主，都领有相当数量的宗族成员。

《通典》卷三《食货·乡党》引宋孝王《关东风俗传》云：

文宣(高洋)之代，政令严猛，羊、毕诸豪，颇被徙逐。至若瀛、冀诸刘，清河张、宋，并州王氏，濮阳侯族，诸如此辈，一宗近将万室，烟火连接，比屋而居。

“一宗近将万室”，说明这些宗族的规模都很庞大。如此众多的宗族成员应该有一个宗主负责管理各宗族的内部事务。

以上分析表明，从坞壁到三长制，北方基层社会结构没有发生实质性的变化，宗主也一直长期存在着。三长制下的三长是取“乡人强谨者”[①]、“豪门多丁者”[②]，亦即地方大族的宗主担任。只是，与北魏前期相比，国家对三长的控制力度加强了。到北朝后期，虽然相关制度的具体内容有所变化，但其基本精神始终如一。这些宗主都是宗族中具有影响力的人物，如庾衮、郗鉴、李显甫、薛辩等。

最后，需要讨论的问题是，在和平时期，宗族中的宗主有没有权力支配全族成员？《魏书》卷四五《杜铨传》载：

杜铨，字士衡，京兆人。晋征南将军预五世孙也。祖胄，苻坚太尉长史。父嶷，慕容垂秘书监，仍侨居赵郡。铨学涉有长者风，与卢玄、高允等同被征为中书博士。初，密太后父豹丧在濮阳，世祖欲命迎葬于邺，谓司徒崔浩曰：“天下诸杜，何处望高？”浩对京兆为美。世祖曰：“朕

① 《魏书》卷一一〇《食货志》。
② 《魏书》卷八二《常景传》。

> 今方改葬外祖，意欲取京兆（杜）中长老一人，以为宗正，命营护凶事。”浩曰：“中书博士杜铨，其家今在赵郡，是杜预之后，于今为诸杜之最，即可取之。”诏召见。铨器貌瑰雅，世祖感悦，谓浩曰：“此真吾所欲也。”以为宗正，令与杜超子道生迎豹丧柩，致葬邺南。铨遂与超如亲。超谓铨曰：“既是宗近，何缘复侨居赵郡？”乃迎引同属魏郡焉。

周一良先生据此得出结论：“这个大族杜氏的宗正，性质近于族长，但其作用止于临时监护丧事。杜铨这个宗正还是临时拉来，平时既和杜氏其他家族没有联系，又不同居一地。杜铨的例子，似可从另一方面证明，由许多支派组合构成的整个博陵崔氏或其他士族，并不存在类似全族之长的经常起支配领导作用的人物或机构。当然，聚族而居是北朝的风气，数十人上百人的大家庭，必然有家长类型的人物主持家务，但不具有指挥全族的权威。而且随着成员逐渐向外迁徙，不再在本乡本土聚居，这种在聚居情况下产生的家长，也会随之消失。至于三长制以前五十、三十家为一户，对他们进行督护的宗主，则是对荫庇户口而言，与士族平等成员中的首脑，又不是一回事了。”[①]其实，杜豹与杜铨并不属于一个郡望。世祖为了提高密太后家族的声望，才将其临时拉来作为宗主监护丧事。这恰好说明当时宗族的丧事是由宗主来监护的，而不能说明当时宗族没有宗主。

（二）谱牒

谱牒作为南北朝宗族的重要存在形态之一，潘光旦、杨殿珣、陈直、武新立、张泽咸、杨冬荃等前贤对之业已作了不同程度的探索，常建华先生对1995年以前的相关成果作了全面述评[②]。近年来，郭锋、李传印、李卿、宋燕

---

① 周一良：《魏晋南北朝史论集》，北京大学出版社1997年版，第522～523页。

② 常建华：《家族谱研究概况》，载《中国史研究动态》1985年第2期；《家族谱研究述略》，载《古籍整理出版情况简报》第166期（1986年11月10日）；《中国族谱收藏与研究情况简说》，载《谱牒学研究》第1辑，书目文献出版社1989年版；《八十年代后期以来的中国族谱研究》，载《谱牒学研究》第4辑，书目文献出版社1995年版。

鹏等先生又对南北朝谱牒作了进一步的研究。[①] 本文拟在前贤相关研究成果的基础上，就南北朝谱牒的相关问题，尤其是中古谱牒与宋元族谱的区别作进一步的探讨。

1. 南北朝谱牒概况

南北朝时期出现了大量的谱牒。《隋书》卷三三《经籍志》著录的谱牒之书，有皇帝家谱、大姓家谱、地方大姓谱、百家谱、综合各州谱、氏族谱凡四十四种。刘孝标的《世说新语注》所引用的谱书达四十六种。裴松之的《三国志注》所参考引用的谱牒之书也达到了四十种之多。[②] 据陈直先生研究，从数量上来讲，北朝谱学重于南朝谱学。[③]

南北朝时期的谱牒门类也很齐全：综合性的有《十八州谱》、《百家谱》、《魏孝文列姓族谱》、《百家谱钞》、《姓氏英贤谱》等；地域性的有《冀州姓族谱》、《洪州诸姓谱》、《吉州诸姓谱》、《江洲诸姓谱》、《南族谱》等；某一姓氏的有《谢氏谱》、《杨氏谱》、《韦氏谱》、《北地傅氏谱》等。

文献中记录的北朝谱牒实例如：庾信在为其伯母东平郡夫人李氏撰写的墓志铭中写道："夫人李氏，陇西狄道人也。自凉武昭王以后，一门三公，为四海著族，国史家牒详之矣。"[④]

相关的考古材料有：北魏太昌元年（532 年）薛孝通所撰《历叙世代贻后券》，叙其五世祖薛强至祖父薛聪的世次；1920 年出土于洛阳北张羊村的《北魏彭城王元勰妃李媛华墓志》，刻有其直系亲属及兄弟姐妹等的姓名、官名[⑤]；1973 年出土于吐鲁番阿斯塔那 173 号墓的家谱残片，整理者将其定名为《高昌某氏残谱》，收入《吐鲁番文书》第三册；1966 年出土于吐鲁番阿斯

---

① 郭锋：《晋唐时期谱牒的修撰》，载《中国社会经济史研究》1995 年第 1 期；李传印：《南朝的谱学与政治》，载《史学理论研究》2003 年第 2 期；李传印：《北朝谱学与北朝政治》，载《史学月刊》2003 年第 4 期；李卿：《秦汉魏晋南北朝时期家族、宗族关系研究》，上海人民出版社 2005 年版，第 222～229 页；宋燕鹏：《南北朝宗族制度试探》，载殷宪主编《北朝史研究：中国魏晋南北朝史国际学术研讨会论文集》，商务印书馆 2004 年版，第 199～205 页。

② 参见叶建华《从〈三国志注〉看裴松之的史学批评》，载《晋阳学刊》1992 年第 1 期。

③ 参见陈直《南北朝谱牒形式的发现和索隐》，载《西北大学学报》1980 年第 3 期。

④ 《庾子山集》卷一六《伯母东平郡夫人李氏墓志铭》。

⑤ 参见陈直《南北朝谱牒形式的发现和索隐》，载《西北大学学报》1980 年第 3 期。

塔那第50号墓的家谱残片，整理者将其定名为《某氏族谱》，亦收入《吐鲁番文书》第三册。学界对吐鲁番出土的这两件残谱已有不少讨论。[①]

谱牒也成为这一时期史书的史料来源之一。魏收撰《魏书》时，他所用的很多材料都来源于谱牒。《北齐书》卷三七《魏收传》载：

> 时论既言收著史不平，文宣诏收于尚书省与诸家子孙共加论讨，前后投诉百有余人，云"遗其家世职位"，或云"其家不见记录"，或云"妄有非毁"。收皆随状答之。范阳卢斐父同附出族祖玄传下，顿丘李庶家传称其本是梁国蒙人，斐、庶讥议云："史书不直。"收性急，不胜其愤，启诬其欲加屠害。帝大怒，亲自诘责。斐曰："臣父仕魏，位至仪同，功业显著，名闻天下，与收无亲，遂不立传。博陵崔绰，位止本郡功曹，更无事迹，是收外亲，乃为《传》首。"收曰："绰虽无位，名义可嘉，所以合传。"帝曰："卿何由知其好人？"收曰："高允曾为绰赞，称有道德。"帝曰："司空才士，为人作赞，正应称扬。亦如卿为人作文章，道其好者岂能皆实？"收无以对，战栗而已。但帝先重收才，不欲加罪。时太原王松年亦谤史，及斐、庶并获罪，各被鞭配甲坊，或因以致死，卢思道亦抵罪。然犹以群口沸腾，敕魏史且勿施行，令群官博议。听有家事者入署，不实者陈牒。于是众口喧然，号为"秽史"，投牒者相次，收无以抗之。时左仆射杨愔、右仆射高德正二人势倾朝野，与收皆亲，收遂为其家并作传。二人不欲言史不实，抑塞诉辞，终文宣世更不重论。又尚书陆操尝谓愔曰："魏收《魏书》可谓博物宏才，有大功于魏室。"愔谓收曰："此谓不刊之书，传之万古。但恨论及诸家枝叶亲姻，过为繁碎，与旧史体例不同耳。"收曰："往因中原丧乱，人士谱牒，遗逸略尽，是以具书其支流。望公观过知仁，以免尤责。"

从这一大段文字中，我们可以发现：(1)《魏书》与前代史书体例的区别之一是带有明显的谱牒色彩。杨愔所说的"但恨论及诸家枝叶亲姻，过为繁碎，

① 参见马雍《略谈有关高昌史的几件新出土文书》，载《考古》1972年第4期；王素《吐鲁番出土某氏残谱新探》，载《敦煌研究》1993年第1期；李裕民《北朝家谱研究》，载《谱牒学研究》第3辑，书目文献出版社1992年版。

与旧史体例不同耳"就是明证。赵翼《廿二史札记》"南北史子孙附传之例"条云:"若一人立传,而其子孙、兄弟、宗族,不论有官无官,有事无事,一概附入,竟似代人做家谱,则自魏收始。"赵翼所言也表明,《魏书》体例带有明显的谱牒色彩,而且李延寿写《南史》、《北史》也受到了魏收的影响。(2)谱牒是《魏书》的重要史料来源。魏收本人所说"往因中原丧乱,人士谱牒,遗逸略尽,是以具书其支流"表明他广泛征集并充分利用了当时的谱牒材料。《史通·古今正史》说魏收"大征百家谱状,斟酌以成《魏书》",更直接表明魏收当时的工作程序是先大量征集谱状,然后再加以处理、利用。(3)当时民间谱牒很多①。"时论既言收著史不平,文宣诏收于尚书省与诸家子孙共加论讨,前后投诉百有余人","听有家事者入署,不实者陈牒。于是众口喧然,号为'秽史',投牒者相次",这两段文字表明投诉者非常多,而其投诉依据就是谱牒。其他拥有谱牒但没有投诉者应该还有很多。《魏书》各传记多追述到数世乃至十数世,这也可以证明当时民间谱牒非常多。《宋书》等史书的写作体例与《魏书》几乎相同,每一个主要人物的传记之中往往附有其兄弟子孙数十人,俨然一家族小传。赵翼《廿二史札记》"南北史子孙附传之例"条就此现象作过深刻评述:

> 传一人而其子孙皆附传内,此《史记》世家例也。至列传则各因其人之可传而传之,自不必及其后裔,间有父子祖孙各可传者,则牵连书之。……若一人立传,而其子孙、兄弟、宗族,不论有官无官,有事无事,一概附入,竟似代人作家谱,则自魏收始。收谓中原丧乱,谱牒遗逸,是以具书支派,然当时杨愔、陆操等已谓其过于繁碎,乃《南北史》仿之,而更有甚者。《魏书》一传数十人,尚只是元魏一朝之人,《南北史》则并其子孙之仕于列朝者,俱附此一人之后。遂使一传之中,南朝则有仕于宋

① 周一良先生根据前引魏收原话及《史通·古今正史》材料得出结论:"说明当时谱牒流传不多,所以需要大征,而魏收之修《魏书》是充分利用了这些史料的。"见周一良《魏晋南北朝史学发展的特点》,载其《魏晋南北朝史论集》,北京大学出版社1997年版,第397页。笔者认为,魏收之所以需要大征谱牒,可能是因为动乱等种种原因导致官府所藏不多。从动因上讲,魏收大征谱牒行为本身即表明他认为当时民间的谱牒很多;从结果上讲,由魏收之《魏书》能撰写成家谱式的史书,可以推断出他确实从民间征集到了大量的谱牒。

者，又有仕于齐、梁及陈者，北朝则有仕于魏者，又有仕于齐、周、隋者。每阅一传，即当检阅数朝之事，转觉眉目不清。且史虽分南北，而南北又分各朝，今既以子孙附祖父，则魏史内又有齐、周、隋之人，成何魏史乎？宋史内又有齐、梁、陈之人，成何宋史乎？又如褚渊、王俭为萧齐开国文臣之首，而渊附于宋代《褚裕之传》内，俭附于宋代《王昙首传》内，遂觉萧齐少此二人，刘宋又多此二人。此究是作史者之弄巧成拙，其后宋子京修《唐书》，反奉以为成例而踵行之，其意以为简括，而不知究非史法也。按《南北史》仿《魏书》子孙附传之例，亦稍有不同。《魏书》凡是某人之子孙尽附于其传后，如朱瑞子孟胤，及弟珍，珍弟腾，腾弟庆宾，庆宾子清，皆但有官位，毫无事迹。《北史》则删之，较为简净。《新唐书》仿之，又更有别择，必其子孙有事可传者附之，否则削而不书，尚不至如《魏书》、《北史》之代人作家谱也。

赵翼虽不赞同《魏书》"代人作家谱"的写史标准，但根据杨冬荃先生的研究，《宋书》的《自序》很可能是根据《沈氏家谱》写成的。[①]《新唐书·宰相世系表》等文献中南北朝部分材料的撰写恐怕也直接或间接地利用了当时的谱牒资料。

因为谱牒与仕宦、婚姻有着极为密切的关系，所以南北朝都设有谱局。南朝谱局的设立始于梁武帝之时，《通典》卷三载："（梁武帝）诏御史中丞王僧孺改定《百家谱》。由是有令史书史之职，谱局因此而置。"北朝孝文帝时期，曾有大规模确定门阀高低的举措，也当有类似的谱局存在。

南北朝也都出现了一些著名的谱学家。南朝有贾氏和王氏两大谱学家族及徐勉、陆琼等一些谱学家。《新唐书》卷一九九《柳冲传》引柳芳《氏族论》云：

于时有司选举，必稽谱籍，而考其真伪。故官有世胄，谱有世官，贾氏、王氏谱学出焉。……晋太元中，散骑常侍河东贾弼撰《姓氏簿状》，十八州百十六郡，合七百一十二篇，甄析士庶无所遗。宋王弘、刘湛好其书。弘每日对千客，可不犯一人讳。湛为选曹，撰《百家谱》以助铨

① 参见杨冬荃《六朝时期家谱研究》，载《谱牒学研究》第4辑，书目文献出版社1995年版。

序，文伤寡省，王俭又广之，王僧孺演益为十八篇，东南诸族自为一篇，不入百家数。弼传子匪之，匪之传子希镜，希镜撰《姓氏要状》十五篇，尤所谙究。希镜传子执，执更作《姓氏英贤》一百篇，又著《百家谱》，广两王所记。执传其孙冠，冠撰《梁国亲皇太子序亲簿》四篇。王氏之学，本于贾氏。

北朝没有世代从事谱学研究的家族，但有一些著名的谱学家，如李神俊、高谅、宋绘等。《魏书》卷三九《李神俊传》云："神俊风韵秀举，博学多闻，朝廷旧章及人伦氏族，多所谙记。"《魏书》卷五七《高谅传》云："谅造《亲表谱录》四十许卷，自五世已下，内外曲尽。览者服其博记。"《北齐书》卷二〇《宋绘传》云："（绘）少勤学，多所博览，好撰述。魏时，张缅《晋书》未入国，绘依准裴松之注《国志》体，注王隐及《中兴书》。又撰《中朝多士传》十卷，《姓系谱录》五十篇。以诸家年历不同，多有纰缪，乃刊正异同，撰《年谱录》，未成。"

总之，南北朝时期的谱牒数量众多，门类齐全，南北朝各政权也都设有谱局，专门负责管理谱牒的搜集、整理等工作。这些谱牒是南北朝各种史书的重要史料来源之一。

2. 南北朝谱牒的作用

《通志》卷二五《氏族略·氏族序》云：

> 自隋唐而上，官有簿状，家有谱系。官之选举，必由于簿状。家之婚姻，必由于谱系。历代并有图谱局，置郎令史以掌之。仍用博通古今之儒，知撰谱事。凡百官族姓之有家状者，则上之官。为考订详实，藏于秘阁，副在左户。若私书有滥，则纠之以官籍。官籍不及，则稽之以私书。此近古之制，以绳天下，使贵有常尊，贱有等威者也。所以人尚谱系之学，家藏谱系之书。自五季以来，取士不问家世，婚姻不问阀阅，故其书散佚，而其学不传。

郑樵的这段文字是就整个中古而言的，也适用于南北朝。具体说来，南北朝谱牒的主要作用有如下四个：

第一，作为官方选官的依据，亦即郑樵所言"官之选举，必由于簿状"。赵翼《陔余丛考》"谱学"条所云"有司选举，必稽谱籍，故官有世胄，谱有世官，于是贾氏、王氏谱学出焉"，说的也是这层意思。南北朝各政权对门第高下都进行了严格的等级划分，有关的记述有：

晋世，挚虞作《族姓昭穆记》十卷，齐、梁之间，其书转广。后魏迁洛，有八氏十姓，咸出帝族。又有三十六族，则诸国之从魏者；九十二姓，世为部落大人者，并为河南洛阳人。其中国士人，则第其门阀，有四海大姓、郡姓、州姓、县姓。及周太祖入关，诸姓子孙有功者，并令为其宗长，仍撰谱录，纪其所承。又以关内诸州，为其本望。（《隋书》卷三三《经籍志·史部·谱系类后序》）

魏氏立九品，置中正，尊世胄，卑寒士，权归右姓已。其州大中正、主簿、郡中正、功曹，皆取著姓士族为之，以定门胄，品藻人物。晋、宋因之，始尚姓已。然其别贵贱，分士庶，不可易也。于时有司选举，必稽谱籍，而考其真伪。故官有世胄，谱有世官，贾氏、王氏谱学出焉。由是有谱局，令史职皆具。过江则为"侨姓"，王、谢、袁、萧为大；东南则为"吴姓"，朱、张、顾、陆为大；山东则为"郡姓"，王、崔、卢、李、郑为大；关中亦号"郡姓"，韦、裴、柳、薛、杨、杜首之；代北则为"虏姓"，元、长孙、宇文、于、陆、源、窦首之。（《新唐书》卷一九九《柳冲传》引柳芳《氏族论》）

梁武帝时曾派专人整理十八州谱。北朝官修族谱如北魏的《河南官氏志》，为姓氏家所崇尚[①]；又，王昶《金石萃编》卷二八《刁遵墓志》中说刁氏"姓氏之兴，录于《帝图》"；《新唐书》卷一一九《柳冲传》引柳芳《氏族论》云："魏太和时，诏诸郡中正，各列本土姓族次第为举选格，名曰'方司格'，人到于今称之。"《史通》卷三《书志》亦云："中原有《方司殿格》。"（到目前为止，还没有这种方司格的实物出土。）周一良先生推断："方思与方司未详孰是，但从卷帙之少可以推知，这是把天下各郡士族按门第高下排列成为表格，以便一目了然，类似唐朝的氏族志，而不是具有全部氏族的世系和人名的家谱族谱。"[②]不过，需要说明的是，这些方司格是官方做的谱牒，而不是民间保存的

① 郑樵：《通志》卷二五《氏族略》，中华书局 1987 年版，第 439 页。

② 周一良：《魏晋南北朝史学发展的特点》，载其《魏晋南北朝史论集》，北京大学出版社 1997 年版，第 397 页。

族谱。但是，官方的谱牒是由贵族官僚先自报材料，而后再经官方审核而成的。《通志》卷二五《氏族略·氏族序》所云“历代并有图谱局，置郎令史以掌之。仍用博通古今之儒，知撰谱事。凡百官族姓之有家状者则上之官。为考订详实，藏于秘阁，副在左户。若私书有滥，则纠之以官籍。官籍不及，则稽之以私书”就表明，官方谱牒是依据各宗族所上家状考订而成的。需要说明的是，朝廷管理谱牒的机构始于东晋咸和年间，但当时不叫图谱局，而是尚书省下面的左民曹。至萧齐时才“置郎令史以掌之”①。《魏书》卷一一三《官氏志》记有确定代族族姓的程序：“凡此定姓族者，皆具列由来，直拟姓族以呈闻，朕当决姓族之首末。其此诸状，皆须问宗族，列疑明同，然后勾其旧籍，审其官宦，有实则奏，不得轻信其言，虚长侥伪。不实者，诉人皆加‘传旨问而诈不以实’之坐，选官依‘职事答问不以实’之条。令司空公穆亮、领军将军元俨、中护军广阳王嘉、尚书陆琇等详定北人姓，务令平均。随所了者，三月一列簿帐，送门下以闻。”根据该诏令，确定代族姓族的程序分四步：(1)宗族成员上报祖上官职及爵位；(2)“勾其旧籍，审其官宦”，即执行者将宗族成员自报材料与官府档案相比照，以定其虚实；(3)对自报不实者作出裁决；(4)交皇帝审阅。这项工作每三个月进行一次。汉族宗族的相关情况史书阙载。根据《北齐书》卷三七《魏收传》中各大族成员以“遗其家世职位”、“其家不见记录”、“妄有非毁”等理由投诉魏收，皇帝让相关人员拿出自家谱牒上诉的相关情况看，汉族宗族谱牒的确定大抵与代族相仿。而这些投诉案经久不决则又表明，谱牒的确是政府选官的重要依据。由于谱牒如此重要，因此当时常常出现制作假族谱的事情，史书中“自云……人”往往就是在这种情况下出现的产物，如：“杨播，字延庆，自云恒农华阴人也”②；“宣帝后陈氏，名月仪，自云颍川人，大将军山提之第八女也”③；“张耀，字景世，自云南阳西鄂人也”④。南朝也有类似的情况，有关的记述有：

又有改注籍状，诈入仕流，昔为人役者，今反役人。(《南齐书》卷三

① 朱大渭、梁满仓：《魏晋南北朝宗族组织试探》，载《中国史研究》2009年第4期。

② 《魏书》卷五八《杨播传》。

③ 《北史》卷一四《齐宣帝后陈氏传》。

④ 《北史》卷四六《张耀传》。

四《虞玩之传》）

建武初，渊迁长水校尉。荒伧人王泰宝买袭琅邪谱，尚书令王晏以启高宗，渊坐被收，当极法，子栖长谢罪，稽颡流血，朝廷哀之，免渊罪。（《南齐书》卷五二《贾渊传》）

对谱牒与政府选官之间的关系，瞿林东先生曾指出："在门阀地主居于统治地位的时代，死人的历史地位直接关系到活人的现实社会利益。因此，史书对于历史人物的门第、郡望、谱系、功业的记述，也就格外为他们的后人们所重视。"①

南北朝谱牒的第二个作用是作为门第婚姻的凭据，亦即郑樵所说的"家之婚姻，必由于谱系"。门阀世族地位的维持在很大程度上依赖于其门风的持守，故其特别重视婚媾，士族与寒门之间的界限十分严格，禁止通婚。《南史》卷八〇《侯景传》云："又请娶于王、谢，帝曰：'王、谢门高非偶，可于朱、张以下访之。'"《玉海》卷五〇著录《诸氏族谱》时称"梁天监七年中丞王僧孺所撰，俾士流案此谱乃通婚姻"，表明当时通婚对象的确定都要以谱牒作为依据。《南齐书》卷五二《贾渊传》云："世传谱学。孝武世，青州人发古冢，铭云：'青州世子，东海女郎。'帝问学士鲍照、徐爰、苏宝生，并不能悉。渊对曰：'此是司马越女，嫁苟晞儿。'检访果然。由是见遇。"这个事例表明，世族的婚姻历史在谱牒当中都有记录，而贾渊能将前朝往事熟记在心则表明了谱牒在当时政治与社会生活中的重要性。与南朝相比，北朝皇权更为强大。北魏中后期以后，皇帝经常利用强大的皇权来约束婚姻等级。《魏书》卷五《文成帝纪》载："（和平四年）十有二月辛丑，诏曰：'名位不同，礼亦异数，所以殊等级，示轨仪。今丧葬嫁娶，大礼未备，贵势豪富，越度奢靡，非所谓式昭典宪者也。有司可为之条格，使贵贱有章，上下咸序，著之于令。'壬寅，诏曰：'夫婚姻者，人道之始。是以夫妇之义，三纲之首，礼之重者，莫过于斯。尊卑高下，宜令区别。然中代以来，贵族之门多不率法，或贪利财贿，或因缘私好，在于荀合，无所选择，令贵贱不分，巨细同贯，尘秽清化，亏损人伦，将

① 瞿林东：《说〈魏书〉非"秽史"说》，载其《中国史学散论》，湖南教育出版社 1992 年版，第 183～184 页。

何以宣示典谟，垂之来裔。今制皇族、师傅、王公侯伯及士民之家，不得与百工、伎巧、卑姓为婚，犯者加罪。”这说明孝文帝更加重视门阀婚姻等级问题。《资治通鉴》卷一四〇《齐纪》“齐明帝建武三年”条云：“魏主雅重门族，以范阳卢敏、清河崔宗伯、荥阳郑羲、太原王琼四姓，衣冠所推，咸纳其女以充后宫。陇西李冲以才识见任，当朝贵重，所结姻连，莫非清望；帝亦以其女为夫人。”《魏书》卷六〇《韩显宗传》所云“朝廷每选举人士，则校其一婚一宦，以为升降”，则直接点明了婚姻的这种重要政治作用，而确定联姻之家门第等级的依据就是谱牒。

南北朝谱牒的第三个作用是收族。北魏薛孝通《历叙世代贻后券》云：“大魏太昌元年□月十日，代郡刺史薛孝通，历叙世代贻后券。河东薛氏，为世大家，汉晋以来，名才秀出，国史家乘，著显光华者历数百年。厥后竟仕北朝，繁兴未艾。今远官代北，恐后子孙不谙祖德，为叙其世代以志，亦当知清门显德有所自也。”李传印先生认为：“这段话很清楚地说明处于鲜卑统治下的北方汉人士族的立谱动机有三：一是光耀祖德；二是告诫生活于鲜卑统治下的子孙不忘祖德；三是通过谱牒让子孙后代知道本家族清门显德的由来。当然，其根本目的就是要保持自己的思想和文化传统。”[①]笔者同意李传印先生的意见，但是笔者认为其终极目的是为了收族。五胡乱华背景下，宗族成员分散各地，利用谱牒以达收族之效的要求更为迫切。南朝的情况也是如此。

南北朝谱牒的第四个作用是便于社会交际。南北朝时，避讳之风盛行，时人交谈过程中不能触犯祖讳，所以士大夫们必须熟记谱牒。《梁书》卷二五《徐勉传》云：“勉居选官，彝伦有序，既闲尺牍，兼善辞令，虽文案填积，坐客充满，应对如流，手不停笔。又该综百氏，皆为避讳。”《新唐书》卷一九九《柳冲传》引柳芳《氏族论》曰：“晋太元中，散骑常侍河东贾弼撰《姓氏簿状》，十八州百十六郡，合七百一十二篇，甄析士庶无所遗。宋王弘、刘湛好其书。弘每日对千客，可不犯一人讳。”

3. 中古谱牒与宋元族谱之比较

前人研究谱牒多以南北朝或者两汉魏晋南北朝作为研究单元，并与宋

---

① 李传印：《北朝谱学与北朝政治》，载《史学月刊》2003年第4期。

元以后的族谱进行比较研究。其中的一些结论与本题密切相关,需要作进一步的辨析。有些学者认为中古谱牒与宋元以后家谱的区别之一就是维修原则不同。如宋燕鹏先生认为:“宗族性的谱牒除了极少数社会上层之外,其他社会阶层是否有很难说。即便有也是以五世为限。如高谅‘造《系表谱录》四十许卷,自五世以下,内外曲尽’。谱牒对于世族阶层来说,是对其政治、经济特权的一种外部界定。出土的汉唐间的敦煌家谱,受五世原则的影响,也多数仅止于五世,曾祖及曾祖的旁支都不记及。”[①]这种认识值得商榷。第一,事实上,南北朝谱牒中五世内外的情况都有[②],而且,世家大族的谱牒大都超出了五世范围。依据大量家谱修撰的《魏书》中的世系大都超出了五世范围,根据家谱写成的《宋书·自序》所记载的范围也远远超出了五世,即为明证。《颜氏家训》卷二《风操》所云“河北士人,虽三二十世,犹呼为从伯从叔”,也说明北朝的许多宗族三二十世之间的关系仍相当清晰。史书中也有一些实例可以为证。《隋书》卷七八《韦鼎传》云:“高祖尝从容谓之曰:‘韦世康与公相去远近?’鼎对曰:‘臣宗族分派,南北孤绝,自生以来,未尝访问。’帝曰:‘公百世卿族,何得尔也。’乃命官给酒肴,遣世康与鼎还杜陵,乐饮十余日。鼎乃考校昭穆,自楚太傅孟以下二十余世,作《韦氏谱》七卷。”另外,前引《高昌某氏残谱》是被剪作鞋样用了,在其五世之上还有作连接符号的线段,这说明虽然我们今天看到的只是五世的谱牒,但原件上应该还有更远的世系。第二,根据宋人的观点,似乎自唐而后的家谱多以五世为限,而汉唐时期谱牒的世系则要远一些。苏洵《嘉佑集》卷一四《谱例》云:“古者,诸侯世国,卿大夫世家,死者有庙,生者有宗,以相次也,是以百世而不相忘。

---

① 宋燕鹏:《南北朝宗族制度试探》,载殷宪主编《北朝史研究:中国魏晋南北朝史国际学术研讨会论文集》,商务印书馆 2004 年版,第 199～205 页。

② 李卿先生指出“维修原则应该是五世内外的情况都有可能存在。……在这一点上,历代可能没有什么变化。”(参见李卿《秦汉魏晋南北朝家族、宗族关系研究》,上海人民出版社 2005 年版,第 226 页)但其举的超过五世的例子只有《汉书》卷八一《孔光传》一例,并且认为历代没有什么变化。笔者认为:第一,南北朝士族的谱牒大都超过了五世;第二,相比较而言,可能宋代超出五世的情况比较少。具体论述见本文正文部分。另外,汉代尤其是西汉的谱牒本身就很少,超出五世的就更少了。所以笔者认为,历代可能没有什么变化的说法也难以成立。

此非独贤士大夫尊祖而贵宗，盖其昭穆存乎其庙，迁毁之主存乎其太祖之室，其族人相与为服，死丧嫁娶相告而不绝，则其势自至于不忘也。自秦、汉以来，仕者不世，然其贤人君子犹能识其先人，或至百世而不绝，无庙无宗而祖宗不忘，宗族不散，其势宜忘而独存，则由有谱之力也。盖自唐衰，谱牒废绝，士大夫不讲，而世人不载。于是乎由贱而贵者，耻言其先；由贫而富者，不录其祖，而谱遂大废。”苏洵所说的情况与宋燕鹏先生的观点正相反。杜正胜、王善军等先生也认为宋以后的谱牒以五世为限。[①] 第三，退一步而言，将五世内外作为中古谱牒与宋元以后家谱的区分标准也只是停留在表面上，没能深刻揭示出二者之间不同的社会意义。

中古谱牒与宋元以后家谱的关键区别应当是是否与政府选官有关。前引《通志》卷二五《氏族略·氏族序》讲的核心内容就是这个问题。宋元以后的谱牒主要作用是敬宗睦族、弘扬名教，其政治功能明显减弱。在这种大背景下，国家也很少过问私家谱牒。钱大昕《十驾斋养新录》卷一二“郡望”条云：“至宋而私谱盛行，朝廷不复过而问焉。”杜正胜先生对此有过一个系统总结：“中古谱牒均上呈官府，专员执掌，目的在于选官；宋元族谱是私家记述，目的在于收族。这是宋元以下族谱与中古谱牒的本质差异。……因为宋元以下的族谱既不是封建贵族的系本，也不是门阀世家的牒记，它是平民宗族成员的载录。它的目的在收系离散的宗族，但因为缺乏政治地位或权益的支持，不可能无限制地收族，只能以五服为限。”[②]

前人指出的中古谱牒与宋元以后家谱之间的另外一个不同点是魏晋南北朝时期的谱牒不具有普遍性。除前引宋燕鹏先生文之外，李卿先生也认为：“这一时期的谱牒多为世家大族所撰，庶族修纂谱牒的社会政治意义不大，也较少见庶族修谱的记载。所以说，在魏晋南北朝时期，谱牒多是士族的谱牒，在整个社会中不具有普遍性。在这一点上，与宋代以后的谱牒有很大的不同。自宋始，私家修谱更盛。这一时期谱牒修纂的主要社会目的是

① 参见杜正胜《传统家族试论》，载黄宽重、刘增贵主编《家族与社会》，中国大百科全书出版社2005年版，第1～88页；王善军《宋代宗族和宗族制度研究》，河北教育出版社2000年版，第41页。

② 杜正胜：《传统家族试论》，载黄宽重、刘增贵主编《家族与社会》，中国大百科全书出版社2005年版，第1～88页。

敬宗收族，人们不再以谱牒争门第高低了。"[1]的确，无论是传世文献还是考古出土资料，有关庶族谱牒的内容都很少，当时的谱牒是不是具有普遍性目前还不能下结论。但是李卿先生所说的理由却不成立，因为无论哪一时期的宗族都有敬宗收族的目的。就十六国与北朝而言，在战乱频仍、胡族统治中原的特殊背景下，无论世家大族还是庶族都极为重视敬宗收族，北方重同姓就是这种特殊背景的产物。[2]

（三）家训

家训属于族规的一种。就所见资料而言，南北朝时期只有家训及类似于家训的诫子书等，尚未出现像宋以后那种堪称规章制度的系统族规。在南北朝乡村宗族的家训中，最负盛名的是北齐颜之推所著的《颜氏家训》，该书也是中国历史上第一部有重大价值的家训专著。全书分《序致》、《教子》、《兄弟》、《后娶》、《治家》、《风操》、《慕贤》、《勉学》、《文章》、《名实》、《涉务》、《省事》、《止足》、《诫兵》、《养生》、《归心》、《书证》、《音辞》、《杂艺》、《终制》二十篇，论述了立身处世、治家教子、治学心得等内容。除《颜氏家训》外，南北朝的家训还有颜延之的《庭诰文》、任昉的《家诫》、徐勉的《诫子书》、张融的《门律自序》、王僧虔的《诫子书》、王褒的《幼训》、王筠的《与诸儿书论家世集》、杨椿的《诫子孙》、魏长贤的《复亲故书》、刁雍的教诫子孙的二十余篇、张烈的《家诫》、魏收的《枕中篇》及《诫子侄》等。

家训的主旨是对当世子孙进行家庭教育，但随着时间的推移，这些家训往往都传到了后代，起到了族规的作用。杨椿《诫子孙》中"正虑汝等后世不贤"就是要求当世子孙将之代代相传。

南北朝家训大量涌现的原因主要有：第一，就北朝而言，西晋灭亡之后的北方地区长期处于大动荡、大分裂状态，民族矛盾、阶级矛盾、统治阶级内

---

① 李卿：《秦汉魏晋南北朝家族、宗族关系研究》，上海人民出版社 2005 年版，第 226 页。

② 《南史》卷二五《王懿传》云："北土重同姓，并谓之骨肉，有远来相投者，莫不竭力营赡。若有一人不至者，以为不义，不为乡邑所容。仲德（王懿字）闻王愉在江南贵盛，是太原人，乃远来归愉。愉接遇甚薄，因至姑孰投桓玄。"《颜氏家训》卷二《风操》云："凡宗亲世数，有从父，有从祖，有族祖。江南风俗，自兹以往，高秩者，通呼为尊，同昭穆者，虽百世犹称兄弟；若对他人称之，皆云族人。河北士人，虽三二十世，犹呼为从伯从叔。"

部矛盾错综复杂地交织在一起，如何才能保证整个家族长期兴盛是每个家族都必须慎重考虑的问题。同一时期的南朝虽然没有民族矛盾，但是统治阶级内部的矛盾与阶级矛盾都非常尖锐，王朝更替频繁，各宗族首先关心的不是国家的兴旺，而是力图保持自己的家族长盛不衰。《魏书》卷三三《宋隐传》云："临终谓其子侄等曰：'苟能入顺父兄，出悌乡党，仕郡幸而至功曹史，以忠清奉之，则足矣，不劳远诣台阁。恐汝不能富贵，而徒延门户之累耳。若忘吾言，是为无若父也，使鬼而有知，吾不归食矣。'"宋隐在临终遗言中特别要求子孙后代不要去中央任职，主要是因为中央政府矛盾重重，他担心家庭在矛盾斗争中受创。第二，整个魏晋南北朝时期官学式微，家学兴盛，采用家训形式保持各自的家族文化是当时许多家族的惯常做法之一。

该时期家训的内容主要有以下几点：

第一，要求子弟刻苦学习。勤勉学习，是南北朝时期家训的一个主题。自东汉以来，许多家训都激励子弟勤读书、成大器。嵇康在《家诫》中指出："人无志，非人也。"《颜氏家训》卷三《勉学》教诲子女："古人勤学，有握锥投斧，照雪聚萤，锄则带经，牧则编简，亦为勤笃。梁世彭城刘绮，交州刺史勃之孙，早孤家贫，灯烛难辨，常买荻尺寸折之，燃明夜读。"南朝萧梁徐勉居高官，享厚禄，但甘愿过清贫简朴的生活。他不给下一代置田开栈，购船经商，认为"创辟田园"、"兴立邸店"、"货殖聚敛"并不能保证子孙长安久福，认为古人的"遗子满笼黄金，不如一部经书"，"信非徒语"，应该"遵奉斯义，不敢坠失"。[①] 王僧虔也要求子弟"尽读数百卷书耳"[②]。

第二，齐家要孝敬长辈，团结和睦。该时期的家训都要求子孙在处理家庭与家族关系时秉承儒家伦理，讲求孝悌。"夫妻敬爱"、"兄友弟恭"、"父慈子孝"的一类词句在这一时期的家训文献中随处可见。《魏书》卷五八《杨播传》中载有杨椿训诫子孙时的说辞："又吾兄弟，若在家，必同盘而食，若有近行，不至，必待其还，亦有过中不食，忍饥相待。"当时，很多宗族的成员都能严格遵循其家族的家训家规行事，《魏书》卷五七《崔挺传》云："孝伟等奉孝

① 《南史》卷六〇《徐勉传》。

② 《南史》卷二二《王僧虔传》。

芬尽恭顺之礼，坐食进退，孝芬不命则不敢也。鸡鸣而起，且温颜色，一钱尺帛，不入私房，吉凶有须，聚对分给。诸妇亦相亲爱，有无共之。”《陈书》卷二三《王玚传》云：“玚兄弟三十余人，居家笃睦，每岁时馈遗，遍及近亲，敦诱诸弟，并廪其规训。”

第三，生活要勤劳节俭。综观南北朝时期的家训著作，从豪门显贵到普通百姓，都主张节俭。《颜氏家训》卷三《勉学》中谈到：“素骄奢者，欲其观古人之恭俭节用，卑以自牧，礼为教本，敬者身基，瞿然自失，敛客抑志也。”士大夫如果奢侈会受到社会舆论的谴责；相反，节俭则受到称赞。

第四，要求后代将部分俸禄及其他财产散发给亲戚和邻里。士大夫认为将财产散给亲族及需要救助的邻里是应该的。如徐勉“虽居显职，不营产业，家无蓄积，俸禄分赡亲族之贫乏者”[①]。北魏杨椿家族成员位居高官的很多，他们多将部分俸禄和朝廷赏赐之物分散给亲戚、知已，因此广受赞誉。如果吝于散财而竭力积蓄的话，则会受到世人的谴责。如山东士族出身的封述家累万金，却不管亲人、友人生活多么艰苦，也不给予救助，因而遭到世人的非议。

第五，告诫子孙谨言慎行。南北朝时期，社会秩序混乱，人们的言行稍有不慎，即可能招致刑罚，甚至惹来杀身之祸。因此，为了保家兴族，许多士大夫在家训中告诫子孙要慎言慎行。北魏杨椿兄弟三人在孝文帝与冯太后身边任职，当时太后与皇帝关系微妙，两人之间有很多挑拨是非的人。兄弟三人就相互告诫：“今忝二圣近臣，母子间甚难，宜深慎之。又列人事，亦何容易，纵被瞋责，慎勿轻言。”[②]

第六，对于不能遵守家训家规者宗主要给予其严厉惩罚。《北齐书》卷二二《卢宗道传》云：“将赴营州，于督亢陂大集乡人，杀牛聚会。有一旧门生酒醉，言辞之间，微有疏失，宗道遂令沉之于水。”

南朝与北朝的家训内容也有一些差异。南朝都是由汉族建立的封建政权，儒家学说是其立国的基础，同时也维系着政权的存在。但当时佛、玄、道

① 《南史》卷六〇《徐勉传》。

② 《魏书》卷五八《杨椿传》。

也相当流行，因此南朝士族家训的内容也不仅局限于周孔之教，许多家训都浸染老、释之风。如梁王褒在《幼训》中讲道，“道家则惰支体，黜聪明，弃义绝仁，离形去智。释氏之义，见弱断习，证灭循道，明因辨果，偶凡成圣，斯虽为教等差，而义归汲引”，要求诸子弟“既崇周、孔之教，又兼循老、释之谈”。北方政权由经济、文化发展比较落后的少数民族建立，少数民族统治者为了树立自己的正统地位，也推崇儒家学说。受统治者的影响，北方世家大族也将儒家经典作为训诫子弟的主要内容。这一时期，汉族士大夫也开始注意少数民族文化，并将其纳入子弟的学习课程之中。《颜氏家训》卷一《教子》中记有北齐一位士大夫的话：“我有一儿，年已十七，颇晓书疏，教其鲜卑语及弹琵琶，稍欲通解，以此伏事公卿，无不宠爱，亦要事也。”

南北朝家训中反映出来的教育观念主要有以下两个方面：第一，和睦宗族。该时期的一个显著特征是门第观念在社会上根深蒂固，孝文帝改制更是将北朝门第等级法定化。在这种情况下，家族对于个人的发展就具有了前所未有的重要性。为了共同的家族利益，首先必须保证家族成员之间和睦相处。《颜氏家训》卷一《兄弟》云：

夫有人民而后有夫妇，有夫妇而后有父子，有父子而后有兄弟：一家之亲，此三而已矣。自兹以往，至于九族，皆本于三亲焉，故于人伦为重者也，不可不笃。兄弟者，分形连气之人也，方其幼也，父母左提右挈，前襟后裾，食则同案，衣则传服，学则连业，游则共方，虽有悖乱之人，不能不相爱也。及其壮也，各妻其妻，各子其子，虽有笃厚之人，不能不少衰也。娣姒之比兄弟，则疏薄矣；今使疏薄之人，而节量亲厚之恩，犹方底而圆盖，必不合矣。惟友悌深至，不为旁人之所移者，免夫！二亲既殁，兄弟相顾，当如形之与影，声之与响；爱先人之遗体，惜己身之分气，非兄弟何念哉？兄弟之际，异于他人，望深则易怨，地亲则易弭。譬犹居室，一穴则塞之，一隙则涂之，则无颓毁之虑；如雀鼠之不恤，风雨之不防，壁陷楹沦，无可救矣。仆妾之为雀鼠，妻子之为风雨，甚哉！兄弟不睦，则子侄不爱；子侄不爱，则群从疏薄；群从疏薄，则僮仆为雠敌矣。如此，则行路皆踖其面而蹈其心，谁救之哉？人或交天下之士，皆有欢爱，而失敬于兄者，何其能多而不能少也！人或将数万之师，得其死力，而失恩于弟者，何其能疏而不能亲也！娣姒者，多争之地也，使骨肉居之，亦不若各归四海，感霜露而相思，伫日月之相望也。况以行路之人，处多争之地，能无间者鲜矣。所以然者，以其当公务而执私情，处重责而怀薄义也；若能恕己而行，换子而抚，则此患不生矣。人之事兄，不可同于事父，何怨爱弟不及爱子乎？是反照而不明也。沛国刘琎，尝与兄瓛连栋隔壁，瓛呼之数声不应，良久方答；瓛怪问之，乃曰："向来未着衣帽故也。"以此事兄，可以免矣。江陵王玄绍，弟孝英、子敏，兄弟三人，特相爱友，所得甘旨新异，非共聚食，必不先尝，孜孜色貌，相见如不足者。及西台陷没，玄绍以形体魁梧，为兵所围；二弟争共抱持，各求代死，终不得解，遂并命尔。

颜之推在这段文字中论及兄弟、妯娌、子侄，从正反两面强调了维护家族和睦的重要性。第二，在官场上要进退有据。前引杨椿《诫子孙》云："汝等若能存礼节，不为奢淫骄慢，假不胜人，足免尤诮，足成名家。"魏收《枕中篇》告诫子孙："益不欲多，利不欲大。……能刚能柔，重可负也；能信能顺，险可走也；能智能愚，期可久也。"《颜氏家训》卷五《止足》云："先祖靖侯戒子侄曰：'汝家书生门户，世无富贵；自今仕宦不可过二千石，婚姻勿贪势家。'吾终身服膺，以为名言也。天地鬼神之道，皆恶满盈。谦虚冲损，可以免害。"杨椿、魏收、颜之推的这些文字都旨在告诫子孙后代在仕宦问题上要进退有据，不要为家族招惹祸根。

第二节　南北朝乡村宗族的组织功能

《白虎通义》卷八《宗族》云：

宗者，何谓也？宗者，尊也。为先祖主者，宗人之所尊也。《礼》曰："宗人将有事，族人皆侍。"古者所以必有宗，何也？所以长和睦也。大宗能率小宗，小宗能率群弟，通其有无，所以纪理族人者也。

族者，何也？族者，凑也，聚也。谓恩爱相流凑也。上凑高祖，下至玄孙，一家有吉，百家聚之，合而为亲。生相亲爱，死相哀痛，有会聚之道，故谓之族。

引文表明，所谓“宗族”，就是同族之人共同尊奉一个先祖，形成一种血缘组织，并对族人进行“纪理”与“流凑”，这也是宗族最本质的功能。但是，《白虎通义》是单就宗族作为血缘组织而言的，而事实上，在古代中国，宗族往往聚居于一地，即使在外做官者也和其原始聚居地保持着密切的联系，否则，就失去了其乡里根基。这样，宗族作为一种血缘组织往往又是一个地方上的社会组织，具有地方社会组织的种种功能。对于宗族的这一特点，李文治先生曾指出：

> (宗族)既是血缘为主的亲属团体，又是聚族而居的地缘单位，而且具有很多社会功能。特别是在控制基层社会方面，宗族的功能体现为内外二方面，一类是通过对宗族成员的控制，另一类是通过控制其他宗族或与其他宗族相联合，进而发挥控制地方事务的功能。当中央政府无法对基层社会实行有效控制的前提下，势力雄厚的大族往往就起而代之，成为维护封建统治的基层社会组织。[①]

徐勇先生也指出：

> 在古代乡村社会，除自上而下的行政权统治外，还包括有乡村社会成员自我管理内部事务、寓于社会之中的自治权因素。行政权与自治权的二元并存是古代中国乡村权力体系的重要特征。而自治权则与古代乡村社会的家族性特征及相应的自治组织功能相联系。[②]

李文治、徐勇两位先生的研究成果为我们正确理解宗族的社会功能提供了一个重要的认识线索。本节将循此线索分收族功能、地方自治功能、宗族自保功能三部分来探讨南北朝乡村宗族的组织功能。

一、收族功能

南北朝乡村宗族的收族功能主要体现在两个方面：一是为维护宗族组织的长期稳定，宗族内的赈济、让财、抚孤、侍寡嫂、养老等宗族成员间的互

---

① 李文治：《明代宗族制的体现形式及其基层政权作用——论封建所有制是宗法宗族制发展变化的最终根源》，载《中国经济史研究》1988 年第 1 期。

② 徐勇：《中国古代乡村行政与自治二元化权力体系分析》，载《中国史研究》1993 年第 4 期。

助;一是为加强宗族成员间的血缘认同感而定期进行的祭祀等活动。

(一)宗族内的赈济、让财、抚孤、侍寡嫂、养老等

赡济族中的孤寡贫疾者,实行经济协作,这在传统社会是重大事情之一,而这些功能的实现,尤其是对孤寡贫疾者的赡济,主要由宗族来承担,其实质是宗族中富贵之家对贫困者的资助。宗族内的赈济是南北朝乡村宗族收族功能的最重要的表现方式,它使整个家族更加稳定,更具有内聚力,同时也使资助者个体获得族人敬重。

1. 赈济贫穷族人。相关的记述有:

禄赐班于宗族,家无余财。(《宋书》卷四五《刘怀慎传》)

攸之性俭吝,子弟不得妄用财物,唯忞(异母弟)雍之所须,辄取斋中服饰,分与亲旧,以此为常。(《宋书》卷七四《沈攸之传》)

宗亲严弘、乡人潘伯等十五人,荒年并饿死,露骸不收,世期买棺器殡埋,存育孩幼。山阴令何曼之表言之。元嘉四年,有司奏榜门曰"义行严氏之闾",复其身徭役,蠲租税十年。(《宋书》卷九一《严世期传》)

(秉之)所得禄秩,悉散之亲故,妻子常饥寒。(《宋书》卷九二《江秉之传》)

(炫)罢江夏还,得钱十七万,于石头并分与亲族,病无以市药。(《南齐书》卷三二《褚炫传》)

(慰祖)父梁州之资,家财千万,散与宗族,漆器题为日字,日字之器,流乎远近。料得父时假贳文疏,谓族子纮曰:"彼有,自当见还;彼无,吾何言哉!"悉火焚之。(《南齐书》卷五二《崔慰祖传》)

怀慎孤贫独立,宗党哀之,日敛给其升米。(《南齐书》卷五五《崔怀慎传》)

(睿)性慈爱,抚孤兄子过于己子,历官所得禄赐,皆散之亲故,家无余财。(《梁书》卷一二《韦睿传》)

勉虽居显位,不营产业,家无蓄积,俸禄分赡亲族之穷乏者。(《梁书》卷二五《徐勉传》)

子野在禁省十余年,静默自守,未尝有所请谒,外家及中表贫乏,所得俸悉分给之。无宅,借官地二亩,起茅屋数间。妻子恒苦饥寒,唯以

教诲为本，子侄祗畏，若奉严君。（《梁书》卷三〇《裴子野传》）

缅在郡所得禄俸不敢用，乃至妻子不易衣裳，及还都，并供其母赈赡亲属，虽累载所畜，一朝随尽，缅私室常阒然如贫素者。（《梁书》卷三四《张缅传》）

（吁）临终，执歊手曰："气绝便敛，敛毕即埋，灵筵一不须立，勿设飨祀，无求继嗣。"歊从而行之。宗人至友相与刊石立铭，谥曰玄贞处士。（《梁书》卷五一《刘吁传》）

陵器局深远，容止可观，性又清简，无所营树，禄俸与亲族共之。太建中，食建昌邑，邑户送米至于水次，陵亲戚有贫匮者，皆令取之，数日便尽，陵家寻至乏绝。府僚怪而问其故。陵云："我有车牛衣裳可卖。余家有可卖不?"其周给如此。（《陈书》卷二六《徐陵传》）

（察）值梁室丧乱，于金陵随二亲还乡里。时东土兵荒，人饥相食，告籴无处，察家口既多，并采野蔬自给。察每崎岖艰阻，求请供养之资，粮粒恒得相继。又常以己分减推诸弟妹，乃至故旧乏绝者皆相分恤，自甘唯藜藿而已。（《陈书》卷二七《姚察传》）

（琼）园池室宇，无所改作，车马衣服，不尚鲜华，四时禄俸，皆散之宗族，家无余财。（《陈书》卷三〇《陆琼传》）

（法寿）性好酒，爱施，亲旧宾客率同饥饱，坎壈常不丰足。毕众敬等皆尚其通爱。（《魏书》卷四三《房法寿传》）

（景远）重然诺，好施与。频岁凶俭，分赡宗亲，又于通衢以食饿者，存济甚众。（《魏书》卷四三《房景远传》）

显祖平青齐，徙其望族于代。时诸士人流移远至，率皆饥寒。徙人之中，多允婚媾，皆徒步造门。允散财竭产，以相赡赈，慰问周至。无不感其仁厚。（《魏书》卷四八《高允传》）

（挺）三世同居，门有礼让。于后频值饥年，家始分析，挺与弟振推让田宅旧资，惟守墓田而已。家徒壁立，兄弟怡然，手不释卷。时谷籴踊贵，乡人或有赡者，遗挺，辞让而受，仍亦散之贫困，不为蓄积，故乡邑更钦叹焉。（《魏书》卷五七《崔挺传》）

说性开通，笃于抚恤，青齐之士，虽疏族末姻，咸相敬视。（《魏书》

卷六一《张谠传》)

高聪,字僧智,本渤海蓨人。……聪生而丧母,祖母王抚育之。大军攻克东阳,聪徙入平城,与蒋少游为云中兵户,窘困无所不至。族祖允视之若孙,大加赒给。(《魏书》卷六八《高聪传》)

初元忠以母老多患,乃专心医药,研习积年,遂善于方伎。性仁恕,见有疾者,不问贵贱,皆为救疗。家素富实,其家人在乡,多有举贷求利,元忠每焚契免责。乡人甚敬重之。(《北齐书》卷二二《李元忠传》)

(耀)每得禄赐,散之宗族,性节俭率素,车服饮食,取给而已。(《北齐书》卷二五《张耀传》)

(愔)自居大位,门绝私交。轻货财,重仁义,前后赏赐,积累巨万,散之九族,架箧之中,唯有书数千卷。(《北齐书》卷三四《杨愔传》)

(游道)历官严整,而时大纳贿,分及亲故之艰匮者,其男女孤弱为嫁娶之,临丧必哀,躬亲襄事。(《北齐书》卷四七《宋游道传》)

(佑)性节俭,所得禄皆散与宗族,身死之日,家无余财。(《周书》卷二七《蔡佑传》)

亲族有孤遗者,(孝宽)必加振赡。朝野以此称焉。(《周书》卷三一《韦孝宽传》)

(瑾)又好施与,家无余财,所得禄赐,常散之宗族。其尤贫者,又割膏腴田宇以赈之。所留遗子孙者,并硗埆之地。朝野以此称之。(《周书》卷三二《唐瑾传》)

裔性清约,不事生业,所得俸禄,并散之亲戚,身死之日,家无余财。(《周书》卷三六《司马裔传》)

寓居中山,孤贫无以自给。齐将独孤永业以宗族故,哀之,为买田宅,遗以资畜。(《北史》卷六一《独孤罗传》)

会吐谷浑来降,朝廷以宗女光化公主妻之,以謇之兼散骑常侍,送公主于西域。及突厥启人可汗求和亲,复令謇之送义成公主于突厥。前后使二国,得赠马二千余匹,杂物称是,皆散之宗族,家无余财。(《北史》卷六四《柳謇之传》)

通性柔谨,虽久处列位,常清慎自守。所得禄赐,尽与亲故共之,家

无余财。(《北史》卷六九《陆通传》)

2. 让财。有关的记述有：

凝之慕老莱、严子陵为人，推家财与弟及兄子，立屋于野外，非其力不食，州里重其德行。州三礼辟西曹主簿，举秀才，不就。妻梁州刺史郭铨女也。遣送丰丽，凝之悉散之亲属。妻亦能不慕荣华，与凝之共安俭苦。夫妻共乘薄笨车，出市买易，周用之外，辄以施人。(《宋书》卷九三《刘凝之传》)

养孤兄子，及长为婚，推家业尽与之。(《南齐书》卷五五《吴达之传附何伯玙传》)

公则为人敦厚慈爱，居家笃睦，视兄子过于其子，家则悉委焉。(《梁书》卷一〇《杨公则传》)

初，绍叔少失父，事母及祖母以孝闻，奉兄恭谨。及居显要，禄赐所得及四方贡遗，悉归之兄室。(《梁书》卷一一《郑绍叔传》)

蔼姊适征士同郡刘虬，亦明识有礼训。蔼为州，迎姊居官舍，参分禄秩，西土称之。(《梁书》卷一九《乐蔼传》)

六年，(亶)出为平西始兴王长史、南郡太守，父忧解职。居丧尽礼，庐于墓侧，遗财悉推诸弟。(《梁书》卷二八《夏侯亶传》)

頠少质直有思理，以言行笃信著闻于岭表。父丧毁瘠甚至。家产累积，悉让诸兄。(《陈书》卷九《欧阳頠传》)

从兄绵为剡县，赃污不少，籍没资财，舍乃推宅助焉。(《南史》卷三四《周舍传》)

修早孤，居丧以孝闻。二弟三妹并在幼弱，抚养训诲，甚有义方。次弟务早丧，修哀伤之，感于行路。爱育孤侄，同于己子。及将异居，奴婢田宅悉推与之，时人以此称焉。(《魏书》卷四五《裴修传》)

(于)谨平江陵，所赠得军实，分给诸子。翼一无所取，唯简赏口内名望子弟有士风者，别待遇之。太祖闻之，特赐奴婢二百口，翼固辞不受。(《周书》卷三〇《于翼传》)

世康性孝友，初以诸弟位并隆贵，独季弟世约宦途不达，共推父时田宅尽以与之。世多其义。(《北史》卷六四《韦世康传》)

3．抚孤。有关的记述有：

瞻幼孤，叔母刘抚养有恩纪，兄弟事之，同于至亲。（《宋书》卷五六《谢瞻传》）

兴宗幼立风概，家行尤谨，奉宗姑，事寡嫂，养孤兄子，有闻于世。（《宋书》卷五七《蔡兴宗传》）

智渊兄子概早孤，养之如子。（《宋书》卷五九《江智渊传》）

俭生而（父）僧绰遇害，为叔父僧虔所养。（《南齐书》卷二三《王俭传》）

几卿虽不持检操，然于家门笃睦。兄才卿早卒，其子藻幼孤，几卿抚养甚至。及藻成立，历清官公府祭酒、主簿，皆几卿奖训之力也。世以此称之。（《梁书》卷五〇《谢几卿传》）

（吁）后为伯父所养，事伯母及昆姊，孝友笃至，为宗族所称。（《梁书》卷五一《刘吁传》）

弘正幼孤，及弟弘让、弘直，俱为伯父侍中护军舍所养。（《陈书》卷二四《周弘正传》）

（景远）天性小急，不类家风，然事二兄至谨，抚养兄孤恩训甚笃。益州刺史傅竖眼慕其名义，启为昭武府功曹参军，以母丧不应，竖眼颇恨之。（《魏书》卷四三《房景远传》）

野睹少失父母，养于宗人利家。及长，好学善射。（《魏书》卷四四《薛野睹传》）

椿妻巨鹿魏悦之次女，明达有远操，多识往行前言。随夫在华州，兄子建在洛遇患，闻而星夜驰赴，肤容亏损，亲类叹尚之。尔朱荣妻北乡郡长公主深所礼敬。永安中，诏以为南和县君。内足于财，不以华饰为意。抚兄子收情同己子，存拯亲类，所在周恰。（《魏书》卷九三《王椿传》）

昭业生而为其叔子良所养。（《魏书》卷九八《萧昭业传》）

（子如）事姊有礼，抚诸兄子慈笃，当时名士并加钦爱，世以此称之。（《北齐书》卷一八《司马子如传》）

（愔）家门遇祸，唯有二弟一妹及兄孙女数人，抚养孤幼，慈旨温颜，

咸出人表。重义轻财，前后赐与，多散之亲族，群从弟侄十数人，并待而举火。(《北齐书》卷三四《杨愔传》)

先是，庆兄桧为魏兴郡守，为贼黄宝所害。桧子三人，皆幼弱，庆抚养甚笃。(《周书》卷二二《柳庆传》)

(柔)少孤，为叔母所养，抚视甚于其子。柔尽心温清，亦同己亲。宗族叹重之。(《周书》卷三二《卢柔传》)

文举少丧父，其兄又在山东，唯与弟玑幼相训养，友爱甚笃。玑又早亡，文举抚视遗孤，逾于己子。时人以此称之。(《周书》卷三七《裴文举传》)

4. 侍寡嫂、寡叔母等。有关的记述有：

兴宗幼立风概，家行尤谨，奉宗姑，事寡嫂，养孤兄子，有闻于世。(《宋书》卷五七《蔡兴宗传》)

(怀慰)养孤弟妹，事寡叔母，皆有恩义。(《南齐书》卷五三《刘怀慰传》)

云性笃睦，事寡嫂尽礼，家事必先咨而后行。(《梁书》卷一三《范云传》)

孝仪(刘潜字)为人宽厚，内行尤笃。第二兄孝能早卒，孝仪事寡嫂甚谨，家内巨细，必先咨决。与妻子朝夕供事，未尝失礼。世以此称之。(《梁书》卷四一《刘潜传》)

不佞最小，事第二寡嫂张氏甚谨，所得禄俸，不入私室。(《陈书》卷三二《殷不佞传》)

(运)事母及寡嫂甚谨，由是以孝闻。(《北史》卷六二《乐运传》)

5. 养老、送终。有关的记述有：

(钟)自陈情事，改葬父祖及亲属十丧，高祖厚加资给。(《宋书》卷四九《刘钟传》)

(湛之)年数岁，与弟淳之共车行，牛奔车坏，左右驰来赴之。湛之先令取弟，众咸叹其幼而有识。及长，颇涉文义，善自位待。事祖母及母，并以孝谨闻。(《宋书》卷七一《徐湛之传》)

郭世道，会稽永兴人也。生而失母，父更娶，世道事父及后母，孝道淳备。年十四，又丧父，居丧过礼，殆不胜丧。家贫无产业，佣力以养继母。妇生一男，夫妻共议曰："勤身供养，力犹不足，若养此儿，则所费者大。"乃垂泣瘗之。母亡，负土成坟，亲戚咸共赙助，微有所受，葬毕，佣赁倍还先直。服除后，哀戚思慕，终身如丧者，以为追远之思，无时去心，故未尝释衣袷。仁厚之风，行于乡党，邻村小大，莫有呼其名者。（《宋书》卷九一《郭世道传》）

一门既陷妖党，兄弟并应从诛，逃伏草泽，常虑及祸，而沈预家甚强富，志相陷灭。林子与诸兄昼藏夜出，即货所居宅，营墓葬父祖诸叔，凡六丧，俭而有礼。（《宋书》卷一〇〇《自序》）

吴达之，义兴人也。嫂亡无以葬，自卖为十夫客，以营冢椁。从祖弟敬伯夫妻荒年被略卖江北，达之有田十亩，货以赎之，与之同财共宅。郡命为主簿，固以让兄。又让世业旧田与族弟，弟亦不受，田遂闲废。建元三年，诏表门闾。（《南齐书》卷五五《吴达之传》）

初，绍叔少失父，事母及祖母以孝闻，奉兄恭谨。及居显要，禄赐所得及四方贡遗，悉归之兄室。（《梁书》卷一一《郑绍叔传》）

吁幼称纯孝，数岁，父母继卒，吁居丧，哭泣孺慕，几至灭性，赴吊者莫不伤焉。后为伯父所养，事伯母及昆姊，孝友笃至，为宗族所称。（《梁书》卷五一《刘吁传》）

奉世叔父母不异严亲，事兄嫂恭谨。外氏贫阙，恒营奉供养。禄奉所收，四方饷遗，皆班之亲戚，即日便尽。（《南史》卷五九《任昉传》）

经荒饥馑，系以疾疫，父母兄嫂及群从小功之亲男女死者十三人，达时病困，邻里以苇席裹之，埋于村侧。既而亲属皆尽，唯达夫妻获全。家徒四壁立，冬无被裤，昼则佣赁，夜则伐木烧砖，妻亦同达此诚，无有懈倦。达夜行遇猛兽，猛兽辄下道避之。期年中成七墓，葬十三棺，邻里嘉之。葬日，悉出赴助，送终之事，亦俭而周礼。达时逆取邻人夫直，葬毕，众悉以放之，达一无所受，皆佣力报答焉。（《南史》卷七三《吴达传》）

无盐房崇吉母傅氏，度世继外祖母兄之子妇也。兖州刺史申纂妻贾氏，崇吉之姑女也，皆亡破军途，老病憔悴。而度世推计中表，致其恭恤。每觐见傅氏，跪问起居，随时奉送衣被食物，亦存赈贾氏，供其服膳。青州既陷，诸崔坠落，多所收赎。及渊、昶等并循父风，远近疏属，叙为尊行，长者莫不毕拜致敬。(《魏书》卷四七《卢度世传》)

然(谭)孝事诸叔，尽于子道，国禄岁入，每以分赡，世以此称之。(《魏书》卷七一《裴谭传》)

早孤，供养伯父母以孝谨闻。伯父亡，服未终，伯母又亡。文爱居丧，持服六年，哀毁骨立。乡人魏中贤等相与标其孝义。(《魏书》卷八七《门文爱传》)

(彦谦)事伯父豹，竭尽心力，每四时珍果，弗敢先尝。遇期功之戚，必蔬食终礼，宗从取则焉。(《北史》卷三九《房彦谦传》)

许昭先，义兴人也。叔父肇之，坐事系狱，七年不判。子侄二十许人，昭先家最贫薄，专独料诉，无日在家。饷馈肇之，莫非珍新，家产既尽，卖宅以充之。肇之诸子倦怠，昭先无有懈息，如是七载。尚书沈演之嘉其操行，肇之事由此得释。昭先舅夫妻并疫病死亡，家贫无以殡送，昭先卖衣物以营殡葬。舅子三人并幼，赡护皆得成长。昭先父母皆老病，家无僮役，竭力致养，甘旨必从，宗党嘉其孝行。(《宋书》卷九一《许昭先传》)

少时孤贫，丐于宗党，得米数百斛，为宗人所侮，覆米而去。及贵，不以为憾，用为郡部传。(《梁书》卷一三《沈约传》)

劝诫后世子孙将多余物品散于他人也是士大夫家庭、家族教育的一项重要内容。《颜氏家训》卷五《止足》云：

天地鬼神之道，皆恶满盈。谦虚冲损，可以免害。人生衣趣以覆寒露，食趣以塞饥乏耳。形骸之内，尚不得奢靡，己身之外，而欲穷骄泰邪？周穆王、秦始皇、汉武帝，富有四海，贵为天子，不知纪极，犹自败累，况士庶乎？常以二十口家，奴婢盛多，不可出二十人，良田十顷，堂室才蔽风雨，车马仅代杖策，蓄财数万，以拟吉凶急速，不啻此者，以义散之；不至此者，勿非道求之。

宗族乡里的这种舆论力量在族人仕途发展上也存在着一定的影响，直接关乎着族人入仕与否的政治命运。富有者资助宗族成员的行为会博得整个宗族成员的美誉，从而获得政治资本。《魏书》卷五七《崔挺传附崔振传》载："少有学行，居家孝友，为宗族所称。"这种舆论力量的作用正如唐长孺先生所言："个人与乡里与家族不可分割，仕宦之始在乡里，进身之途在操行。"①

（二）祭祀活动

祭祀是宗族收族功能的一种重要表现形式，通过对祖先及神灵的祭祀，能不断强化族人的血缘观念，加强宗族的内聚力。从内容上讲，南北朝乡村宗族的祭祀活动主要有各家族对祖先的祭祀和乡村的社祭两种。

根据文献记载，南北朝的祭祖活动与前代大体相同。《魏书》卷一〇八之一《礼志一》云：

> （太和）十六年正月戊午，诏曰："夫四时享祀，人子常道。然祭荐之礼，贵贱不同。故有邑之君，祭以首时，无田之士，荐以仲月。"

南北朝时期的宗族祭祖活动有墓寝和祠庙两种形式。② 墓寝是指在墓地建的祠堂进行祭祀。《宋书》卷一六《礼志三》云："陵上称寝殿，象生之具，古寝之意也。"《宋书》卷一六《礼志三》记载，南朝刘宋人何承天说，"庶人无庙，故祭于寝"。祠庙是指在居住地建的祠堂。史书中相关实例有：《宋书》卷九一《郭原平传》云："父丧既终，自起两间小屋，以为祠堂。每至节岁烝尝，于此数日中，哀思，绝饮粥。"《魏书》卷四二《寇治传》云："治兄弟并孝友敦穆，白首同居。父亡虽久，而犹于平生所处堂宇，备设帏帐几杖，以时节开堂列拜，垂泪陈荐，若宗庙然。吉凶之事必先启告，远出行反亦如之。"《北史》卷八四《徐孝肃传》云："孝肃早孤，不识父。及长，问其母父状，因画工图其形，构庙置之而定省焉，朔望享祭。"对于因贫穷而建不起祠庙的孝义之人，朝廷还下诏为其建立祠堂。《周书》卷三六《司马裔传》云："（司马）裔性清约，不事生产，所得俸禄，并散之亲戚。身死之日，家无余财。宅宇卑陋，丧庭无所，诏为起祠堂焉。"因为祭祖是忠孝的主要表现之一，也是封建礼仪

① 唐长孺：《魏晋南北朝的君父先后论》，载《魏晋南北朝史论拾遗》，中华书局1983年版，第235页。

② 参见朱大渭、梁满仓《魏晋南北朝宗族组织试探》，载《中国史研究》2009年第4期。

的重要内容之一，所以上自皇帝，下至平民百姓都非常重视祭祖，并有大臣对祭祖进行专门研究，《魏书》卷三五《崔浩传》记载，崔浩曾经“作《家祭法》，次序五宗，蒸尝之礼，丰俭之节，义理可观”。崔浩《家祭法》已亡佚，但从其传记可知，他对祭祖的研究非常细致，且得到了时人的认可。但是，由于受佛教影响，社会上已有否定传统祭祖的思想。《颜氏家训》卷七《终制》云：

> 四时祭祀，周、孔所教，欲人勿死其亲，不忘孝道也。求诸内典，则无益焉。杀生为之，翻增罪累。若报罔极之德，霜露之悲，有时斋供，及七月半盂兰盆，望于汝也。

与这种思想相对应，通过造像等形式为家族亡人祈福的活动已逐渐在北朝民间展开。“王盆生造像记”的发愿文云：“保定四年，□□□□□□□□朔十五日已□佛子王盆生敬□□□□□□□为天龙八部，下为人（王）帝王七世父母，见在父，过去母，合门大小年已上百岁以来，恒愿在西方供养无量寿佛，复为一切法界众生生生世世侍佛闻法。（造像人）祖父王喜、祖母张香香、父王普是、母甑香、母乐女香、母□□香、息男伏□、息男伏荣、息女端政、息男伏奴、息男伏敬。”①此外，见诸记载的还有：翟蛮造像记“为亡父母洛难弟”、吉长命造像记“为亡父母”、李买造像记“下为七世父母，因缘眷属，并及亡妻”、张始孙造像记“上为父母妻存亡眷属”、王频造像记“愿令亡夫”，等等②。这些通过佛教造像为亡人祈福的活动是祭祖的一种变式。

乡村中的社祭主要在春秋两个社日进行，社日是乡村里一个盛大的节日，此日全族男女老少都要会集于社，先举行隆重的祭神仪式，之后再进行饮宴、游乐等活动。《北史》卷三三《李士谦传》载：

> 李氏宗党豪盛，每春秋二社，必高会极宴，无不沈醉喧乱。尝集士谦所，盛馔盈前，而先为设黍。谓群从曰：“孔子称黍为五谷之长，荀卿亦云食先黍稷，古人所尚，宁可违乎！”少长肃然，无敢驰惰，退而相谓曰：“既见君子，方觉吾徒之不德也。”

---

① 王昶辑：《金石萃编》（第一册）卷三六，中国书店1985年版。

② 转引自侯旭东《五、六世纪北方民众佛教信仰》，中国社会科学出版社1998年版，第224～225页。

从引文中我们还可以看出，与“少长肃然”的赵郡李氏不同，大多数宗族的社日活动是“必高会极宴，无不沈醉喧乱”。这表明，北朝社祭活动的祭祀功能已大大弱化，娱乐性大为增强，更多体现的是通过社祭活动加强宗族内聚力的功能。

二、地方自治功能

顾炎武《日知录·乡亭之职》云：

> 天下之治始于里胥，终于天子，其灼然者矣。

马端临《文献通考·自序》云：

> 役民者，官也；役于官者，民也。郡有守，县有令，乡有长，里有正，其位不同，而皆役民者也。

顾、马二氏都是从中央集权专制权力体系的角度而言的，而实际上如本节开头所引徐勇先生所论，“在古代乡村社会，除自上而下的行政权统治外，还包括有乡村社会成员自我管理内部事务、寓于社会之中的自治权因素。行政权与自治权的二元并存是古代中国乡村权力体系的重要特征。而自治权则与古代乡村社会的家族性特征及相应的自治组织功能相联系”。依笔者理解，徐先生所表达的意思是，古代乡村社会权力系统是政权与族权紧密结合在一起的，宗族组织担负着一定的地方统治职能。就南北朝而言，乡村宗族具有负责地方教化、负责宗族成员教育、处理宗族内部及各宗族之间的纠纷、影响地方政治等功能。

(一)负责地方教化

十六国时期的坞壁主就是宗主凭借个人在宗族及乡里的影响建立起坞壁的，这本身就说明宗主对地方教化的作用；北魏前期，这些坞壁主成为拥有大量荫附人口的大户户主，他们对其荫附人口也负有教化责任；三长制实行后，政府以诏令的形式要求三长推举当地的“贤而长者”，以此推行教化。有关记述前文已引，这里不再赘述。

如果宗族成员有犯罪行为，族长甚至全族成员都要依法承担相应的法律责任。有关的记述有：

> 冬十月丁酉，诏曰：“兵制峻重，务在得宜。役身死叛，辄考傍亲，流

迁弥广，未见其极。遂令冠带之伦，沦陷非所。宜革以弘泰，去其密科。自今犯罪充兵合举户从役者，便付营押领。其有户统及谪止一身者，不得复侵滥服亲，以相连染。”(《宋书》卷三《武帝纪下》)

吴兴余杭民薄道举为劫。制同籍期亲补兵。道举从弟代公、道生等并为大功亲，非应在补谪之例，法以代公等母存为期亲，则子宜随母补兵。承天议曰：“寻劫制，同籍期亲补兵，大功不在此例。妇人三从，既嫁从夫，夫死从子。今道举为劫，若其叔尚存，制应补谪，妻子营居，固其宜也。但为劫之时，叔父已没，代公、道生并是从弟，大功之亲，不合补谪。今若以叔母为期亲，令代公随母补兵，既违大功不谪之制，又失妇人三从之道。由于主者守期亲之文，不辨男女之异，远嫌畏负，以生此疑，惧非圣朝恤刑之旨。谓代公等母子并宜见原。”(《宋书》卷六四《何承天传》)

幼文兄叔文为长水校尉，及诸子侄在京邑方镇者并诛。(《宋书》卷六五《杜骥传》)

义熙五年，吴兴武康县民王延祖为劫，父睦以告官。新制，凡劫身斩刑，家人弃市。睦既自告，于法有疑。时叔度为尚书，议曰：“设法止奸，本于情理，非为一人为劫，合门应刑。所以罪及同产，欲开其相告，以出为恶之身。睦父子之至，容可悉共逃亡，而割其天属，还相缚送，螫毒在手，解腕求全，于情可愍，理亦宜宥。使凶人不容于家，逃刑无所，乃大绝根源也。睦既纠送，则余人无应复告，并全之。”从之。(《宋书》卷六六《何尚之传》)

昙朗走入村中，村民斩之，传首京师，悬于朱雀观。于是尽收其宗族，无少长皆弃市。(《陈书》卷三五《熊昙朗传》)

天嘉五年，陈宝应平，并擒异送都，斩于建康市，子侄及同党无少长皆伏诛，唯第三子贞臣以尚主获免。(《陈书》卷三五《留异传》)

(中大同元年)秋七月甲子，诏自今有犯罪者，非大逆，父母祖父母勿坐。(《南史》卷七《梁本纪中》)

詧遣将尹正、薛晖等攻拔之，获瓛、岸等并其母妻子女，并斩于襄阳北门。詧母龚保林数岸于众，岸曰：“老婢教汝儿杀汝叔，乃枉杀忠良。”

謦命拔其舌，脔杀而烹之。尽诛诸杜宗族亲者，幼弱下蚕室，又发其坟墓，烧其骸骨，灰而扬之，并以为漆梱。(《南史》卷六四《杜岸传》)

(太和五年)，诏曰："法秀妖诈乱常，妄说符瑞，兰台御史张求等一百余人，招结奴隶，谋为大逆，有司科以族诛，诚合刑宪。且矜愚重命，犹所弗忍。其五族者，降止同祖；三族，止一门；门诛，止身。"(《魏书》卷七《孝文帝纪上》)

及平中山，发普骈柩，斩其尸，收议害觚者高霸、程同等，皆夷五族，以大刃剉杀之。(《魏书》卷一五《元觚传》)

岳兄子路有罪，诸父兄弟悉诛，特赦岳父子。(《魏书》卷二八《庾业延传》)

李䜣列其隐罪二十余条，显祖大怒，皇兴四年冬，诛敷兄弟，削顺位号为庶人。敷从弟显德、妹夫广平宋叔珍等，皆坐关乱公私，同时伏法。(《魏书》卷三六《李顺传》)

以从弟伯尚同元禧之逆，在州禁止，征还京师。虽不知谋，犹坐功亲免除官爵。久之，起兼将作大匠，敕参定朝仪、律令。(《魏书》卷三九《李贤传》)

廷尉少卿崔振穷治罪状，按琇大逆，陆宗大小，咸见收捕。(《魏书》卷四〇《陆俟传》)

太和中，坐从兄闻慰南叛，与二弟文颢、季友被徙北边，高祖特听还代。(《魏书》卷四三《刘文晔传》)

从叔元庆、范镇等坐法寿被州郡切责，时月相继，宗族甚患之。(《魏书》卷四三《房法寿传》)

时世祖怒甚，敕允为诏，自(崔)浩已下、僮吏已上百二十八人皆夷五族。(《魏书》卷四八《高允传》)

思明至骁骑将军、直阁将军，坐弟思和同元禧逆徙边。(《魏书》卷五六《郑义传》)

以臣赤心凄凄之见，宜枭诸两观，洿其舍庐，腾合斫棺析骸，沉其五族。(《魏书》卷六〇《韩熙传》)

后员与伯父子禽可共为飞书，诬谤朝政。事发，有司执宪，刑及五

族。(《魏书》卷八三《闾毗传》)

高宗立,诛爱、周等,皆具五刑,夷三族。(《魏书》卷九四《宗爱传》)

三公郎中崔鸿议曰:"案律'卖子有一岁刑;卖五服内亲属,在尊长者死,期亲及妾与子妇流'……"(《魏书》卷一一一《刑罚志》)

犯大逆者,亲族男女无少长皆斩……(《魏书》卷一一一《刑罚志》)

穷验款引,搜嵩家,果得谶书。洁与南康公狄邻及嵩等皆夷三族,死者百余人。(《北史》卷二五《刘洁传》)

武定三年正月十五日,因高祖夜戏,谋将窃发。有人告之,令捕穷治,事皆得实。胄及子弟并诛。(《北齐书》卷一九《任延敬传》)

文襄时为大将军,握晞等手曰:"我弟并向成长,志识未定,近善狎恶,不能不移。吾弟成立,不负义方,卿禄位常亚吾弟。若苟使回邪,致相诖误,罪及门族,非止一身。"(《北齐书》卷三一《王晞传》)

显祖末年,既多猜害,追忿隆之,诛其子德枢等十余人,并投漳水。(《北齐书》卷一八《高隆之传》)

庚子,东平王道符谋反于长安,其司马段太阳斩之,传首京师。道符兄弟皆伏诛。(《北史》卷二《魏本纪》)

时以犯罪配边者多有逃越,遂立重制,一人犯罪逋亡,阖门充役。挺上书,以为《周书》父子罪不相及,以一人犯罪,延及阖门,岂不哀哉!辞甚雅切,帝纳之。(《北史》卷三二《崔挺传》)

僧深坐兄僧佑与沙门法秀谋反,徙薄骨律镇。(《北史》卷四四《崔亮传》)

纂长子世云,轻险无行。累迁颍州刺史,肆行奸秽。将见推,惧,遂从侯景。文襄犹以子如恩旧,免其诸弟死罪,徙北边。(《北史》卷五四《司马子如传》)

小子钟,年甫数岁,获免。……并害五子,年十五以下者宥之。(《北史》卷五四《斛律金传》)

上引史料中,连坐的范围包括五族、三族、门诛、房诛等。根据邓奕琦先生的研究,在北朝其各自的范围是,五族(诛同籍):坐五服内所有亲属(即寻常九族)外,同姓同宗而无服亲(族人)、同户籍依附人口(奴婢、部曲、佃客)

亦从坐。由于直系亲属很少九族并存，诛同籍实际是针对同一高祖的所有宗族成员及依附人口。三族：坐同曾祖下本宗亲属，即寻常七族。门诛（又称“门房之诛”）：坐祖孙、父母、妻子、同产（兄弟及其妻子、未嫁姊妹），即寻常五族。房诛：坐罪犯本人妻、子、孙，不及父母兄弟，即寻常三族（代）。[①] 南朝当与北朝相近。在这种连坐法律体系下，个人的行为将危及整个家族。族中长者从家族利益的角度出发，对族人进行道德教化，这必然是家族教育的一项重要内容，也是宗族教化功能的一种表现。

（二）负责宗族成员教育

魏晋以降，受长期战乱的影响，传统学校教育渐趋衰落而家学日盛。陈寅恪先生曾指出：“河陇一隅所以经历东汉末、西晋、北朝长久之乱世而能保存汉代中原之学术者，不外前文所言家世与地域之二点，易言之，即公立学校之沦废，学术之中心移于家族，太学博士之传授变为家人父子之世业，所谓南北朝之家学者是也。”[②]为维持家世不坠，各宗族都非常重视家学。陈寅恪先生曾指出：“夫士族之特点既在其门风之优美，不同于凡庶，而优美之门风实基于学业之因袭，故士族家世相传之学业乃与当时政治社会有极重要之影响。”[③]就南北朝而言，当时士大夫都特别重视家学。《北史》卷八一《儒林传序》云：“《论语》、《孝经》，诸学徒莫不通讲。”《颜氏家训》卷三《勉学》亦云：“士大夫子弟，数岁以上，莫不被教，多者或至《礼》、《传》，少者不失《诗》、《论》。”

南北朝时期的各家族，尤其是士族，都非常重视学术文化。这一时期，在儒学、玄学、文学、艺术、医学等众多领域都出现了一些著名的家族。

由于儒学的特殊社会功能，南北朝时期的儒学在家学教育中始终占据着重要的地位。有关的记述有：

> 王准之，字元曾，琅邪临沂人。高祖彬，尚书仆射。曾祖彪之，尚书令。祖临之，父纳之，并御史中丞。彪之博闻多识，练悉朝仪，自是家世

---

① 参见邓奕琦《北朝法制研究》，中华书局 2005 年版。

② 陈寅恪：《隋唐制度渊源略论稿》，三联书店 2001 年版，第 22～23 页。

③ 陈寅恪：《隋唐制度渊源略论稿》，三联书店 2001 年版，第 260 页。

相传，并谙江左旧事，缄之青箱，世人谓之“王氏青箱学”。准之兼明《礼》、《传》，赡于文辞。（《宋书》卷六〇《王准之传》）

傅昭，字茂远，北地灵州人，晋司隶校尉咸七世孙也。祖和之，父淡，善《三礼》，知名宋世。……永明初，以昭为南郡王侍读。（《梁书》卷二六《傅昭传》）

贺玚字德琏，会稽山阴人，晋司空循之玄孙也。世以儒术显。伯祖道养工卜筮。……祖道力善《三礼》，有盛名，仕宋为尚书三公郎，建康令。父损亦传家业。……玚于《礼》尤精，馆中生徒常数百，弟子明经对策至数十人。二子革、季，弟子琛，并传玚业。（《南史》卷六二《贺玚传》）

愔一门四世同居，家甚隆盛，昆季就学者三十余人。（《北齐书》卷三四《杨愔传》）

魏晋时期，玄学兴起，士族人物多以玄立名。因此，以玄入儒、儒玄双修便成为南北朝时期家庭教育的一大特色。对此，唐长孺先生曾经指出：“永嘉乱后，大批名士南渡，本来盛行于京洛的玄学和一些新的理论，从此随着这些渡江名士传播到江南。以琅玡王氏、陈郡谢氏、殷氏为首的侨姓高门在江左大畅玄风固不必论，一向偏于保守的江南学门，如吴郡陆氏、会稽虞氏、贺氏等，虽然大体上仍传授汉代以来累世相承的家学，但也不免逐渐为侨人风尚所移，开始重视玄理。特别是吴郡张氏，家世相传，研习玄学，受到新学风的影响更深。”①其实例如：

立宅南郭外，立学聚生徒。东海徐秀，庐江何昙、黄回，颍川荀子华，太原孙宗昌、王延秀，鲁郡孔惠宣并慕道来游，谓之南学。王球常云：“尚之西河之风不坠。”尚之亦云：“球正始之风尚在。”……（子）偃素好谈玄，注《庄子逍遥篇》传于时。（《南史》卷三〇《何尚之传》）

每宾友会同，颙虚席晤语，辞韵如流，听者忘倦。兼善《老》、《易》，与张融相遇，辄以玄言相滞，弥日不解。……弘正字思行。父宝始，梁司徒祭酒。弘正幼孤，及弟弘让、弘直俱为伯父舍所养。年十岁，通《老

① 唐长孺：《魏晋南北朝隋唐史三论》，武汉大学出版社 1992 年版，第 217 页。

子》、《周易》。……子确，字士潜，美容仪，宽大有行检。博涉经史，笃好玄言。(《南史》卷三四《周朗传》)

文学世家以陈郡谢氏最为典型。除山水诗人谢灵运及“永明诗”体发起人之一谢朓之外，谢瞻、谢庄、谢朏、谢惠连亦早有盛名。琅玡王氏的文学也很突出。《梁书》卷三三《王筠传》云：“筠性警寤，七岁能属文。年十六，为《芍药赋》，甚美。……又与诸儿书论家世集云：‘史传称安平崔氏及汝南应氏，并累世有文才，所以范蔚宗云崔氏“世擅雕龙”。然不过父子两三世耳；非有七叶之中，名德重光，爵位相继，人人有集，如吾门世者也。沈少傅约语人云：“吾少好百家之言，身为四代之史，自开辟已来，未有爵位蝉联，文才相继，如王氏之盛者也。”汝等仰观堂构，思各努力。’”北朝门第也重文学教育，《北史》卷八三《文苑传序》记载的北朝文学之士有范阳卢氏、清河崔氏、赵郡李氏、河东裴氏、渤海高氏等。

书法世家以北魏清河崔氏最负盛名。《魏书》卷二四《崔玄伯传》云：“玄伯自非朝廷文诰，四方书檄，初不染翰，故世无遗文。尤善草隶行押之书，为世摹楷。玄伯祖悦与范阳卢谌，并以博艺著名。谌法钟繇，悦法卫瓘，而俱习索靖之草，皆尽其妙。谌传子偃，偃传子邈；悦传子潜，潜传玄伯。世不替业。故魏初重崔卢之书。又玄伯之行押，特尽精巧，而不见遗迹。子浩，袭爵，别有传。次子简，字冲亮，一名览。好学，少以善书知名。”

音乐世家以谯郡戴氏最为著名。《宋书》卷九三《戴颙传》云：“戴颙，字仲若，谯郡铚人也。父逵，兄勃，并隐遁有高名。颙年十六，遭父忧，几于毁灭，因此长抱羸患。以父不仕，复修其业。父善琴书，颙并传之，凡诸音律，皆能挥手。会稽剡县多名山，故世居剡下。颙及兄勃，并受琴于父。父没，所传之声，不忍复奏，各造新弄，勃五部，颙十五部。颙又制长弄一部，并传于世。”

南北朝时期的医学世家也很多。《南史》卷三二《徐文伯传》云：“文伯，字德秀，濮阳太守熙曾孙也。熙好黄、老，隐于秦望山，有道士过求饮，留一瓠卢与之，曰：‘君子孙宜以道术救世，当得二千石。’熙开之，乃《扁鹊镜经》一卷，因精心学之，遂名震海内。生子秋夫，弥工其术，仕至射阳令。……秋夫生道度、叔向，皆能精其业。道度有脚疾不能行，宋文帝令乘小舆入殿，为诸皇子疗疾，无不绝验。位兰陵太守。"北朝的例子如："周澹，京兆鄠人也。为人多方术，尤善医药，为太医令。……子驴驹，袭，传术。"①

天文历算方面，以范阳祖氏家族的成就最为突出。《南史》卷七二《祖冲之传》云："始元嘉中，用何承天所制历，比古十一家为密。冲之以为尚疏，乃更造新法，上表言之。孝武令朝士善历者难之，不能屈。会帝崩不施行。……又特善算。……著《易》、《老》、《庄义》，释《论语》、《孝经》，注《九章》，造《缀术》数十篇。子暅之。暅之，字景烁，少传家业，究极精微，有亦巧思。……父所改何承天历时尚未行，梁天监初，暅之更修之，于是始行焉。位至太舟卿。暅之子皓，志节慷慨，有文武才略。少传家业，善算历。"

为保持家族的文化传统优势，南北朝各大宗族还特别注重对子弟的说教和劝诫。其中，最有名的就是颜之推的《颜氏家训》，另外还有魏收的《枕中篇》、《诫子侄》。

（三）处理宗族内部及各宗族之间的纠纷

1. 处理宗族内部纠纷

宗族内部的纠纷，一般尽量求得在族内解决，由族长进行调解或裁决。有关的记述有：

> 徐孝肃，汲郡人也。宗族数十家，多以豪侈相尚，唯孝肃俭约。事亲以孝闻。虽在幼小，宗党间每有争讼，皆至孝肃所平论，短者无不引咎而退。（《北史》卷八四《徐孝肃传》）
>
> 昱第六叔舒妻，武昌王和之妹，和即叉之从祖父。舒早丧，有一男六女，及终丧而元氏频请别居。昱父椿乃集亲姻泣而谓曰："我弟不幸早终，今男未婚，女未嫁，何匆匆便求离居？"不听，遂怀憾焉。（《魏书》卷五八《杨椿传》）

杨昱是作为尊长召集宗族成员处理族内事务的，而元氏"遂怀憾焉"，表明元氏最终没能分居的终极原因是杨椿"不听"。杨椿"不听"，具有元魏皇室强大背景的元氏便不能分居，可见尊长杨椿的命令是极富强制性的。可能北朝政府赋予了宗族尊长相当大的自治权力，只是史料阙如，我们只能推断

① 《魏书》卷九一《周澹传》。

而已。

2. 处理各宗族之间的纠纷

宗族之间由于种种原因往往会发生争端，在战乱较多的南北朝时期更是如此。宗族之间发生冲突时，往往采用血亲复仇的方式，血亲复仇反过来又促进了宗族内部的团结。而从社会治安角度考虑，南北朝的法律都禁止血亲复仇。有关的记述有：

(太清元年)八月乙丑，王师北伐，以南豫州刺史萧渊明为大都督。诏曰："今汝南新复，嵩、颍载清，瞻言遣黎，有劳鉴寐，宜覃宽惠，与之更始。应是缘边初附诸州部内百姓，先有负罪流亡，逃叛入北，一皆旷荡，不问往愆。并不得挟以私仇而相报复。若有犯者，严加裁问。"(《梁书》卷三《武帝纪》)

(太延元年)十有二月甲申，诏曰："操持六柄，王者所以统摄；平政理讼，公卿之所司存；劝农平赋，宰民之所专急；尽力三时，黔首之所克济。各修其分，谓之有序，今更不然，何以为治？越职侵局，有紊纲纪；上无定令，民知何从？自今以后，亡匿避难，羁旅他乡，皆当归还旧居，不问前罪。民相杀害，牧守依法平决，不听私辄报复，敢有报者，诛及宗族；邻伍相助，与同罪。州郡县不得妄遣吏卒，烦扰民庶。若有发调，县宰集卿邑三老计赀定课，裒多益寡，九品混通，不得纵富督贫，避强侵弱。太守覆检能否，核其殿最，列言属州。刺史明考优劣，抑退奸吏，升进贞良，岁尽举课上台。牧守荷治民之任，当宣扬恩化，奉顺宪典，与国同忧。直道正身，肃居官次，不亦善乎？"(《魏书》卷四《太武帝纪上》)

(保定三年夏四月)初禁天下报仇，犯者以杀人论。(《周书》卷五《武帝纪》)

虽然法律禁止复仇，但是南北朝复仇的例子并不少。

一门既陷妖党，兄弟并应从诛，逃伏草泽，常虑及祸，而沈预家甚强富，志相陷灭。林子与诸兄昼藏夜出，即货所居宅，营墓葬父祖诸叔，凡六丧，俭而有礼。……沈预虑林子为害，常被甲持戈。至是林子与兄田子还东报仇。五月夏节日至，预正大集会，子弟盈堂，林子兄弟挺身直入，斩预首，男女无长幼悉屠之，以预首祭父、祖墓。(《宋书》卷一

〇〇《自序》)

父庆之遇害,诸子见收,文叔谓之曰:“我能死,尔能报。”遂自杀。文季挥刀驰马去,收者不敢追,遂免。……升明元年,沈攸之反,齐高帝加文季冠军将军、督吴兴钱唐军事。初,庆之之死也,攸之求行,至是文季收攸之弟新安太守登之,诛其宗族,以复旧怨,亲党无吹火焉。君子以文季能报先耻。齐国建,为侍中,领秘书监。(《南史》卷三七《沈庆之传》)

王早,渤海南皮人也。明阴阳九宫及兵法,尤善风角。太宗时,丧乱之后,多相杀害。有人诣早求问胜术,早为设法,令各无咎。由是州里称之。时有东莞郑氏,因为同县赵氏所杀。其后郑氏执得仇人赵氏,又克明晨会宗族,当就墓所刑之。赵氏求救于早,早为占候,并授以一符,曰:“君今且还,选壮士七人,令一人为主者,佩此符,于鸡鸣时伏在仇家宅东南二里许。平旦,当有十人相随,向西北行,中有二人乘黑牛,一黑牛最在前,一黑牛应第七。但捉取第七者将还,事必无他。”赵氏从之,果如其言,乃是郑氏五男父也。诸子并为其族所宗敬,故和解二家,赵氏竟免。(《魏书》卷九一《王早传》)

时叔毗兄君锡为循中记室参军,从子映录事参军,映弟晰中直兵参军,并有文武材略,各领部曲数百人。(曹)策等忌之,惧不同己,遂诬以谋叛,擅加害焉。循寻讨策等,擒之,斩晓而免策。及循降,策至长安。叔毗朝夕号泣,具申冤状。朝议以事在归附之前,不可追罪。叔毗内怀愤惋,志在复仇。然恐违朝宪,坐及其母,遂沉吟积时。母知其意。谓叔毗曰:“汝兄横罹祸酷,痛切骨髓。若曹策朝死,吾以夕殁,亦所甘心,汝何疑焉。”叔毗拜受母言,愈更感励。后遂白日手刃策于京城,断首刳腹,解其肢体。然后面缚,请就戮焉。太祖嘉其志气,特命赦之。(《周书》卷四六《杜叔毗传》)

护儿未识而孤,养于世母吴氏。吴氏提携鞠养,甚有慈训。……始侯景之乱,护儿世父为乡人陶武子所害,吴氏每流涕为护儿言之。武子宗族数百家,厚自封植。护儿每思复怨,因其有婚礼,乃结客数人,直入其家,引武子斩之,宾客皆慑不敢动。乃以其头祭伯父墓,因潜伏岁余。

(《北史》卷七六《来护儿传》)

由于复仇事件多符合孝道伦理,所以在实际执行过程中往往会有一些变通。有关的记述有:

时会稽剡县民黄初妻赵打息载妻王死亡。遇赦,王有父母及息男称、息女叶,依法徙赵二千里外。隆议之曰:"原夫礼律之兴,盖本之自然,求之情理,非从天堕,非从地出也。父子至亲,分形同气,称之于载,即载之于赵,虽云三世,为体犹一,未有能分之者也。称虽创巨痛深,固无仇祖之义。若称可以杀赵,赵当何以处载?将父子孙祖,互相残戮,惧非先王明罚,咎由立法之本旨也。向使石厚之子、日磾之孙,砥锋挺锷,不与二祖同戴天日,则石碏、秺侯何得流名百代,以为美谈者哉。旧令云,'杀人父母,徙之二千里外'。不施父子孙祖明矣。赵当避王期功千里外耳。令亦云,'凡流徙者,同籍亲近欲相随者,听之'。此又大通情体,因亲以教爱者也。赵既流移,载为人子,何得不从;载从而称不行,岂名教所许?如此,称、赵竟不可分。赵虽内愧终身,称当沈痛没齿,孙祖之义,自不得永绝,事理固然也。"从之。(《宋书》卷五五《傅隆传》)

朱谦之,字处光,吴郡钱唐人也。父昭之,以学解称于乡里,谦之年数岁,所生母亡,昭之假葬田侧,为族人朱幼方燎火所焚。同产姊密语之,谦之虽小,便哀戚如持丧。年长不婚娶。永明中,手刃杀幼方,诣狱自系。县令申灵勖表上,别驾孔稚珪、兼记室刘琎、司徒左西掾张融笺与刺史豫章王曰:"礼开报仇之典,以申孝义之情;法断相杀之条,以表权时之制。谦之挥刃酬冤。既申私礼;系颈就死,又明公法。今仍杀之,则成当世罪人;宥而活之,即为盛朝孝子。杀一罪人,未足弘宪;活一孝子,实广风德。张绪陆澄,是其乡旧,应具来由。融等与谦之并不相识,区区短见,深有恨然。"豫章王言之世祖,时吴郡太守王慈、太常张绪、尚书陆澄并表论其事,世祖嘉其义,虑相复报,乃遣谦之随曹虎西行。将发,幼方子恽于津阳门伺杀谦之,谦之之兄选之又刺杀恽,有司以闻。世祖曰:"此皆是义事,不可问。"悉赦之。吴兴沈𫖮闻而叹曰:"弟死于孝,兄殉于义。孝友之节,萃此一门。"(《南齐书》卷五五《朱谦

之传》）

（四）影响地方政治

宗族自治功能指依靠宗族组织本身来管理宗族内部及当地地方事务，而不依赖于国家政治统治的力量。但宗族往往又通过担任或控制地方基层公职来实现宗族及地方自治，其重要表现有如下三种：

1. 宗族首领出任乡村基层官吏

北魏前期，县以下的基层行政组织几近瘫痪。到太和十年（486年），由李冲提议，参照故制建立三长制。

三长制下，三长由“乡里强谨者”担任，负责所辖家户的户籍、赋税、治安、教化等事项。

2. 出任州郡县官员

地方豪强还通过长期担任州郡县官员而影响当地政治。有关的记述有：

崇祖启明帝曰：“淮北士民，力屈胡虏，南向之心，日夜以冀。崇祖父伯并为淮北州郡，门族布在北边，百姓所信，一朝啸咤，事功可立。第名位尚轻，不足威众，乞假名号，以示远近。”明帝以为辅国将军、北琅邪兰陵二郡太守。亡命司马从之谋袭郡，崇祖讨捕斩之。数陈计算，欲克复淮北。（《南齐书》卷二五《垣崇祖传》）

陈宝应，晋安侯官人也。世为闽中四姓。父羽，有材干，为郡雄豪。宝应性反复，多变诈。梁代晋安数反，累杀郡将，羽初并扇惑合成其事，后复为官军乡导破之，由是一郡兵权皆自己出。侯景之乱，晋安太守、宾化侯萧云以郡让羽，羽年老，但治郡事，令宝应典兵。是时东境饥馑，会稽尤甚，死者十七八，平民男女，并皆自卖，而晋安独丰沃。宝应自海道寇临安、永嘉及会稽、馀姚、诸暨，又载米粟与之贸易，多致玉帛子女，其有能致舟乘者，亦并奔归之，由是大致赀产，士众强盛。侯景平，元帝因以羽为晋安太守。（《陈书》卷三五《陈宝应传》）

崔挺兄弟，风操高亮，怀文抱质，历事著称，见重于朝野，继世承家，门族并著，盖所谓彼有人焉。（《魏书》卷五七《崔挺传》）

泉企字思道，商洛丰阳人也。世雄商洛。曾祖景言，魏建节将军，假宜阳郡守，世袭本县令，封丹水侯。父安志，复为建节将军、宜阳郡守，领本县令，降爵为伯。企九岁丧父，哀毁类于成人。服阕袭爵。年十二，乡人皇平、陈合等三百余人诣州请企为县令。州为申上，时吏部尚书郭祚以企年少，未堪宰民，请别选遣，终此一限，令企代之。魏宣武帝诏曰："企向成立，且为本乡所乐，何为舍此世袭，更求一限。"遂依所请。(《周书》卷四四《泉企传》)

李迁哲，字孝彦，安康人也。世为山南豪族，仕于江左。祖方达，齐末，为本州治中。父元真，仕梁，历东宫左卫率、东梁衡二州刺史、散骑常侍、沌阳侯。……大同二年，除安康郡守。……大统十七年，太祖遣达奚武、王雄等略地山南，迁哲率其所部拒战，军败，遂降于武。然犹意气自若。武乃执送京师。太祖谓之曰："何不早归国家，乃劳师旅。今为俘虏，不亦愧乎?"答曰："世荷梁恩，未有报效，又不能死节，实以此为愧耳。"太祖深嘉之，即拜使持节、车骑大将军、散骑常侍，封沌阳县伯，邑千户。……迁哲累世雄豪，为乡里所率服。……第六子敬猷嗣，还统父兵，起家大都督。(《周书》卷四四《李迁哲传》)

杨乾运，字玄邈，傥城兴势人也。为乡隅豪族。父天兴，齐安康郡守。乾运少雄武，为乡闾所信服。弱冠，州辟主簿。孝昌初，除宣威将军、奉朝请，寻为本州治中，转别驾，除安康郡守。……子端嗣。朝廷以乾运归附之功，即拜端梁州刺史、车骑大将军、仪同三司。(《周书》卷四四《杨乾运传》)

任果，字静鸾，南安人也。世为方隅豪族，仕于江左。祖安东，梁益州别驾、新巴郡守、阆中伯。父褒，龙骧将军、新巴南安广汉三郡守、沙州刺史、新巴县公。果性勇决，志在立功。魏废帝元年，率所部来附。太祖嘉其远至，待以优礼。果因面陈取蜀之策，太祖深纳之。乃授使持节、车骑大将军、仪同三司、大都督、散骑常侍、沙州刺史、南安县公，邑一千户。(《周书》卷四四《任果传》)

王遇，字庆时，本名他恶，冯翊李润镇羌也。与雷、党、不蒙俱为羌中强族。自云其先姓王，后改氏钳耳，世宗时复改为王焉。自晋氏以来，恒为渠长。父守贵，为郡功曹，卒。(《魏书》卷九四《王遇传》)

破六韩常，字保年，附化人，匈奴单于之裔也。右谷蠡王潘六奚没于魏，其子孙以潘六奚为氏，后人讹误，以为破六韩。世领部落，其父孔雀，世袭酋长。孔雀少骁勇。时宗人拔陵为乱，以孔雀为大都督、司徒、平南王。（《北齐书》卷二七《破六韩常传》）

令狐整，字延保，敦煌人也，本名延。世为西士冠冕。曾祖嗣，祖绍安，官至郡守，咸为良二千石。父虬，早以名德著闻，仕历瓜州司马、敦煌郡守、郢州刺史，封长城县子。魏大统末，卒于家。周文帝伤悼之，遣使者监护丧事，又敕乡人为营坟垄。赠龙骧将军、瓜州刺史。整幼聪敏，沈深有识量，学艺骑射并为河右所推。刺史魏东阳王元荣辟整为主簿，加荡寇将军。

整以国难未宁，常愿举宗效力，遂率乡亲二千余人入朝，随军征讨。……累迁骠骑大将军、开府仪同三司，加侍中。周文又谓整曰："卿勋同娄、项，义等骨肉，立身敦雅，可以范人。"遂赐姓宇文氏，并赐名整焉。宗人二百余户，并列属籍。

整弟休，幼聪敏，有文武材用。与整同起兵逐张保，授帅都督。后为中外府乐曹参军。……乃以休为敦煌郡守。在郡十余年，甚有政绩。卒于合州刺史。（《北史》卷六七《令狐整传》）

上引材料中"世为山南豪族"、"为乡隅豪族"、"世为方隅豪族"、"为羌中强族"、"世为西士冠冕"等内容表明，这些人物都是地方豪族；"州辟主簿"、"拜端梁州刺史"、"为沙州刺史"、"仕历瓜州司马、敦煌郡守、郢州刺史"、"乃以休为敦煌郡守"[①]等内容表明，这些人都任职于州郡县等各级地方政府；"第六子敬猷嗣，还统父兵"、"子端嗣。朝廷以乾运归附之功，即拜端梁州刺史"、"自晋氏以来，恒为渠长"等内容表明，这些豪族都是连续几代做地方官员。

3. 影响并控制地方选举

宗族对地方选举的影响和控制主要体现在两个方面，一是当时的选举

① 这些叙述之中也有虚夸之处，如李迁哲祖父于齐末为本州治中，父元真仕梁为东宫左卫率等，不尽可信。参见鲁西奇《西魏北周时代"山南"的"方隅豪族"》，载《中国史研究》2009年第1期。

制度为九品中正制度，“九品中正制度是门阀地主在政治上的命根子，有了这一制度，才能切实保证门阀地主世代袭断政治大权”①。《魏书》卷六六《崔亮传》云：

时羽林新害张彝之后，灵太后令武官得依资入选。官员既少，应选者多，前尚书李韶循常擢人，百姓大为嗟怨。亮乃奏为格制，不问士之贤愚，专以听解日月为断。虽复官须此人，停日后者终于不得；庸才下品，年月久者灼然先用。沉滞者皆称其能。亮外甥司空咨议刘景安书规亮曰：“殷周以乡塾贡士，两汉由州郡荐才，止晋因循，又置中正。谛观在昔，莫不审举，虽未尽美，足应十收六七。而朝廷贡秀才，止求其文，不取其理；察孝廉唯论章句，不及治道；立中正不考人才行业，空辨氏姓高下。至于取士之途不溥，沙汰之理未精。而舅属当铨衡，宜须改张易调。如之何反为停年格以限之？天下士子谁复修厉名行哉！”亮答书曰：“汝所言乃有深致。吾乘时邀幸，得为吏部尚书。当其壮也，尚不如人，况今朽老而居帝难之任。常思同升举直，以报明主之恩；尽忠竭力，不为贻厥之累。昨为此格，有由而然，今已为汝所怪，千载之后，谁知我哉？”可静念吾言，当为汝论之。……后甄琛、元修义、城阳王徽相继为吏部尚书，利其便己，踵而行之。自是贤愚同贯，泾渭无别，魏之失才，从亮始也。

《魏书》卷七八《孙绍传》云：

延昌中，绍表曰：“……中正卖望于下里，主按舞笔于上台，真伪混淆，知而不纠，得者不欣，失者倍怨。使门齐身等，而泾渭奄殊；类应同役，而苦乐悬异。士人居职，不以为荣；兵士役苦，心不忘乱。故有竞弃本生，飘藏他土。或诡名托养，散在人间；或亡命山薮，渔猎为命；或投仗强豪，寄命衣食。又应迁之户，逐乐诸州；应留之徒，避寒归暖。兼职人子弟，随逐浮游，南北东西，卜居莫定。关禁不修，任意取适。如此之徒，不可胜数。爪牙不复为用，百工争弃其业。混一之计，事实阙如；考

① 郑欣：《门阀地主的形成、特点、作用及崩溃》，载其《魏晋南北朝史探索》，山东大学出版社1989年版，第22页。

课之方，责办无日。流浪之徒，决须精校。今强敌窥时，边黎伺隙，内民不平，久戍怀怨，战国之势，窃谓危矣。必造祸源者，北边镇戍之人也。”

《周书》卷二三《苏绰传》中，苏绰在所上《六条诏书》的第四条“擢贤良”中指出：

今刺史守令，悉有僚吏，皆佐治之人也。刺史府官则命于天朝，其州吏以下，并牧守自置。自昔以来，州郡大吏，但取门资，多不择贤良；末曹小吏，唯试刀笔，并不问志行。夫门资者，乃先世之爵禄，无妨子孙之愚瞽；刀笔者，乃身外之末材，不废性行之浇伪。若门资之中而得贤良，是则策骐骥而取千里也；若门资之中而得愚瞽，是则土牛木马，形似而用非，不可以涉道也。若刀笔之中而得志行，是则金相玉质，内外俱美，实为人宝也；若刀笔之中而得浇伪，是则饰画朽木，悦目一时，不可以充榱椽之用也。今之选举者，当不限资荫，唯在得人。苟得其人，自可起厮养而为卿相，伊尹、傅说是也，而况州郡之职乎。苟非其人，则丹朱、商均虽帝王之胤，不能守百里之封，而况于公卿之胄乎。

到南北朝后期，地方大族对选举的影响开始有所减弱。唐长孺先生指出：“我们完全可以相信南北朝后期北朝的举秀孝和南朝的明经射策从考试内容上特别是从放宽门第限制上说已经为唐代科举制度开辟了道路。”①

宗族对地方选举的影响和控制另一方面的表现是，根据规定，许多地方官吏限用本地人，如北魏“郡太守属官有丞、中正、功曹、主簿、五官、省事、录事等，自主簿以下官吏，限用本郡人，由太守自选”②，而太守自选官吏首先考虑的就是地方大族的利益。

另外，从地方官员对当地强宗大族的妥协态度上，我们也可以获知一些强宗大族对当地政治具有影响力的信息。《宋书》卷四八《朱龄石传》云：

袁乱之后，武康人姚系祖招聚亡命，专为劫盗，所居险阻，郡县畏惮不能讨。龄石至县，伪与系祖亲厚，召为参军。系祖恃其兄弟徒党强

① 唐长孺：《南北朝后期科举制度的萌芽》，载其《魏晋南北朝史论续编》，三联书店1959年版，第131页。

② 杜士铎主编：《北魏史》，山西高校联合出版社1992年版，第292页。

盛，谓龄石必不敢图己，乃出应召。龄石潜结腹心，知其居北涂径，乃要系祖宴会，叱左右斩之。乃率吏人驰至其家，掩其不备，莫有得举手者，悉斩系祖兄弟，杀数十人，自是一郡得清。

从文中可以看出，大部分官吏对姚氏采取妥协态度。史书中关于地方官吏与地方强族相妥协的例子非常多，如：

(瑀)以母忧去职，起为余姚令。县大姓虞氏千余家，请谒如市，前后令长莫能绝。自瑀到，非诉讼无所通，以法绳之。县南又有豪族数百家，子弟纵横，递相庇荫，厚自封植，百姓甚患之。瑀召其老者为石头仓监，少者补县童，皆号泣道路，自是权右屏迹。(《南史》卷七〇《沈瑀传》)

州中有德宿老名望重者，(馥)以友礼待之，询之政事，责以方略。如此者十人，号曰“十善”。又简取诸县强门百余人，以为假子，旅接殷勤，赐以衣服，令各归家，为耳目于外。于是发奸摘伏，事无不验。百姓以为神明，无敢劫盗者。(《魏书》卷四〇《陆馥传》)

三崤地险，人多寇劫。而宽性滑稽，诱接豪右，宿盗魁帅，与相交结，倾衿待遇，不逆细微，莫不感其意气。时官无禄力，唯取给于人，宽善抚纳，招致礼遗，大有取受，而与之者无恨。又恒农出漆蜡竹木之饶，路与南通，贸易来往，家产丰富，而百姓乐之。诸镇之中，号曰能政。及解镇，人人追恋，诣阙上疏者三百余人。(《北史》卷二一《崔宽传》)

(企)后除上洛郡守。及萧宝夤反，遣兵趣青泥，图取上洛，豪族泉、杜二姓密应之。企与刺史董绍掩袭，二姓散走，宝夤亦退。迁淅州刺史，别封泾阳县伯。永安中，大破梁将王玄真于顺阳，除东雍州刺史，进爵为侯。部人杨羊皮，太保椿之从弟，恃椿，侵扰百姓。守宰多被其陵侮，皆畏而不敢言。企收之，将加极法。杨氏惭惧，阖宗请恩。自此豪右无敢犯者。性又清约，纤毫不扰于人。在州五年，每于乡里运米自给。梁魏兴郡与洛州接壤，表请内属。诏企为行台尚书以抚纳之。大行台贺拔岳以企昔莅东雍，为吏人所怀，乃表企复为刺史。诏许之。蜀人张国俊聚党剽劫，州郡不能制，企收戮之，阖境清肃。(《北史》卷六六《泉企传》)

十二年春，（览）出为吴兴太守。中书舍人黄睦之家居乌程，子弟专横，前太守皆折节事之。览未到郡，睦之子弟来迎，览逐去其船，杖吏为通者。自是睦之家杜门不出，不敢与公私关通。郡境多劫，为东道患，览下车肃然，一境清谧。（《梁书》卷一五《谢览传》）

豫章民胡诞世率其宗族破郡县，杀太守及县令。（《宋书》卷二六《天文志》）

（云）又为始兴内史，旧郡界得亡奴婢，悉付作；部曲即货去，买银输官。云乃先听百姓志之，若百日无主，依判送台。又郡相承后堂有杂工作，云悉省还役，并为帝所赏。郡多豪猾大姓，二千石有不善者，辄共杀害，不则逐之。边带蛮俚，尤多盗贼，前内史皆以兵刃自卫。云入境，抚以恩德，罢亭候，商贾露宿，郡中称为神明。（《南史》卷五七《范云传》）

从以上事例可以看出，除个别酷吏之外，大部分地方官吏都会采取与地方大族相互妥协的态度，由此可见地方大族对一方政治影响力之大。

三、宗族自保功能

每当遭遇社会动乱，宗族往往聚族自保，以对抗外来势力的侵扰。北魏初期的中原形势是堡坞林立，王朝一开始对之实行的基本上是武力征服与野蛮掠夺的政策[①]，坞壁主往往聚族自保，不与王朝合作。后来，王朝承认宗主作为大户户主对其所荫附人口的所有权，坞壁主遂纷纷率众归附。现将《魏书》卷三《明元帝纪》，卷四、卷五《太武帝纪》中北魏统一北方前三十年间的相关情况汇集如下：

（永兴三年）夏四月戊寅，河东蜀民黄思、郭综等率营部七百余家内属。……（六月），西河胡张贤等率营部内附。

（永兴五年）夏四月，河东民薛相率部内属。

① 《魏书》卷二《道武帝纪》"皇始元年"条中"帝初拓中原，留心慰纳，诸士大夫诣军门者，无少长，皆引入赐见，存问周悉，人得自尽，苟有微能，咸蒙叙用"，所指的对中原士大夫的"留心慰纳"，仅仅是让他们制礼作乐。参见同书同卷："（天兴元年）十有一月辛亥，诏尚书吏部郎中邓渊典官制，立爵品，定律吕，协音乐；仪曹郎中董谧撰郊庙、社稷、朝觐、飨宴之仪；三公郎中王德定律令，申科禁；太史令晁崇造浑仪，考天象；吏部尚书崔玄伯总而裁之。"

(神瑞元年六月)河西胡酋刘遮、刘退孤率部落等万余家,渡河内属。

(神瑞二年),司马德宗琅邪太守刘朗,率二千余家内属。庚子,河西胡刘云等,率数万户内附。……河南流民二千余家内属。……河南流民,前后三千余家内属。

(泰常二年),汝南民胡哗等万余家相率内属。……氐豪徐骇奴、齐元子等,拥部落三万于雍,遣使内附,诏将军王洛生及河内太守杨声等西行以应之。

三年春正月丁酉朔,帝自长川诏护高车中郎将薛繁率高车丁零十二部大人众北略,至弱水,降者二千余人,获牛马二万余头。河东胡、蜀五千余家相率内属。

(泰常五年)夏四月,河西屠各帅黄大虎、羌酋不蒙娥等遣使内附。……十有二月丁亥,杏城羌酋狄温子率三千余家内附。

(泰常七年冬十月),四方蕃附大人各率所部从者五万余人。……司马爱之、秀之先聚党济东,皆率众来降。

(泰常八年),河东蜀薛定、薛辅率五千余家内属。

(始光三年)武都氐王杨玄及沮渠蒙逊等皆遣使内附。……三城胡酋鹊子相率内附。

(神䴥元年冬十月),上郡屠各隗诘归率万余家内属。

(太延四年),十二月丁巳,车驾至自北伐。上洛巴泉革等相率内附。

(太平真君五年)慕利延从弟伏念、长史鹎鸠梨、部大崇娥等率其部一万三千落内附。

这些坞壁主在归附之前都是聚族自保,与政府保持着若即若离的关系。在归附之后,也只是作为一个地方大户向国家缴纳赋税,其结构到实行三长制之前一直没有发生大的变化。孝文帝实行三长制时,胡汉矛盾基本消除,社会基本稳定,宗族自保功能才大大弱化。而在北魏末年及北齐的政治混乱时期,大族又再次聚族自保。《北史》卷三三《李元忠传》云:

及葛荣起,元忠率宗党作垒以自保,坐于大槲树下,前后斩违命者凡三百人。贼至，元忠辄却之。葛荣曰："我自中山至此，连为赵李所破，则何以能成大事？"乃悉众攻围，执元忠以随军。贼平，就拜南赵郡太守。

这些聚族自保的宗族，常常凭借着自己的武装力量，或对抗地方政府，或为害乡里，甚者驱逐地方长官，公然与王朝对抗。有关的记述有：

中山太守仇儒亡匿赵郡，推群盗赵准为主，号使持节、征西大将军、冀青二州牧、巨鹿公，仇儒为准长史，聚党扇惑。诏中领军长孙肥讨平之。

夏四月，前清河太守傅世聚党千余家，自号抚军将军。

……(八月)，范阳人卢溥，聚众海滨，称使持节、征北大将军、幽州刺史，攻掠郡县，杀幽州刺史封沓干。(《魏书》卷二《道武帝纪》)

先是，州人张孟都、张洪建、马潘、崔独怜、张叔绪、崔丑、张天宜、崔思哲等八家，皆屯保林野，不臣王命，州郡号曰"八王"。(《魏书》卷一八《临淮王孚传》)

先是，宫牛二姓阻险为害，仲琁示以威惠，并即归伏。(《魏书》卷三六《李仲琁传》)

除立忠将军、河北太守。郡带山河，路多盗贼。有韩马两姓，各二千余家，恃强凭险，最为狡害，劫掠道路，侵暴乡闾。胤至郡之日，即收其奸魁二十余人，一时戮之。于是群盗慑气，郡中清肃。(《魏书》卷四二《薛胤传》)

初，广平人李波，宗族强盛，残掠生民。前(相州)刺史薛道檦往讨之，波率其宗族拒战，大破檦军。遂为逋逃之薮，公私成患。百姓为之语曰："李波小妹字雍容，褰裙逐马如卷蓬，左射右射必叠双。妇女尚如此，男子那可逢！"安世设方略诱波及子侄三十余人，斩于邺市，境内肃然。(《魏书》卷五三《李安世传》)

其灵丘罗思祖宗门豪溢，家处隘险，多止亡命，与之为劫。显祖怒之，孥戮其家。而思祖家党，相率盗寇。赦提应募求捕逐，乃以赦提为游徼将军，前后擒获，杀之略尽。(《魏书》卷八九《张赦提传》)

上引材料中，"阻险为害"、"恃强凭险，最为狡害，劫掠道路，侵暴乡闾"、"宗族强盛，残掠生民”、“思祖家党，相率盗寇”等内容，就是为害乡里的典型例子；“聚党扇惑”、“聚党千余家，自号抚军将军”、“聚众海滨，称使持节、征北大将军、幽州刺史，攻掠郡县，杀幽州刺史封沓干”、“屯保林野，不臣王命”、“前（相州）刺史薛道檦往讨之，波率其宗族拒战，大破檦军，遂为逋逃之薮，公私成患”等内容，就是公然与王朝对抗的典型例子。其他相关的记述有：

景平二年，富阳县孙氏聚合门宗，谋为逆乱，其支党在永兴县，潜相影响。永兴令羊恂觉其奸谋，以告淡之，淡之不信，乃以诬人之罪，收县职局。于是孙法亮号冠军大将军，与孙道庆等攻没县邑，即用富阳令顾粲为令，加辅国将军。遣伪建威将军孙道仲、孙公喜、法杀攻永兴。永兴民漏恭期初与贼同，后反善就羊恂，率吏民拒战，力少退败。贼用县人许祖为令，恂逃伏江唐山中，寻复为贼所得，使还行县事。贼遂盘据，更相树立，遥以鄮令司马文寅为征西大将军，孙道仲为征西长史，孙道覆为左司马，与公喜、法杀等建旗鸣鼓，直攻山阴。

淡之自假凌江将军，以山阴令陆邵领司马，加振武将军，前员外散骑常侍王茂之为长史，前国子博士孔欣、前员外散骑常侍谢芩之并参军事，召行参军七十余人。前镇西咨议参军孔宁子、左光禄大夫孔季恭子山士在艰中，皆起为将军。遣队主陈愿、郡议曹掾虞道纳二军过浦阳江。愿等战败，贼遂摧锋而前，去城二十余里。淡之遣陆邵督带戟公石綝、广武将军陆允以水军拒之，又别遣行参军漏恭期率步军与邵合力。淡之率所领出次近郊。恭期等与贼战于柯亭，大破之，贼走还永兴。遣伪宁朔将军孙伦领五百人攻钱唐，与县戍军建武将军战于琦，伦败走还富阳。伦因反善，杀法步帅等十余人，送首京都。诏遣殿中员外将军徐卓领千人，右将军彭城王义康遣龙骧将军丘显率众五百东讨，司空徐羡之版扬州主簿沈嗣之为富阳令领五百人，于吴兴道东出，并未至而贼平。吴郡太守江夷轻行之职，停吴一宿，进至富阳，分别善恶，执送愿徙贼余党数百家于彭城、寿阳、青州诸处。二年，淡之卒，时年四十五。谥曰质子。（《宋书》卷五二《褚淡之传》）

时晋安王子勋据寻阳反叛，六师外讨，征兵于文秀。文秀遣刘弥之、张灵庆、崔僧琁三军赴朝廷。时徐州刺史薛安都已同子勋，遣使报文秀，以四方齐举，劝令同逆，文秀即令弥之等回应安都。弥之等寻归顺，事在《安都传》。弥之青州强姓，门族甚多，诸宗从相合率奔北海，据城以拒文秀。平原、乐安二郡太守王玄默据琅邪，清河、广川二郡太守王玄邈据盘阳城，高阳、勃海二郡太守刘乘民据临济城，并起义。文秀司马房文庆谋应之，为文秀所杀。文秀遣军主解彦士攻北海陷之，乘民从弟伯宗合率乡兵，复克北海，因率所领向青州所治东阳城。文秀拒之，伯宗战败被创，弟天爱扶持将去，伯宗曰："丈夫当死战场，以身殉国，安能归死儿女手中乎。弟可速去，无为两亡。"乃见杀，追赠龙骧将军、长广太守。（《宋书》卷八八《沈文秀传》）

及萧宝寅反，遣其党郭子恢袭据潼关。佡率乡兵三千人拒之，连战数日，子弟死者二十许人，遂大破子恢。以功拜征虏将军。宝寅又遣兵万人趣青泥，诱动巴人，图取上洛。上洛豪族泉、杜二姓密应之。佡与刺史董绍宗潜兵掩袭，二姓散走，宝寅军亦退。（《周书》卷四四《泉佡传》）

魏孝昌中，杜洛周破蓟城，休之与宗室及乡人数千家南奔章武，转至青州。是时葛荣寇乱，河北流民多凑青部。休之知将有变，乃请其族叔伯彦等曰："客主势异，竞相凌侮，祸难将作。如鄙情所见，宜潜归京师避之。"诸人多不能从。休之垂涕别去。俄而邢杲作乱，伯彦等咸为土民所杀，一时遇害，诸阳死者数十人，唯休之兄弟获免。（《北齐书》卷四二《阳休之传》）

第三节　北朝士族与豪族的变迁

宗族以其自身的组织状态和社会地位的差异，可分为皇族、士族、平民宗族等类型。本节将结合北朝的统治政策，对北朝最活跃、最具代表性的两类宗族——士族与豪族的变迁作一动态考察。

一、北朝士族的变迁

魏晋南北朝时期，门阀士族高居统治阶级的上层。他们垄断中央和地方的清要之职，占有广大的土地，享有免除赋税、荫庇亲属、收揽门生故吏等各种政治与经济特权。由于这些特权是世袭的，因而门阀士族又是一个稳定地垄断着经济、政治、思想、文化特权的特殊阶层。南朝时期，士族仍盘踞其世袭地位。《南齐书》卷四四《徐孝嗣传》云："凭藉世资，早蒙殊遇。"在北朝，门阀士族与胡族统治者结为一体，清河崔氏、范阳卢氏、赵郡李氏、荥阳郑氏、河东裴氏等都被网罗进北魏政权。王夫之论曰："拓跋氏诏举逸民，而所征皆世胄，民望属焉，其时之风尚然也。江左则王、谢、何、庾之族显，北方则崔、卢、李、郑之姓著，虽天子莫能抑焉，虽夷狄之主莫能易也。"[①]陈寅恪先生说得好："当时中国北部之统治权虽在胡人之手，而其地之汉族实远较胡人为众多，不独汉人之文化高于胡人，经济力量亦远胜于胡人，故胡人之欲统治中国，必不得不借助于此种汉人之大族，而汉人大族亦欲藉统治之胡人以实现其家世传统之政治理想，而巩固其社会地位。此北朝数百年间胡族与汉族互相利用之关键。"[②]这些论述，极为精辟地揭示了在胡族政权统治下门阀士族继续居于统治地位的原因。

但以上所述只是一种总的趋势。实际上，在各个时期不同政治状况的支配下，北朝士族的发展也在起伏变化着。我们将以各个时期王朝对士族的不同政策为线索，探讨北朝乡村士族的变迁。

（一）北魏前期王朝对士族的礼遇与猜忌

《旧本〈魏书〉目录叙》云：

> 拓跋氏乘后燕之衰，蚕食并、冀，暴师喋血三十余年，而中国略定。其始也，公卿方镇皆故部落酋大，虽参用赵魏旧族，往往以猜忌夷灭。

这一段话表明，北魏平城时代的政权具有浓厚的贵族政治色彩，鲜卑王公拥有政治经济上的种种特权。根据严耀中先生的研究，拓跋珪虽将聚集在平城附近各部的部落组织打散，但仍用部落的方式来管辖定居的鲜卑人，具体措施是在平城四面八方各置一名大夫，称为"八国"，后又分别在八国置大师、小师，以辨明姓族，选举人才。八国所辖的鲜卑人在政治上处于独立地

① 王夫之：《读通鉴论》卷一五。

② 陈寅恪：《崔浩与寇谦之》，载其《金明馆丛稿初编》，三联书店2001年版，第141～142页。

位，在法律地位上也与其他民族迥异，鲜卑人有罪，由鲜卑贵族担任的三都大官根据特别的法律条文处置。① 但是，文化落后的鲜卑族要统治中原，就必须引用大量的文化人才以进行文化与政权建设。所以，北魏王朝从一开始就广泛地征延广大士族。

1. 文化建设

北魏建国伊始，太祖拓跋珪便广征士族进行文化建设。《魏书》卷二《道武帝纪》"皇始元年"条载：

> 初建台省，置百官，封拜公侯、将军、刺史、太守，尚书郎以下悉用文人。帝初拓中原，留心慰纳，诸士大夫诣军门者，无少长，皆引入赐见，存问周悉，人得自尽，苟有微能，咸蒙叙用。

同书同卷"天兴元年"条载：

> 十有一月辛亥，诏尚书吏部郎中邓渊典官制，立爵品，定律吕，协音乐；仪曹郎中董谧撰郊庙、社稷、朝觐、飨宴之仪；三公郎中王德定律令，申科禁；太史令晁崇造浑仪，考天象；吏部尚书崔玄伯总而裁之。

明元帝拓跋嗣还派遣大量官员去各地招纳士族。《魏书》卷三《明元帝纪》载：

> 诏分遣使者巡求俊逸，其豪门强族为州闾所推者，及有文武才干，临疑能决，或有先贤世胄、德行清美、学优义博、可为人师者，各令诣京师，当随才叙用，以赞庶政。

太武帝拓跋焘征召到的士族数量比明元帝更多。《魏书》卷四八《高允传》云：

> 魏自神麚以后，宇内平定，诛赫连积世之僭，扫穷发不羁之寇，南摧江楚，西荡凉域，殊方之外，慕义而至。于是偃兵息甲，修立文学，登延俊造，酬谘政事。梦想贤哲，思遇其人，访诸有司，以求名士，咸称范阳卢玄等四十二人，皆冠冕之胄，著问州邦，有羽仪之用。亲发明诏，以征玄等，乃旷官以待之，悬爵以縻之，其就命三十五人，自余依例州郡所遣者不可称记。尔乃髦士盈朝，而济济之美兴焉。

---

① 严耀中：《北魏前期政治制度》，吉林教育出版社 1990 年版，第 125～150 页。

明元帝、太武帝重用士族与崔浩的推动有很大关系。《北史》卷二一《崔浩传》云：

> 浩有鉴识，以人伦为己任。明元、太武之世，征海内贤才，起自仄陋，及所得外国远方名士，拔而用之，皆浩之由也。至于礼乐宪章，皆归宗于浩。

但是，太武帝于太平真君十一年六月借国史案诛杀了崔浩，“清河崔氏无远近，及范阳卢氏、太原郭氏、河东柳氏，皆浩之姻亲，尽夷其族。其秘书郎史以下尽死”①。关于崔浩之死，前辈学者的研究成果极为丰厚，他们提出了很多重要见解，有齐整人伦、分明姓族说②，图谋反叛说③，昭示家族隐私说④，等等。陈明先生对“齐整人伦、分明姓族”作了新解。他指出，崔浩“齐整人伦、分明姓族”是“借此将中原衣冠士族与代北军事贵族区别开来，摈北人于社会最高贵族阶级之外”，“以此实现治天下之具必以士人为之的儒学政治设计”。⑤ 崔浩案后，太武帝也颇后悔，“然果于诛戮，后多悔之。司徒崔浩既死之后，帝北伐，时宣城公李孝伯疾笃，传者以为卒也。帝闻而悼之，谓左右曰：‘李宣城可惜。’又曰：‘朕向失言。崔司徒可惜，李宣城可哀。’褒贬雅意，皆此类也”⑥。太武帝后悔的一个重要原因是，崔浩被杀后，士族的恐惧心理加重，北魏汉化转入低谷。

2. 政权建设

文明太后主政以前，汉族士族为政多是在地方任职，《魏书》卷四八《高允传》云：

> 初，崔浩荐冀、定、相、幽、并五州之人数十人，各起家郡守。恭宗谓

① 《北史》卷二一《崔浩传》。

② 参见陈寅恪《崔浩与寇谦之》，载其《金明馆丛稿初编》，三联书店 2001 年版，第 120～158 页。

③ 参见牟润孙《崔浩及其政敌》，载其《注史斋丛稿》，中华书局 1987 年版，第 80～93 页。

④ 参见周一良《崔浩国史之狱》，载其《魏晋南北朝史札记》，中华书局 1985 年版，第 342～350 页。

⑤ 陈明：《儒学的历史文化功能——士族特殊形态和知识分子研究》，学林出版社 1997 年版，第 321 页。

⑥ 《魏书》卷四《太武帝纪》。

浩曰："先召之人，亦州郡选也，在职已久，勤劳未答。今可先补前召外任郡县，以新召者代为郎吏。又守令宰民，宜使更事者。"浩固争而遣之。允闻之，谓东宫博士管恬曰："崔公其不免乎！苟逞其非，而校胜于上，何以胜济？"

当时，汉族士大夫很难进入中央政治权力中心。根据陈爽先生的研究，拓跋珪、拓跋嗣、太武帝时，"除个别人外，较难关预时事"；"(冯太后)诛乙浑之始，为郎二十七年不徙的高允即被引入禁中，与高闾等'参决大政'。在文明太后主政的数十年中，汉族士人对王朝政治的参与尚未摆脱内廷政治的色彩。《魏书·杨播传》载杨椿《诫子书》：'北都时，朝法严急。太和初，吾兄弟三人并居内职。兄在高祖左右，吾与(杨)津在文明太后左右。于时口敕，责诸内官十日仰密得一事，不列便大相啧嫌。'这一时期，一些大族子弟先后被不次拔擢，委以大任。赵郡李弈'有宠于文明太后'，'早历显职'，位散骑常侍，都官尚书，安平侯；其兄李敷因弟宠，官至散骑常侍、南部尚书、中书监，领内外秘书，爵高平公，'朝政大议，事无不关'。太原王睿'出入卧内，数年便为宰辅'，由侍中、吏部尚书至尚书令，进爵中山王，'内参机密，外预政事'。陇西李冲为中书令，转南部尚书，'虽以才进，亦由私宠。'以名家大族的身份只能以内宠得显，正是这一阶段汉族士人政治地位的一种真实体现"。①

(二)孝文帝制定姓族与士族制度的强化

孝文帝改革是中国古代史上有名的少数民族自觉汉化的范例，而制定姓族是其中的一项核心内容。该举措强化了宗族制度，使宗族与政治进一步结合在了一起。《魏书》卷一一三《官氏志》载：

太和十九年，诏曰："代人诸胄，先无姓族，虽功贤之胤，混然未分。故官达者位极公卿，其功衰之亲，仍居猥任。比欲制定姓族，事多未就，且宜甄擢，随时渐铨。其穆、陆、贺、刘、楼、于、嵇、尉八姓，皆太祖已降，勋著当世，位尽王公，灼然可知者，且下司州、吏部，勿充猥官，一同四姓。自此以外，应班士流者，寻续别敕。原出朔土，旧为部落大人，而自

① 陈爽：《世家大族与北朝政治》，中国社会科学出版社1998年版，第21页。

皇始已来,有三世官在给事(从三品上)已上,及州刺史、镇大将,及品登王公者为姓。若本非大人,而皇始已来,职官三世尚书(二品中)已上,及品登王公而中间不降官绪,亦为姓。诸部落大人之后,而皇始已来官不及前列,而有三世为中散、监(正五品)已上,外为太守、子都,品登子男者为族。若本非大人,而皇始已来,三世有令(七品)已上,外为副将、子都、太守,品登侯已上者,亦为族。凡此姓族之支亲,与其身有缌麻服以内,微有一二世当官者,虽不全充美例,亦入姓族;五世以外,则各自计之,不蒙宗人之荫也。虽缌麻而三世官不至姓班,有族官则入族官,无族官则不入姓族之例也。凡此定姓族者,皆俱列由来,直拟姓族以呈闻,朕当决姓族之首末。其此诸状,皆须问宗族,列疑明同,然后勾其旧籍,审其官宦,有实则奏,不得轻信其言,虚长侥伪。不实者,诉人皆加'传旨问而诈不以实'之坐,选官依'职事答问不以实'之条。令司空公穆亮、领军将军元俨、中护军广阳王嘉、尚书陆琇等详定北人姓,务令平均。随所了者,三月一列簿帐,送门下以闻。"于是升降区别矣。

制定姓族的具体办法,见《新唐书》卷一九九《柳冲传》引柳芳《氏族论》:

"虏姓"者,魏孝文帝迁洛,有八氏十姓,三十六族九十二姓。八氏十姓,出于帝宗属,或诸国从魏者;三十六族九十二姓,世为部落大人。并号河南洛阳人。"郡姓"者,以中国士人差第阀阅为之制,凡三世有三公者曰"膏粱",有令、仆者曰"华腴",尚书、领、护而上者为"甲姓",九卿若方伯者为"乙姓",散骑常侍、太中大夫者为"丙姓",吏部正员郎为"丁姓"。凡得入者,谓之"四姓"。又诏代人诸胄,初无族姓,其穆、陆、奚、于,下吏部勿充猥官,得视"四姓"。北齐因仍,举秀才、州主簿、郡功曹,非"四姓"不在选。故江左定氏族,凡郡上姓第一,则为右姓;太和以郡四姓为右姓;齐浮屠昙刚《类例》凡甲门为右姓;周建德氏族以四海通望为右姓……

以上材料表明,在北朝,仕宦成了确定士族的唯一标准,而且具体化和制度化了。这是北魏的创造，为前代和南朝所无。①

从官制上讲，在北魏新《职员令》中，九品四十二阶官员为士人所任之官，号称“九流”，而其四品及以下各品官员又分辨清、浊，并在清官下注明属于第一清官还是第二、第三清官，四品以下武官大都为浊官，士族人士多不愿担任。“三清九流”外，另有七个等级的“小人之官”，由非士族出身的人充任。②

另外，孝文帝还用联姻的办法将鲜卑贵族与汉族的士族联合在一起。《资治通鉴》卷一四〇《齐纪》“齐明帝建武三年”条曰：

魏主雅重门族，以范阳卢敏、清河崔宗伯、荥阳郑羲、太原王琼四姓，衣冠所推，咸纳其女以充后宫。陇西李冲以才识见任，当朝贵重，所结姻姻，莫非清望；帝亦以其女为夫人。

总的来看，孝文帝制定姓族使门第观念牢不可破，这个特点在实质上与南朝相近。赵翼综观六朝士庶关系后指出：“右豪宗而贱寒微，南北皆然，牢不可破。”③《北史》卷三六《薛憕传》亦云：“世胄蹑高位，英俊沉下僚。”但是，孝文帝也指出，对于确有才能者可以不拘姓族的限制，这一点又显示出北朝姓族的制定是在皇权控制之下的这一特点。《魏书》卷六〇《韩显宗传》载：

显宗又上言曰：“进贤求才，百王之所先也。前代取士，必先正名，故有贤良、方正之称。今之州郡贡察，徒有秀、孝之名，而无秀、孝之实。而朝廷但检其门望，不复弹坐。如此，则可令别贡门望，以叙士人，何假冒秀、孝之名也？夫门望者，是其父祖之遗烈，亦何益于皇家？益于时者，贤才而已。苟有其才，虽屠钓奴虏之贱，圣皇不耻以为臣；苟非其才，虽三后之胤，自坠于皂隶矣。是以大才受大官，小才受小官，各得其所，以至雍熙。议者或云，今世等无奇才，不若取士于门。此亦失矣。岂可以世无周邵，便废宰相而不置哉？但当校其有寸长铢重者，即先叙

---

① 不过，北朝制定姓族也常遇到一些问题，到北魏世宗时，还有以姓族不明而辞讼的。《魏书》卷一一三《官氏志》云：“世宗世，代人犹以姓族辞讼，又使尚书于忠、尚书元匡、侍中穆绍、尚书元长等量定之。”

② 参见张旭华《从孝文帝清定流品看北魏官职之清浊》，载《北朝研究》1992年第1期。

③ 赵翼：《陔余丛考》卷一七《六朝重士族》。

之，则贤才无遗矣。”

高祖曾诏诸官曰：“自近代已来，高卑出身，恒有常分。朕意一以为可，复以为不可。宜相与量之。”李冲对曰：“未审上古已来，置官列位，为欲为膏粱儿地，为欲益治赞时？”高祖曰：“俱欲为治。”冲曰：“若欲为治，陛下今日何为专崇门品，不有拔才之诏？”高祖曰：“苟有殊人之伎，不患不知。然君子之门，假使无当世之用者，要自德行纯笃，朕是以用之。”冲曰：“傅岩、吕望，岂可以门见举？”高祖曰：“如此济世者希，旷代有一两人耳。”冲谓诸卿士曰：“适欲请诸贤救之。”秘书令李彪曰：“师旅寡少，未足为援，意有所怀，不敢尽言于圣日。陛下若专以门地，不审鲁之三卿，孰若四科？”高祖曰：“犹如向解。”显宗进曰：“陛下光宅洛阳，百礼唯新，国之兴否，指此一选。臣既学识浮浅，不能援引古今，以证此议，且以国事论之。不审中、秘书监令之子，必为秘书郎，顷来为监、令者，子皆可为不？”高祖曰：“卿何不论当世膏腴为监、令者？”显宗曰：“陛下以物不可类，不应以贵承贵，以贱袭贱。”高祖曰：“若有高明卓尔、才有隽出者，朕亦不拘此例。”

当时，汉族士族对孝文帝的姓族制度非常满意。《魏书》卷二四《崔僧渊传》记齐明帝萧鸾让崔僧渊的族兄惠景写信给僧渊以劝其叛魏归齐，崔僧渊答曰：“主上之为人也……分氏定族，料甲乙之科；班官命爵，清九流之贯。礼俗之叙，粲然复兴；河洛之间，重隆周道。”

(三)北魏末年政变与东魏、北齐士族的继续发展

北魏前期汉化推行缓慢的一个重要原因是鲜卑贵族的反对，孝文帝的应对办法是迁都洛阳，以避开保守的鲜卑贵族。迁都洛阳之前，孝文帝私下对任城王元澄说：“今日之行，诚知不易。但国家兴自北土，徙居平城，虽富有四海，文轨未一，此间用武之地，非可文治，移风易俗，信为甚难。崤函帝宅，河洛王里，因兹大举，光宅中原，任城意以为何如？”①元澄是当时朝中为数极少的支持孝文帝迁都的鲜卑族大臣之一。后来，元澄在上书世宗时回忆：“……臣每于侍坐，先帝未尝不以《书》、《典》在怀，《礼》、《经》为事，周旋

① 《魏书》卷一九《任城王元澄传》。

之则，不辍于时。自凤举中京，方隆礼教，宗室之范，每蒙委及，四门之选，负荷铨量。”①与拓跋嗣怕迁都后鲜卑难以再继续以武力统治中原不同，孝文帝迁都洛阳是要摆脱鲜卑军事贵族的制约，以实现由武治向文治的统治政策的转变。也就是说，孝文帝汉化是在将鲜卑族顽固保守势力抛在代北于不顾的情况下进行的。

孝文帝汉化将鲜卑族顽固保守势力抛在代北这一举措的结果是，鲜卑代北旧贵地位日益下降。这样，代北集团遂逐渐成为洛阳汉化政权的敌对势力，并最终演变为六镇之乱。陈寅恪先生在《隋唐制度渊源略论稿·兵制》中指出：“北魏晚年六镇之乱，乃塞上鲜卑族对于孝文帝所代表拓跋氏历代汉化政策之一大反动，史实甚明，无待赘论。高欢、宇文泰俱承此反对汉化保存鲜卑文化之大潮流而兴起之枭杰也。”②万绳楠先生整理的《陈寅恪魏晋南北朝史讲演录》中也指出：“由此可见北齐的民族成见很深。这种民族成见以‘化’分，非以血缘分。其表现为占据统治地位的鲜卑化人，反对、排斥与杀害汉人或汉化之人。北齐之所以会出现这样一种反常情况，是因为北齐的建立，依靠六镇军人。而六镇军人作为一个保持鲜卑化的武装集团，本是洛阳汉化文官集团的反动者。六镇起兵，是对孝文帝汉化政策的反动。这种反动，在北齐的鲜卑化中，表现出来了。”③正因为这样，所以很多学者对东魏、北齐政权是“汉化”政权还是“鲜卑化”政权一直争论不休。在这些观点中，我们同意钱穆先生的观点，他指出：“然北魏洛阳政府之覆灭，只是拓跋氏一家统治权之解体，对于当时北方文治势力之进展，依然无可阻碍。魏孝文只是认识了此种力量，要把鲜卑的统治权与之融合一体。洛阳的鲜卑贵族，以及北方的六镇军人，都不了解此意，他们只是先后作时代潮流下之牺牲品。”④也正是鲜卑贵族及六镇军人的不了解，才导致此后胡化逆流的出现。

从东魏、北齐政权的发展状况来看，广大士族一直支持高氏政权：从高

---

① 《魏书》卷一九《任城王元澄传》。

② 陈寅恪：《隋唐制度渊源略论稿》，三联书店 2001 年版，第 140 页。

③ 万绳楠整理：《陈寅恪魏晋南北朝史讲演录》，黄山书社 1987 年版，第 297 页。

④ 钱穆：《国史大纲》（修订本），商务印书馆 1996 年版，第 290 页。

欢与尔朱荣作战开始起，许多汉族大姓（如渤海高干、赵郡李元忠等）、儒学名士（如杜弼、陈元康、崔凌等），都积极支持高欢。[①]

东魏、北齐政权也很重视、优待士族。《北齐书》卷二四《杜弼传》云："弼以文武在位，罕有廉洁，言之于高祖。高祖曰：'弼来，我语尔。天下浊乱，习俗已久。今督将家属多在关西，黑獭常相招诱，人情去留未定。江东复有一吴儿老翁萧衍者，专事衣冠礼乐，中原士大夫望之以为正朔所在。我若急作法网，不相饶借，恐督将尽投黑獭，士子悉奔萧衍，则人物流散，何以为国？尔宜少待，吾不忘之。'及将有沙苑之役，弼又请先除内贼，却讨外寇。高祖问内贼是谁。弼曰：'诸勋贵掠夺万民者皆是。'高祖不答，因令军人皆张弓挟矢，举刀按槊以夹道，使弼冒出其间，曰：'必无伤也。'弼战栗汗流。高祖然后喻之曰：'箭虽注，不射；刀虽举，不击；槊虽按，不刺。尔犹顿丧魂胆。诸勋人身触锋刃，百死一生，纵其贪鄙，所取处大，不可同之循常例也。'弼于时大恐，因顿颡谢曰：'愚痴无智，不识至理，今蒙开晓，始见圣达之心。'"高欢借此向杜弼解释了他所以宽纵那些士族的原因。事实上，高欢、高澄对士族也的确比较优待。《北史》卷六《齐本纪上》云："元象元年，摄吏部尚书。魏自崔亮以后，选人常以年劳为制。文襄乃厘改前式，铨擢唯在得人。又沙汰尚书郎，妙选人地以充之。至于才名之士，咸被荐擢。假有未居显位者，皆致之门下，以为宾客。每山园游宴，必见招携，执射赋诗，各尽其所长，以为娱适。"

总之，北齐政权对士族一直是比较重视的，士族也愿意为北齐政权服务。导致北齐政权迅速衰亡的原因是政治腐败和政治斗争频繁，而不是北齐统治者推行反汉化政策。

（四）西魏、北周士族的中央化

相对于东魏、北齐据有的河北地区和梁政权拥有的江南而言，西魏、北周据有的关陇地区，文化相对落后，因而需要有一种有异于其他两方的文化政策，以维系关陇各族人心，使其融为一体。[②] 从另一方面看，也正是因为关

① 参见《北齐书》各本传。

② 参见陈寅恪《隋唐制度渊源略论稿》，中华书局1963年版，第82～99页。

陇没有像其他两地那样的大士族，所以西魏、北周统治集团在用人上不太讲究门第。苏绰在所上《六条诏书》第四条“擢贤良”中指出：

天生烝民，不能自治，故必立君以治之。人君不能独治，故必置臣以佐之。上至帝王，下及郡国，置臣得贤则治，失贤则乱，此乃自然之理，百王不能易也。

今刺史守令，悉有僚吏，皆佐治之人也。刺史府官则命于天朝，其州吏以下，并牧守自置。自昔以来，州郡大吏，但取门资，多不择贤良；末曹小吏，唯试刀笔，并不问志行。夫门资者，乃先世之爵禄，无妨子孙之愚瞽；刀笔者，乃身外之末材，不废性行之浇伪。若门资之中而得贤良，是则策骐骥而取千里也；若门资之中而得愚瞽，是则土牛木马，形似而用非，不可以涉道也。若刀笔之中而得志行，是则金相玉质，内外俱美，实为人宝也；若刀笔之中而得浇伪，是则饰画朽木，悦目一时，不可以充榱椽之用也。今之选举者，当不限资荫，唯在得人。苟得其人，自可起厮养而为卿相，伊尹、傅说是也，而况州郡之职乎。苟非其人，则丹朱、商均虽帝王之胤，不能守百里之封，而况于公卿之胄乎。由此言之，官人之道可见矣。（《周书》卷二三《苏绰传》）

选举依才能不依门资，表明西魏、北周的士族已经开始中央化了。

以上所论都是北朝士族参与国家政权建设与文化建设的情况。事实上，北朝士族在外做官的同时，与其乡里仍长期保持着密切联系。陈爽先生指出：“北朝世家大族的另一个重要特点是数百年不失根本之地，具有雄厚的土著根基。许多名家大姓兼有地方豪族的特征，采取了‘双家制’的生存方式，与乡里保持了较为密切的联系。”①实例如，博陵崔氏在北魏时还是以居住在家乡为主，且拥有土地。家族多以孝友著称，与乡人关系融洽，这些情况大致与汉代崔氏家族相似。到 6 世纪后期，崔氏家乡安平作为全族根据地的作用逐渐减弱，多数人或南移或西徙。如崔昂夫妇死后，就葬在常山，不再归葬安平了。② 这表明，博陵崔氏从汉代到 6 世纪后期一直与乡里

① 陈爽：《世家大族与北朝政治》，中国社会科学出版社 1998 年版，第 203 页。

② 参见河北博物馆《河北平山北齐崔昂墓调查报告》，载《文物》1973 年第 11 期。

保持着密切联系。再如，范阳卢氏在地方的势力也一直延存到隋唐。[①]

二、北朝豪族的变迁

与对士族的政策不同，北魏建国伊始便对地方豪族势力采取了军事高压统治与迁徙政策，以期打散地方豪族势力，结果以失败告终。随后，王朝通过承认宗主拥有荫附人口之特权与推行三长制的办法，利用豪族来实现王朝对乡村社会的统治。直到西魏、北周采用将乡兵纳入国家武装体系的办法后，豪族国家化才开始逐步成为现实。

（一）北魏初期对豪族的军事高压统治

北魏初期对新征服的区域特别是河北地区的统治，主要有两方面的举措：

一是依靠鲜卑骑兵进行武力威慑。其具体措施是在征服地区设立“军府”。《魏书》卷五八《杨椿传》载：

> 自太祖平中山，多置军府，以相威慑。凡有八军，军各配兵五千，食禄主帅军各四十六人。

二是采取徙民政策。《魏书》卷二《道武帝纪》“天兴元年正月”条载：

> （天兴元年正月）辛酉，车驾发自中山，至于望都尧山。徙山东六州民吏及徒河、高丽杂夷三十六万，百工伎巧十余万口，以充京师。……
>
> （十有二月）徙六州二十二郡守宰、豪杰、吏民二千家于代都。

道武帝这样做，和汉高祖刘邦迁徙关东豪杰以实关中一样，一方面是为了充实京畿，另一方面是企图摧毁山东六州强宗大族的势力。[②]

但是，道武帝的野蛮徙民和军事占领政策非但没有达到打散豪族地方势力的目的，反而激起了中原地区众豪族的普遍反抗。《道武帝纪》“天兴二年”条载：

> 中山太守仇儒亡匿赵郡，推群盗赵准为主，号使持节、征西大将军、

---

① 参见陈爽《世家大族与北朝政治》，中国社会科学出版社 1998 年版，第 109～116 页。

② 《资治通鉴》卷一一〇《晋记》“隆安二年”条下胡三省注曰：“此汉高帝徙关东豪杰以实关中之策也。”

冀青二州牧、巨鹿公，仇儒为准长史，聚党扇惑。

夏四月，前清河太守傅世聚党千余家，自号抚军将军。五月癸亥，征虏将军庾岳讨破之。

（八月），范阳人卢溥，聚众海滨，称使持节、征北大将军、幽州刺史，攻掠郡县，杀幽州刺史封沓干。

（二）从明元帝到孝文帝迁洛以前对宗主的羁縻政策

明元帝拓跋嗣时，有人建议迁都邺，司徒崔浩谏曰："东州之人，常谓国家居广漠之地，人畜无算，号称牛毛之众。今留守旧都，分家南徙，恐不满诸州之地。参居郡县，处榛林之下，不便水土，疾疫死伤，情见事露，则百姓意阻。四方闻之，有轻侮之意，屈丐及蠕蠕必提挈而来。云中、平城则有危殆之事，阻隔恒、代，千里之际，须欲救援，赴之甚难。如此，则声实俱损矣。今居北方，假令山东有变，轻骑南出，耀威桑梓之中，谁知多少？百姓见之，望尘震伏。此是国家威制诸夏之长策也。至春草生，奶酪将出，兼有菜果，足接来秋。若得中熟，事则济矣。"①明元帝接受了崔浩的意见，没有迁都。这一事实表明，在民族矛盾仍很尖锐，统治者的知识水平和政治能力还不足以使国家机器正常运转的情况下，统治者还没有信心和能力控制住中原豪族。但是，明元帝对于中原豪族已开始变军事高压统治政策为羁縻之策。《魏书》卷二四《崔玄伯传》云：

太宗以郡国豪右，大为民蠹，乃优诏征之，民多恋本，而长吏逼遣。于是轻薄少年，因相扇动，所在聚结。西河、建兴盗贼并起，守宰讨之不能禁。太宗乃引玄伯及北新侯安同、寿光侯叔孙建、元城侯元屈等问曰："前以凶侠乱民，故征之京师，而守宰失于绥抚，令有逃窜。今犯者已多，不可悉诛，朕欲大赦以纾之，卿等以为何如?"屈对曰："民逃不罪而反赦之，似若有求于下，不如先诛首恶，赦其党类。"玄伯曰："王者治天下，以安民为本，何能顾小曲直也。譬琴瑟不调，必改而更张；法度不平，亦须荡而更制。夫赦虽非正道，而可以权行，自秦汉以来，莫不相踵。屈言先诛后赦，会于不能两去，孰与一行便定。若其赦而不改者，

① 《北史》卷二一《崔浩传》。

诛之不晚。"太宗从之。

据本纪，这次大赦是在永兴五年(413 年)五月。大赦之后，北魏政府改用了承认宗主可以拥有荫附人口这一特殊权利的办法，以缓和双方的矛盾。这是北魏前期王朝对中原统治政策的一大改变。此后，强宗大族与北魏王朝的直接对抗大大减少，坞壁主纷纷率众归附。

如前所言，宗主督护是北魏政府面对中原坞壁林立的事实，采取的不改变原有乡里坞壁内部隶属关系，坞壁主(亦即宗主)作为一个大户的户主要按照九品差调制度向国家交纳赋税的一种临时性举措。这种改变使得北魏王朝的经济实力得到了加强，社会局势也因之较为安定。但这一时期国家的权力渗透无疑还很不彻底：第一，在九品差调制度下，按人均计算，宗主所纳赋税比普通民户少一半以上。第二，宗主所督护的大量荫附人口所交租赋为宗主个人所独有。《食货志》中所载"魏初不立三长，故民多荫附。荫附者皆无官役，豪强征敛，倍于公赋"表明，宗主对国家赋税的分割到了很严重的程度。第三，北魏统治者并没有改变原来乡里坞壁的部众隶属关系，宗主拥有强大的军事力量，依然是王朝的潜在威胁。

(三)三长制下王朝对豪族的利用和控制

从孝文帝太和年间开始，北魏政府用三长制取代宗主督护制。这一制度一直沿用到北朝末年。

在三长制下，北朝政府对豪族既利用又控制。其表现为：三长"取乡人强谨者"①、"今之三长，皆是豪门多丁为之"②，亦即三长多由地方大族的宗主担任；三长如不能完成政府分派的任务或违犯政府旨令将受到严惩。孝文帝太和十四年(490 年)，"诏依准丘井之式，遣使与州郡宣行条制，隐口漏丁，即听附实。若朋附豪势，陵抑孤弱，罪有常刑"③。肃宗即位不久，张普惠上奏指出："若一匹之滥，一斤之恶，则鞭户主，连三长，此所以教民以贪者也。"④熙平二年(517 年)，灵太后下诏："私度之僧，皆由三长罪不及己，容多

① 《魏书》卷一一〇《食货志》。

② 《魏书》卷八二《常景传》。

③ 《魏书》卷七《孝文帝纪下》。

④ 《魏书》卷七八《张普惠传》。

隐滥。自今有一人私度，皆以违旨论。邻长为首，里、党各相降一等。”①北齐初年，“时又大括燕、恒、云、朔、显、蔚、二夏州、高平、平凉之民以为军士，逃隐者身及主人、三长、守令罪以大辟，没入其家。于是所获甚众，搴之计也”②。“（北周）初行《刑书要制》。持杖群强盗一匹以上，不持杖群强盗五匹以上，监临主掌自盗二十匹以上，小盗及诈伪请官物三十匹以上，正长隐五户及十丁以上、隐地三顷以上者，至死。《刑书》所不载者，自依律科。”③

王朝对豪族控制的前提是拥有强有力的王朝统治力量，一旦这种力量削弱，豪族的违法活动就再度浮出水面。《通典》卷三《食货典·乡党》引北齐宋孝王《关东风俗传》云：

> 昔六国之亡，豪族处处而有，秦氏失驭，竞起为乱。及汉高徙诸大姓齐、田、楚、景之辈以实关中，盖所以强本弱末之计也。（北齐）文宣之代，政令严猛，羊、毕诸豪，颇被徙逐。至若瀛、冀诸刘，清河张、宋，并州王氏，濮阳侯族，诸如此辈，一宗将近万室，烟火连接，比屋而居。献武初在冀郡，大族猬起应之。侯景之反，河南侯氏几为大患，有同刘元海、石勒之众也。凡种类不同，心意亦异，若遇间隙，先为乱阶。时宋世良献书，以为“魏氏十姓八氏三十六姓，皆非齐代腹心，请令散配郡国无士族之处，给地与人。一则令其就彼仕宦，全其门户，二则分其气势，使无异图”。文宣不纳。数年之后，乃滥戮诸元。与其酷暴诛夷，未若防其萌渐，分隶诸郡。

这段史料给我们描绘出了豪族与政权之间彼消此长的动态画面。北齐政权的消亡与此不无关系。

（四）西魏、北周的豪族国家化

宇文泰建立府兵制，除将贺拔岳集团侯莫陈悦部众、随孝武帝入关的北魏禁军等武装力量收归麾下外，还将关陇地方豪族统属的部曲家兵、乡兵纳入系统之中。这一举措的重要作用是使地方潜在叛乱势力成为中央军事力

① 《魏书》卷一一四《释老志》。

② 《北齐书》卷二四《孙搴传》。

③ 《周书》卷六《武帝纪下》。

量的一部分，实现了宗族的国家化。对此，谷霁光先生指出："广募豪右以增军旅与乡兵纳入六柱国系统是连续采取的扩军整军措施，二者又是息息相关的。前者是笼络地主武装力量扩充兵力，后者是使原来地方力量逐步中央化"，"乡兵原系分散的地主武装，纳入六柱国统领系统后，即构成为统一的皇朝武装力量，督将由皇朝遴选所谓乡望担任，甚至由皇朝官吏兼领，加强了中央化的程度，特别是督将接受皇朝六柱国系统下将领的统率，随军出征，无疑地更可以防制地方割据势力的增长；即使驻屯本土，随时可以被调出征，其原有的势力，都有被削弱的可能。原来这些豪右及其乡兵，在六柱国统领系统之内，受着一种军事的制约，逐步中央化了"。[①] 谷川道雄先生也认为："府兵制就是国家权力侵入到州郡制社会，并在那里确立集权性军事机构的一个系统，而这一意图之所以能够实现，是因为乡兵组织的存在。也就是说中央集权性军事国家在其形成过程中，地方乡党社会中人与人的结合关系发挥着媒介作用。国家对乡望与乡人之间的人格关系加以利用，同时又把这一关系转化为乡帅与乡兵的统辖关系，最后将其组织为中央国军。说得极端一点，这也就是地方乡党社会的中央化。魏晋以来，中国社会的一个特点是地方乡党社会拥有某种独立性，而府兵制在充分利用这一特点的基础上，把其编入进了中央权力之中。"[②]除了大统年间"广募关陇豪右"等重大关节外，府兵制几乎遍及北周整个辖区。大统末及废、恭二帝之世，商洛泉氏与杨氏、安康李氏、傥城杨氏、襄阳席氏等山南（商山、华山以南，亦即今秦岭以南的汉水上中游地区）地方豪酋投附宇文氏之后，所部部曲、乡兵大部分也被编入府兵系统，补充了西魏、北周之兵源；宇文氏则借此将府兵制推行到新占领的山南、剑南地区，并在此一过程中将这些土豪"改造"为朝廷命官，逐步实现了山南地方社会的"国家化"。[③] 地方豪族势力的国家化意味着乡村宗族势力逐渐削弱，中央权力逐渐加强，这种趋势直接影响到了以后的隋唐历史。

---

① 谷霁光：《府兵制度考释》，上海人民出版社 1962 年版，第 30～33 页。

② 谷川道雄著，李济沧译：《隋唐帝国形成史论》，上海古籍出版社 2004 年版，第 317 页。

③ 鲁西奇：《西魏北周时代"山南"的"方隅豪族"》，载《中国史研究》2009 年第 1 期。

第四节 南朝士庶之别

南朝士族在政治、经济、文化等方面都享有特权。士族为了长久保持这种特权，特别强调士庶之别。但随着时间的推移，士族日趋没落，而寒门则逐渐崛起。

一、士族特权

在南朝，士族是一个稳定地垄断着经济、政治、法律、文化等特权的特殊阶级。

(一)政治特权

在政治方面，门阀士族的特权表现在门品决定官品，他们入仕的起点比庶族高得多，高门子弟依照惯例就可以“平流进取，坐至公卿”①。《梁书》卷三四《张缵传》云：

> (缵)起家秘书郎，时年十七。身长七尺四寸，眉目疏朗，神采爽发。高祖异之，尝曰：“张壮武云‘后八叶有逮吾者’，其此子乎?”缵好学，兄缅有书万余卷，昼夜披读，殆不辍手。秘书郎有四员，宋、齐以来，为甲族起家之选，待次入补。其居职，例数十百日便迁任。缵固求不徙，欲遍观阁内图籍。尝执四部书目曰：“若读此毕，乃可言优仕矣。”如此数载，方迁太子舍人，转洗马、中舍人，并掌管记。

当时，士族的起家官多为秘书郎和著作佐郎，升迁极快。像张缵这样，为了能认真读书而不愿意迅速升迁的例子特别少。当时，士族子弟更多的是希望年纪轻轻便能位居公辅。《南史》卷二一《王僧达传》云：

> 及元凶弑立，孝武发寻阳，沈庆之谓人曰：“王僧达必来赴义。”人问其所以，庆之曰：“虏马饮江，王出赴难，见其在先帝前，议论开张，执意明决，以此言之，其必至也。”僧达寻至，孝武即以为长史。及即位，为尚书右仆射。僧达自负才地，一二年间便望宰相。尝答诏曰：“亡父亡祖，

① 据《梁书》卷一《武帝纪上》，当时的制度规定：“甲族以二十登仕，后门以过立试吏。”

司徒司空。"其自负若此。

《南史》卷二一《王融传》载：

融躁于名利，自恃人地，三十内望为公辅。初为司徒法曹，诣王僧佑，因遇沈昭略，未相识。昭略屡顾盼，谓主人曰："是何年少？"融殊不平，谓曰："仆出于扶桑，入于汤谷，照耀天下，谁云不知，而卿此问？"昭略云："不知许事，且食蛤蜊。"融曰："物以群分，方以类聚，君长东隅，居然应嗜此族。"其高自标置如此。

（二）经济特权

在经济上，门阀士族享有免役权，可以广占田产，荫庇亲族、部曲。南朝第一次明确规定符合什么条件算士族，从而可以享受免役特权的时间是在刘宋元嘉二十七年。《南齐书》卷三四《虞玩之传》提到："宋元嘉二十七年八条取人，孝建元年书籍，众巧之所始也。"可惜史无明载，其具体内容已不可知。

南朝士族还可以广占田产。南朝第一次以法律的形式允许士族占有山泽是在刘宋大明初年。《宋书》卷五四《羊希传》载：

大明初，为尚书左丞。时扬州刺史西阳王子尚上言："山湖之禁，虽有旧科，民俗相因，替而不奉，炋山封水，保为家利。自顷以来，颓弛日甚，富强者兼岭而占，贫弱者薪苏无托，至渔采之地，亦又如兹。斯实害治之深弊，为政所宜去绝，损益旧条，更申恒制。"有司检壬辰诏书："占山护泽，强盗律论，赃一丈以上，皆弃市。"希以"壬辰之制，其禁严刻，事既难遵，理与时弛。而占山封水，渐染复滋，更相因仍，便成先业，一朝顿去，易致嗟怨。今更刊革，立制五条。凡是山泽，先常炋爈种养竹木杂果为林芿，及陂湖江海鱼梁鳅鮆场，常加功修作者，听不追夺。官品第一、第二，听占山三顷；第三、第四品，二顷五十亩；第五、第六品，二顷；第七、第八品，一顷五十亩；第九品及百姓，一顷。皆依定格，条上赀簿。若先已占山，不得更占；先占阙少，依限占足。若非前条旧业，一不得禁。有犯者，水土一尺以上，并计赃，依常盗律论。停除咸康二年壬辰之科。"从之。

根据以上规定，士族已经占有的山泽追认为先业；以前已经占够了的不得再占，没有占够的可以占到规定数目；其数目依照官品从一品到九品分别占三到一顷；占领之后要在国家相关机构进行登记。这些山泽就是士族庄园的物质基础。实例如，《宋书》卷五四《孔灵符传》载："灵符家本丰，产业甚广，又于永兴立墅，周回三十三里，水陆地二百六十五顷，含带二山，又有果园九处。"

士族庄园里有衣食客、部曲等各种身份的劳动者。《宋书》卷四二《王弘传》载：

> 有奴客者，类多使役，东西分散，住家者少。其有停者，左右驱驰，动止所须，出门甚寡，典计者在家十无其一。

《梁书》卷五一《张孝秀传》载：

> 有田数十顷，部曲数百人，率以力田，尽供山众，远近归慕，赴之如市。

《南齐书》卷二四《张瑰传》载：

> 诸张世有豪气，瑰宅中常有父时旧部曲数百。

受士族荫庇的佃客和衣食客对国家也无租调徭役负担。《南史》卷五《废帝东昏侯纪》载："又先是诸郡役人，多依人士为附隶，谓之'属名'。……凡属名多不合役。"

(三)法律特权

《南齐书》卷四〇《竟陵王萧子良传》载：

> 夫狱讼惟平，画一在制，虽恩家得罪，必宜申宪，鼎姓贻譽，最合从纲。若罚典惟加贱下，辟书必蠲世族，惧非先王立理之本。

从萧子良的语气看，在平时的法律执行过程中，"罚典惟加贱下，辟书必蠲世族"是常有之事，这表明当时士庶在法律上处于不平等地位。

二、严格的士庶界限

由于士族享有各种特权，所以他们极力强化士庶之间的界限，车服异制，互不通婚，不相交往。

士庶不相通婚的著名事例是沈约弹劾王满联姻。沈约《奏弹王源》云：

> 窃寻璋之姓族，士庶莫辨。满奋身殒西朝，胤嗣殄没，武秋之后，无

闻东晋，其为虚托，不言自显。王满连姻，实骇物听，潘杨之睦，有异于此。且买妾纳媵，因聘为资，施衿之费，化充床第，鄙情赘行，造次以之。纠慝绳违，允兹简裁。源即主。

臣谨案：南郡丞王源，忝借世资，得参缨冕，同人者貌，异人者心，以彼行媒，同之抱布。且非我族类，往哲格言；熏莸不杂，闻之前典。岂有六卿之胄，纳女于管库之人；宋子河鲂，同穴于舆台之鬼。高门降衡，虽自己作；蔑祖辱亲，于事为甚。此风弗剪，其源遂开，点世尘家，将被比屋。宜置以明科，黜之流伍。使已污之族，永愧于昔辰；方媾之党，革心于来日。

臣等参议，请以见事免源所居官，禁锢终身，辄下禁止视事如故。源官品应黄纸，臣辄奉白简以闻。臣约诚惶诚恐，云云。(《文选》卷四〇《奏弹王源》)

反对王满联姻的，不只是沈约一人，当时许多士族人士都纷纷表示反对。其他的事例如：

元规八岁而孤，兄弟三人，随母依舅氏往临海郡，时年十二。郡土豪刘瑱者，资财巨万，以女妻之。元规母以其兄弟幼弱，欲结强援，元规泣请曰："姻不失亲，古人所重。岂得苟安异壤，辄婚非类！"母感其言而止。(《陈书》卷二三《王元规传》)

又请娶于王、谢，帝曰："王、谢门高非偶，可于朱、张以下访之。"景恚曰："会将吴儿女以配奴。"(《南史》卷八〇《侯景传》)

司空檀道济为子求娶湛妹，不许，义康有命，又不从。时人重其立志。(《南史》卷三六《江湛传》)

以上三个例子中，王元规、江湛都因不与庶族结为亲家而受到士人的普遍赞许。侯景一例则说明，皇帝也不能左右高门士族的婚姻。

士族庶族除了不通婚姻外，日常生活中亦不相往来，不相交结。《文苑英华》卷七六〇《寒素论》云："服冕之家，流品之人，视寒素之子轻若仆隶，易如草芥，曾不以之为伍。"其事例如："中书舍人秋当、周赳并管要务，以敷同省名家欲诣之。赳曰：'彼若不相容接，便不如勿往，讵可轻行。'当曰：'吾等并已员外郎矣，何忧不得共坐。'敷先旁设二床，去壁三四尺。二客就席，敷呼左右曰：'移我远客。'赳等失色而去，其自标遇如此。"[①]张敷的行为表明，即使庶族做了高官，仍然得不到士族的认可，士庶界限依然十分鲜明。对于士庶之间的这种壁垒，皇帝也无可奈何。《南史》卷二一《王僧达传》载："黄门郎路琼之，太后兄庆之孙也，宅与僧达门并。尝盛车服诣僧达，僧达将猎，已改服。琼之就坐，僧达了不与语，谓曰：'身昔门下驺人路庆之者，是君何亲？'遂焚琼之所坐床。太后怒，泣涕于帝曰：'我尚在而人陵之，我死后乞食矣。'帝曰：'琼之年少，无事诣王僧达门，见辱乃其宜耳。僧达贵公子，岂可以此加罪乎？'"

三、寒门崛起

士族凭借特权，可以"平流进取，坐至公卿"，可以任意兼并土地，荫庇人口，减免赋役，因而不学无术，不求进取，整日悠闲自得，逐渐丧失了其生机与活力。《颜氏家训》卷三《勉学》云：

> 梁朝全盛之时，贵游子弟，多无学术，至于谚云："上车不落则著作，体中何如则秘书。"无不熏衣剃面，傅粉施朱，驾长檐车，跟高齿屐，坐棋子方褥，凭斑丝隐囊，列器玩于左右，从容出入，望若神仙。明经求第，则顾人答策；三九公宴，则假手赋诗。

侯景之乱沉重打击了以建康为中心的高门士族，稍后西魏攻占江陵，聚居在江陵的士族又遭沉重打击。此后，士族愈发衰落。而与此同时，庶族已通过各种途径逐渐登上了历史舞台。

庶族地位的提高主要表现在三个方面：

一是寒人典掌机要。东汉政事归尚书台，曹魏时集中于中书监令手中，南朝时则集中到了中书通事舍人手中。中书通事舍人在南朝属于八品，担任者出身多不高，刘宋的戴法兴，萧齐的刘系宗、吕文度、茹法亮，萧梁的周舍、朱异等都是寒人出身。中书通事舍人负责起草诏令，参与机密，"权倾天下"[②]。如刘宋阮佃夫"仆从附隶皆受不次之位：捉车人武贲中郎将，傍马者

① 《南史》卷三二《张邵传附子敷传》。

② 《南史》卷七七《吕文显传》。

员外郎。朝士贵贱,莫不自结"[1]。士族脱离实际政治,寒人典掌机要,这是士族最终走向消亡的重要原因之一。

二是执掌兵权。士族"不乐武位"[2],军权遂逐渐落入寒门之手。南朝的开国皇帝出身都不高,南朝将帅也多出身寒门。刘宋蒯恩原为平民,孙恩之乱时"充乙士,使伐马刍",最后"迁咨议参军,转辅国将军、淮陵太守"。[3] 到彦之"初以担粪自给"[4],后官至护军将军。萧梁吕僧珍"起自寒贱"[5],后至领军将军。

三是寒人出任地方典签。南朝君主多以宗室子弟作州镇军政长官,同时以寒人为典签进行控制。《南史》卷四四《巴陵王子伦传》载:

> 延兴元年,明帝遣中书舍人茹法亮杀子伦,子伦时镇琅邪城,有守兵,子伦英果,明帝恐不即罪,以问典签华伯茂。伯茂曰:"公若遣兵取之,恐不即可办,若委伯茂,一小吏力耳。"既而伯茂手自执鸩逼之,左右莫敢动者。子伦正衣冠,出受诏,谓法亮曰:"积不善之家,必有余殃。昔高皇帝残灭刘氏;今日之事,理数固然。"举酒谓法亮曰:"君是身家旧人,今衔此命,当由事不获已。此酒差非劝酬之爵。"因仰之而死,时年十六,法亮及左右皆流涕。
>
> 先是高帝、武帝为诸王置典签帅,一方之事,悉以委之。每至觐接,辄留心顾问,刺史行事之美恶,系于典签之口,莫不折节推奉,恒虑弗及,于是威行州部,权重蕃君。武陵王晔为江州,性烈直不可忤,典签赵渥之曰:"今出都易刺史。"及见武帝相诬,晔遂免还。南海王子罕戍琅邪,欲暂游东堂,典签姜秀不许而止。还泣谓母曰:"儿欲移五步亦不得,与囚何异。"秀后辄取子罕屐伞饮器等供其儿昏,武帝知之,鞭二百,系尚方,然而擅命不改。邵陵王子贞尝求熊白,厨人答典签不在,不敢与。西阳王子明欲送书参侍读鲍僎病,典签吴修之不许,曰:"应咨行

---

① 《南史》卷七七《吕文显传》。

② 《南齐书》卷五二《丘灵鞠传》。

③ 《宋书》卷四九《蒯恩传》。

④ 《南史》卷二五《到彦之传》。

⑤ 《梁书》卷一一《吕僧珍传》。

事。”乃止。言行举动，不得自专，征衣求食，必须咨访。

永明中，巴东王子响杀行事刘寅等，武帝闻之，谓群臣曰：“子响遂反。”戴僧静大言曰：“诸王都自应反，岂唯巴东。”武帝问其故，答曰：“天王无罪，而一时被囚，取一挺藕，一杯浆，皆咨签帅，不在则竟日忍渴。诸州唯闻有签帅，不闻有刺史。”

竟陵王子良尝问众曰：“士大夫何意诣签帅？”参军范云答曰：“诣长史以下皆无益，诣签帅便有倍本之价，不诣谓何！”子良有愧色。

及明帝诛异己者，诸王见害，悉典签所杀，竟无一人相抗。孔珪闻之流涕曰：“齐之衡阳、江夏最有意，而复害之。若不立签帅，故当不至于此。”

通过该段史料，我们可以了解到，刺史的业绩完全取决于签帅一人；刺史去中央要由典签副署；刺史的饮食起居、生活用品都要经由签帅同意方才能得到；皇帝利用签帅消灭刺史的事例非常多。总之，典签虽然官品不高，权任却极重。

第四章 南北朝乡村的家庭组织

家庭是整个社会组织体系中的基本组织单位,也是社会组织的末梢。认识清楚各个时期的家庭结构及其功能是正确认识乡村社会的一项重要内容。在不同历史时期、不同社会条件下,家庭的结构与功能不尽相同。本章第一、二节打算探讨的是南北朝时期乡村的家庭结构及其组织功能。由于北朝家庭功能的实现与北魏孝文帝的汉化措施有着极为密切的关系,所以本章第三、四节将分别论述孝悌观念在北朝的确立、孝文帝时期的礼制建设这两个相关问题。

第一节 南北朝乡村的家庭结构

费孝通先生指出:“我们普通所谓大家庭和小家庭的差别决不是在大小上,不是在这社群所包括的人数上,而是在结构上。”[①]因此,探讨各时期的家庭问题首先必须了解其家庭结构。

① 费孝通:《乡土中国·生育制度》,北京大学出版社1998年版,第38页。

由于户籍材料较少[①]，我们很难对南北朝的乡村家庭结构进行量化研究，只能大体勾勒出各种家庭结构的概貌及其变迁概况。南北朝乡村的家庭结构主要有个体小家庭、累世同居大家庭两种类型。另外还有一些特殊类型的家庭。

一、个体小家庭

个体小家庭，就血统世系而言，一般为两代层结构，很少有涉及祖孙三代者；就其成员间亲属关系而论，多以一对夫妻为核心，包括其未成年或虽已成年而未婚子女；就人数而言，通常为五口之家。南北朝的情况也大体如此。但由于受豪强庇荫等因素影响，该时期个体小家庭的数目始终处于动态变化之中。

(一)南朝

南朝个体小家庭的赋役负担异常沉重。为规避各种赋役负担，冒充士族、逃亡、寻求荫庇等现象层出不穷。所以，虽然永嘉之乱后北方民众多次南下，形成一次次的移民浪潮，但南朝的户口总数却不见明显增长。据《宋书·州郡志》，刘宋大明八年共有九十万一千七百六十九户，五百一十七万四千零七十四口。《隋书》卷二九《地理志》记载的陈朝的情况是："逮于陈氏，土宇弥蹙，西亡蜀、汉，北丧淮、肥，威力所加，不出荆、扬之域。州有四十二，郡唯一百九，县四百三十八，户六十万。"另据《北史》卷一一《隋本纪上》的数据，陈朝灭亡时，"合州四十，郡一百，县四百，户五十万，口二百万"。两处记载的户口数目虽有不同，但差异不大，大概在五六十万之间。与刘宋相比，陈的户数少了将近一半，口数则少了一大半。

---

① 《宋书·州郡志》载：刘宋大明八年共有九十万一千七百六十九户，五百一十七万四千零七十四口。《魏书》卷一〇六《地形志上》载："正光已前，时惟全盛，户口之数，比夫晋之太康，倍而已矣。"《通典》卷七《食货·历代盛衰户口》与之基本相同，只是改末四字为"倍而余矣"，并根据西晋太康初二百四十五万余户推算出"今云倍而余者，是其盛时，则户有至五百余万矣"。这是熙平、神龟年间的户数。《魏书》卷一〇六《地形志上》分区录人的是东魏孝静帝武定年间的户口数。《周书》卷七《武帝纪》"建德六年"条记录了北齐末年的户口数："合州五十五，郡一百六十二，户三百三十万二千五百二十八，口二千万六千八百八十六。"《通典》卷七《食货·历代盛衰户口》记录了北周大象年间的户口数。

户口不实对政府的财政收入有严重影响，为此南朝政府屡屡进行检籍、括户。但直到陈朝灭亡，这个问题也没能得到根本性解决。《南齐书》卷三四《虞玩之传》有一段典型史料：

上患民间欺巧，及即位，敕玩之与骁骑将军傅坚意检定簿籍。建元二年，诏朝臣曰："黄籍，民之大纪，国之治端。自顷氓俗巧伪，为日已久，至乃窃注爵位，盗易年月，增损三状，贸袭万端。或户存而文书已绝，或人在而反托死叛，停私而云隶役，身强而称六疾。编户齐家，少不如此。皆政之巨蠹，教之深疵。比年虽却籍改书，终无得实。若约之以刑，则民伪已远；若绥之以德，则胜残未易。卿诸贤并深明治体，可各献嘉谋，以振浇化。又台坊访募，此制不近，优刻素定，闲剧有常。宋元嘉以前，兹役恒满，大明以后，乐补稍绝。或缘寇难频起，军荫易多，民庶从利，投坊者寡。然国经未变，朝纪恒存，相揆而言，隆替何速。此急病之洪源，晷景之切患，以何科算，革斯弊邪？"玩之上表曰："宋元嘉二十七年八条取人，孝建元年书籍，众巧之所始也。元嘉中，故光禄大夫傅隆，年出七十，犹手自书籍，躬加隐校。隆何必有石建之慎，高柔之勤，盖以世属休明，服道修身故耳。今陛下日旰忘食，未明求衣，诏逮幽愚，谨陈妄说。古之共治天下，唯良二千石，今欲求治取正，其在勤明令长。凡受籍，县不加检合，但封送州，州检得实，方却归县。吏贪其赂，民肆其奸，奸弥深而却弥多，赂愈厚而答愈缓。自泰始三年至元徽四年，扬州等九郡四号黄籍，共却七万一千余户。于今十一年矣，而所正者犹未四万。神州奥区，尚或如此，江、湘诸部，倍不可念。愚谓宜以元嘉二十七年籍为正。民惰法既久，今建元元年书籍，宜更立明科，一听首悔，迷而不反，依制必戮。使官长审自检校，必令明洗，然后上州，永以为正。若有虚昧，州县同咎。今户口多少，不减元嘉，而板籍顿阙，弊亦有以。自孝建已来，入勋者众，其中操干戈卫社稷者，三分殆无一焉。勋簿所领，而诈注辞籍，浮游世要，非官长所拘录，复为不少。寻苏峻平后，庚亮就温峤求勋簿，而峤不与，以为陶侃所上，多非实录。寻物之怀私，无世不有，宋末落纽，此巧尤多。又将位既众，举恤为禄，实润甚微，而人领数万，如此二条，天下合役之身，已据其太半矣。又有改注籍状。诈入仕流，昔为人役者，今反役人。又生不长发，便谓为道人，填街溢巷，是处皆然。或抱子并居，竟不编户，迁徙去来，公违土断。属役无满，流亡不归，宁丧终身，疾病长卧。法令必行，自然竞反。又四镇戍将，有名寡实，随才部曲，无辨勇懦，署位借给，巫媪比肩，弥山满海，皆是私役。行货求位，其涂甚易，募役卑剧，何为投补？坊吏之所以尽，百里之所以单也。今但使募制明信，满复有期，民无逕路，则坊可立表而盈矣。为治不患无制，患在不行，不患不行，患在不久。”

该段史料是南齐初年高帝萧道成针对籍注不实问题而下的诏令以及虞玩之的上表内容。当时户籍存在的问题有以下几种：(1)冒充士族。南朝士族与庶族的区别很大，士族享有免除租赋等特权。“宋元嘉二十七年八条取人，孝建元年书籍，众巧之所始也”，说的就是刘宋二十八年规定了是否服役的标准。为了规避赋役，老百姓便纷纷改注户籍。“窃注爵位”、“又有改注籍状。诈入仕流，昔为人役者，今反役人”，说的就是改注户籍的结果。为了能改注户籍，老百姓都要贿赂相关官吏，即“吏贪其赂，民肆其奸”。所以，其结果就是“比年虽却籍改书，终无得实”。在这种情况下，萧道成与虞玩之等人只能寄希望于地方官员能严格检籍，即“今欲求治取正，其在勤明令长”，以及加大对相关民众及官吏的处罚力度，即“今建元元年书籍，宜更立明科，一听首悔，迷而不反，依制必戮。使官长审自检校，必令明洗，然后上州，永以为正。若有虚昧，州县同咎”。事实上，从历史上来看，也只有在法令执行力度大、官员较公正的情况下检籍的效果才能好点，而这种情况并不多见。“自泰始三年至元徽四年，扬州等九郡四号黄籍，共却七万一千余户。于今十一年矣，而所正者犹未四万”，就是一个典型的例子。(2)籍注不实。“或户存而文书已绝，或人在而反托死叛，停私而云隶役，身强而称六疾”、“又生不长发，便谓为道人，填街溢巷，是处皆然。或抱子并居，竟不编户，迁徙去来，公违土断。属役无满，流亡不归，宁丧终身，疾病长卧”，都属于籍注不实的表现，即本来存在的户、口却在户籍上注为死叛，在家的注为服役，身体强壮者注为疾病或僧道之人。(3)很多将领令百姓为其私人服役，即“将位既众，举恤为禄，实润甚微，而人领数万，如此二条，天下合役之身，已据其太半矣”。而且，无所事事的将领数字一直急剧增长，即“自孝建已来，入勋者众，其中操干戈卫社稷者，三分殆无一焉”。

除了上段史料提到的现象外，还有两种脱离户籍的严重现象：一是许多贫民流入少数民族聚居地区。《宋书》卷九七《夷蛮传》载：“蛮民顺附者，一户输谷数斛，其余无杂调，而宋民赋役严苦，贫者不复堪命，多逃亡入蛮。蛮无徭役，强者又不供官税，结党连群，动有数百千人，州郡力弱，则起为盗贼，种类稍多，户口不可知也。所在多深险，居武陵者有雄溪、樠溪、辰溪、酉溪、舞溪，谓之五溪蛮。而宜都、天门、巴东、建平、江北诸郡蛮，所居皆深山重阻，人迹罕至焉。前世以来，屡为民患。”蛮夷地区为少数民族聚居的山区，其户口管理极其杂乱，是南朝社会潜在的重大隐患之一。逃入蛮夷地区的汉民大都脱离了国家户籍。另外一种现象是大量农民成为大土地所有者的私有人口。东晋南朝的封建大土地所有制持续发展，大量农民成为大土地所有者的私有人口。相关记载有，“流民多庇大姓以为客”①、“其籍有巧隐，并王公百司辄受民为程荫”②，“百姓不能堪命，各事流移，或依于大姓，或聚于屯封”③。检括出这些荫附人口是国家权力机构的重要任务，成功的事例如刘裕当政时的括户。《宋书》卷二《武帝纪中》载：

> 晋自中兴以来，治纲大弛，权门并兼，强弱相凌，百姓流离，不得保其产业。桓玄颇欲厘改，竟不能行。公既作辅，大示轨则，豪强肃然，远近知禁。至是会稽余姚虞亮复藏匿亡命千余人。公诛亮，免会稽内史司马休之。

另一个成功的例子是褚玠任山阴令时的括户。《陈书》卷三四《褚玠传》载：

> 太建中，山阴县多豪猾，前后令皆以赃污免，高宗患之，谓中书舍人蔡景历曰：“稽阴大邑，久无良宰，卿文士之内，试思其人。”景历进曰：“褚玠廉俭有干用，未审堪其选不？”高宗曰：“甚善，卿言与朕意同。”乃除戎昭将军、山阴令。县民张次的、王休达等与诸猾吏贿赂通奸，全丁

---

① 《南齐书》卷一四《州郡志》。

② 《陈书》卷五《宣帝纪》。

③ 《梁书》卷三八《贺琛传》。

大户，类多隐没。玠乃锁次的等，具状启台，高宗手敕慰劳，并遣使助玠搜括，所出军民八百余户。

但是，括户成功的仅属个别。由于大土地所有者是当时统治的支柱，当权者出于各种考虑，对他们荫庇大量依附民往往采取听之任之的态度。《南史》卷二二《王俭传》载：

建元元年，改封南昌县公。时都下舛杂，且多奸盗，上欲立符伍，家家以相检括。俭谏曰："京师翼翼，四方是凑，必也持符，于事既烦，理成不旷，谢安所谓'不尔何以为京师'。"乃止。

（二）北朝

在北朝，个体小家庭是普遍的家庭形态。杨际平先生认为：北魏立三长前，一般在籍户的规模，三五十家合为一户的情况固然存在，但最基本的还是三五口之家的小户[①]；冻国栋先生通过对《魏书》卷一〇六《地形志》所附户口数以及敦煌《西魏大统十三年计帐》文书的统计研究，认为北朝时期民户家庭规模以五口之家为普遍现象[②]。杨、冻二先生的研究表明，北朝社会始终多为三五口之家的小户，与汉晋情况基本相似。敦煌《西魏大统十三年计帐》文书及日本学者池田温先生《中国古代籍帐研究·概观·录文》所附表二《西魏大统十三年计帐户口一览表》，均足以说明当时个体小家庭占绝对优势这一事实。

虽然所谓五口之家始终是北朝乡村的普遍形态，但是在北朝的不同历史时期，因政策及其他社会环境的影响，家庭形态还是有着不小的起伏变化。具体而言，三长制推行后的个体小家庭数目比三长制推行前有所增加，而在魏齐易代之际以及北齐时期，其数目又有所减少。现试论述如下：

十六国时期，北方地区"百姓因秦晋之弊，迭相荫冒，或百室合户，或千丁共籍"[③]，这是北魏王朝允许宗主督护有大量荫附人口的历史背景。北魏建国初期，王朝国力与统治者的执政水平有限，政府还无法将中原汉族地区

① 参见杨际平《北魏太和前后若干史事考辨》，载《北朝研究》1991年上半年刊。

② 参见冻国栋《北朝时期的家庭规模结构及相关问题论述》，载《北朝研究》1990年上半年刊。

③ 《晋书》卷一二七《慕容德载记》。

具有割据和半割据性质的豪族势力纳入中央集权的政治轨道，这是北魏实行宗主督护的现实原因。

有关宗主督护的史料主要有：

旧无三长，唯立宗主督护，所以民多隐冒，五十、三十家方为一户。(《魏书》卷五三《李冲传》)

魏初不立三长，故民多荫附。荫附者皆无官役，豪强征敛，倍于公赋。(《魏书》卷一一〇《食货志》)

(李显甫)豪侠知名，集诸李数千家于殷州西山，开李鱼川方五六十里居之，显甫为其宗主。以军功赐爵平棘子，位河南太守，赠安州刺史，谥曰安。(《北史》卷三三《李灵传附李显甫传》)

从上引史料我们可以看出，每个豪族宗主大致督护有三五十个个体小家庭，有些如李显甫则督护有诸李数千家，在国家户籍中他们以一个大户的形式进行登记；每个豪族宗主还督护有大量没有在官府登记户口、不向国家纳税服役的苞荫户。由于史料有限，宗主督护下的豪族家庭结构不得其详。不过，其大致情况应该与三长制下的豪族家庭结构基本相似，理由详见下文。

北魏实行三长制之前，尽管政府也曾检括过户口①，但仅属临时与个别举措，由于没有相应的基层组织配合，其影响只能是局部的和暂时的。而没有荫附于大户的个体小家庭受征调繁重等因素影响，其生存十分艰难。《魏书》卷四四《薛虎子传》载："……小户者一丁而已，计其征调之费，终岁乃有七缣。去年征责不备，或有货易田宅，质妻卖子，呻吟道路，不可忍闻。"在"编户之家，困于冻馁；豪富之门，日有兼积"②的社会大背景下，个体小家庭在走投无路的情况下往往选择了荫附于大户的道路。

随着北魏王朝国力的不断增强及统治者执政水平的迅速提高，将宗主督护下的大量荫附人口括出，使其成为国家编户，从而扩大纳税赋役面，已

---

① 《魏书》卷五一《韩均传》载：北魏献文帝时，因冀、定、相、青等"五州民户殷多，编籍不实，以均忠直不阿，诏均检括，出十余万户"。《魏书》卷七《孝文帝纪上》载：延兴三年(473年)，"诏遣使者十人循行州郡，检括户口。其有仍隐不出者，州、郡、县、户主并论如律"。

② 《魏书》卷五《文成帝纪》。

成为历史的必然。三长制于是产生。

三长制的内容（三长制在北朝后期有所变化，详见本书第一章第四节）与孝文帝推行三长制的诏令见于《魏书》卷一一〇《食货志》：

魏初不立三长，故民多荫附。荫附者皆无官役，豪强征敛，倍于公赋。十年，给事中李冲上言："宜准古，五家立一邻长，五邻立一里长，五里立一党长，长取乡人强谨者。邻长复一夫，里长二，党长三。所复复征戍，余若民。三载亡愆则陟用，陟之一等。其民调，一夫一妇帛一匹，粟二石。民年十五以上未娶者，四人出一夫一妇之调；奴任耕，婢任绩者，八口当未娶者四；耕牛二十头当奴婢八。其麻布之乡，一夫一妇布一匹，下至牛，以此为降。大率十匹为公调，二匹为调外费，三匹为内外百官俸，此外杂调。民年八十以上，听一子不从役。孤独癃老笃疾贫穷不能自存者，三长内迭养食之。"

书奏，诸官通议，称善者众。高祖从之，于是遣使者行其事。乃诏曰："夫任土错贡，所以通有无；井乘定赋，所以均劳逸。有无通则民财不匮，劳逸均则人乐其业。此自古之常道也。又邻里乡党之制，所由来久。欲使风教易周，家至日见，以大督小，从近及远，如身之使手，干之总条，然后口算平均，义兴讼息。是以三典所同，随世污隆；贰监之行，从时损益。故郑侨复丘赋之术，邹人献盍彻之规。虽轻重不同，而当时俱适。自昔以来，诸州户口，籍贯不实，包藏隐漏，废公罔私。富强者并兼有余，贫弱者糊口不足。赋税齐等，无轻重之殊；力役同科，无众寡之别。虽建九品之格，而丰墒之土未融；虽立均输之楷，而蚕绩之乡无异。致使淳化未树，民情偷薄。朕每思之，良怀深慨。今革旧从新，为里党之法，在所牧守，宜以喻民，使知去烦即简之要。"初，百姓咸以为不若循常，豪富并兼者尤弗愿也。事施行后，计省昔十有余倍。于是海内安之。

诏令颁布之前大臣们讨论的情况见于《魏书》卷五三《李冲传》：

冲以三正治民，所由来远，于是创三长之制而上之。文明太后览而称善，引见公卿议之。中书令郑羲、秘书令高佑等曰："冲求立三长者，乃欲混天下一法。言似可用，事实难行。"羲又曰："不信臣言，但试行之，事败之后，当知愚言之不谬。”太尉元丕曰：“臣谓此法若行，于公私有益。”咸称方今有事之月，校比民户，新旧未分，民必劳怨，请过今秋，至冬闲月，徐乃遣使，于事为宜。冲曰：“民者，冥也，可使由之，不可使知之。若不因调时，百姓徒知立长校户之勤，未见均徭省赋之益，心必生怨。宜及课调之月，令知赋税之均。既识其事，又得其利，因民之欲，为之易行。”著作郎傅思益进曰：“民俗既异，险易不同，九品差调，为日已久，一旦改法，恐成扰乱。”太后曰：“立三长，则课有常准，赋有恒分，苞荫之户可出，侥幸之人可止，何为而不可？”群议虽有乖异，然唯以变法为难，更无异义。遂立三长，公私便之。

从以上史料中，我们可以看出，建立三长制的目的就是要改变“自昔以来，诸州户口，籍贯不实，包藏荫漏，废公罔私”的局面，从而达到“课有常准，赋有恒分，苞荫之户可出，侥幸之人可止”的目标。三长的主要工作之一就是“校比民户”，而“校比民户”的重点是冯太后所说的将“苞荫之户”括出，即北魏王朝要通过三长制将宗主督护下的大量没有在官府登记户口、不向国家纳税服役的苞荫户改为国家的编户齐民。

三长若不依法检核户口，就要受到王朝严惩。北齐初年，“时又大括燕、恒、云、朔、显、蔚、二夏州、高平、平凉之民以为军士，逃隐者身及主人、三长、守令罪以大辟，没入其家。于是所获甚众，搴之计也”①。“（北周）初行《刑书要制》。持杖群强盗一匹以上，不持杖群强盗五匹以上，监临主掌自盗二十匹以上，小盗及诈伪请官物三十匹以上，正长隐五户及十丁以上、隐地三顷以上者，至死。《刑书》所不载者，自依律科。”②

北朝政府在利用三长严厉打击不法豪强的同时，还推行宽松的赋税政策以吸引苞荫户变为自耕农。北魏前期，“荫附者皆无官役，豪强征敛，倍于公赋”③。造成这种结果的原因之一，就是在北魏太和十年以前的超重剥削

① 《北齐书》卷二四《孙搴传》。

② 《周书》卷六《武帝纪下》。

③ 《魏书》卷一一〇《食货志》。

下，贫下户无力承担赋税，只好投附豪强；均田制中，新租调比旧租调明显降低。[①] 三长制实施之后，大量荫附人口脱离大族成为国家编户。《魏书》卷六四《张彝传》载："初，彝曾祖幸，所招引河东民为州裁千余家，后相依合，至于罢入冀州，积三十年，析别有数万户，故高祖比校天下民户，最为大州。"这种局面之所以能够出现，一是因为三长的主要工作之一就是"校比民户"，也就是冯太后所说的"立三长，则课有常准，赋有恒分，苞荫之户可出，侥幸之人可止"。二是由于北朝政府对三长的要求特别严格。孝文帝太和十四年(490 年)，"诏依准丘井之式，遣使与州郡宣行条制，隐口漏丁，即听附实。若朋附豪势，陵抑孤弱，罪有常刑"[②]。同时，北朝政府还派遣使臣到各地编定户籍，如派尧喧为"东道十三州使，更比户籍"[③]，派闾庄"为定户籍大使"[④]。东魏武定二年(544 年)，高欢以太保孙腾、大司马高隆之为括户大使，分行诸州，"凡获逃户六十余万"[⑤]。三是按照北魏均田令规定，奴婢受田同于良民，且凡成年奴婢都可受田，而到北齐时受田奴婢的数量有了限制——三百到六十人不等。这种限制，又将一大批荫附户口括出。

三长制推行后，大量新的个体小家庭出现的一个主要原因是，在政府措施严厉、政治清明、横征暴敛较少的情况下，依附民愿意成立个体小家庭成为国家编户。反之，如果政府加在个体小家庭头上的负担太重，国家编户就有可能再次成为依附民。北魏孝明帝时，宗室元晖上奏：

> 国之资储，唯藉河北。饥馑积年，户口逃散，生长奸诈，因生隐藏，出缩老小，妄注死失。收入租调，割入于已。人困于下，官损于上。自非更立权制，善加检括，损耗之来，方在未已。请求其议，明宣条格。[⑥]

孝明帝采纳了这一建议，但具体实施情况不得而知。从历史记载看，户口隐漏情况非但没有改善，反而日甚一日。《北史》卷二六《宋世良传》载：

---

① 参见郑欣《北朝均田制度下的租调剥削》，载《齐鲁学刊》1987 年第 4 期，后收入其《魏晋南北朝史探索》，山东大学出版社 1997 年版，第 333～347 页。

② 《魏书》卷七下《孝文帝纪下》。

③ 《魏书》卷四二《尧喧传》。

④ 《北史》卷八〇《闾毗传》。

⑤ 《魏书》卷一二《孝静帝纪》。

⑥ 《魏书》卷一五《常山王元遵传附元晖传》。

(世良)寻为殿中侍御史,诣河北括户,大获浮惰。还见汲郡城旁多骸骨,移书州郡,悉令收瘗。其夜甘雨滂沱。河内太守田估赃货百万,世良检按之,未竟,遇赦而还。孝庄劳之曰:"知卿所括得丁,倍于本帐。若官人皆如此用心,便是更出一天下也。"

由此可知,当时全国隐漏丁户已过于帐内丁户。

《隋书》卷二四《食货志》载:

魏自永安之后,政道陵夷,寇乱实繁,农商失业。官有征伐,皆权调于人,犹不足以相资奉,乃令所在迭相纠发,百姓愁怨,无复聊生。寻而六镇扰乱,相率内徙,寓食于齐、晋之郊。齐神武因之,以成大业。魏武西迁,连年战争,河、洛之间,又并空竭。天平元年,迁都于邺,出粟一百三十万石,以振贫人。是时六坊之众,从武帝而西者,不能万人,余皆北徙,并给常廪,春秋二时赐帛,以供衣服之费。常调之外,逐丰稔之处,折绢籴粟,以充国储。于诸州缘河津济,皆官仓贮积,以拟漕运。于沧、瀛、幽、青四州之境,傍海置盐官,以煮盐,每岁收钱,军国之资,得以周赡。自是之后,仓廪充实,虽有水旱凶饥之处,皆仰开仓以振之。元象、兴和之中,频岁大穰,谷斛至九钱。是时法网宽弛,百姓多离旧居,阙于徭赋。神武乃命孙腾、高隆之,分括无籍之户,得六十余万。于是侨居者各勒还本属,是后租调之入有加焉。及文襄嗣业,侯景背叛,河南之地,困于兵革。寻而侯景乱梁,乃命行台辛术,略有淮南之地。其新附州郡,羁縻轻税而已。及文宣受禅,多所创革。六坊之内徙者,更加简练,每一人必当百人,任其临阵必死,然后取之,谓之百保鲜卑。又简华人之勇力绝伦者,谓之勇士,以备边要。始立九等之户,富者税其钱,贫者役其力。北兴长城之役,南有金陵之战。其后南征诸将,频岁陷没,士马死者,以数十万计。重以修创台殿,所役甚广。而帝刑罚酷滥,吏道因而成奸,豪党兼并,户口益多隐漏。旧制,未娶者输半床租调,阳翟一郡,户至数万,籍多无妻。有司劾之,帝以为生事。由是奸欺尤甚。户口租调,十亡六七。

……

是时,山东尚承齐俗,机巧奸伪,避役惰游者十六七。四方疲人,或诈老诈小，规免租赋。高祖令州县大索貌阅，户口不实者，正长远配，而又开相纠之科。大功以下，兼令析籍，各为户头，以防容隐。于是计帐进四十四万三千丁，新附一百六十四万一千五百口。

上引几段材料中的“浮惰”、“避役惰游”等内容表明了北魏永安后个体小家庭再度减少这一事实；“一宗将近万室”、“大功以下，兼令析籍”、“阙于徭赋”等内容反映了原来作为编户齐民的个体小家庭再度依附于大户的这一事实；“政道陵夷”、“寇乱实繁”等内容则表明造成这种结局的主要原因是政治混乱、战争频繁。

但是，需要说明的是，北朝政府没有实行“分大户为小户”的政策。唐长孺先生认为：“北魏宗主督护制下的大户制是法律认可的，虽然也继承魏晋以来的计赀征调九品混通旧制，但那是在大户制的基础上推行的，所以户调数额非常大，并不追求户数增多。直到太和十年实行三长制，才严格推行一夫一妇为一家的小户制。”[①]冻国栋先生也认为：“在北方，北魏前期的宗主督护制得到认可，‘三十、五十家为一户’并不算非法的行为。只是在均田制、三长制推行之后，分大户为小户，租调的征纳假定以一夫一妇为单位，原则上一律平等。”[②]笔者认为，三长制并没有推行一夫一妇的小户制，也没有“分大户为小户”的举措。理由如下：(1)严格推行小户制的是隋朝的“大索貌阅”[③]，北朝没有类似的制度。李冲上书、大臣们的讨论、皇帝诏书以及相关实例中，都没有“分大户为小户”、将豪族家庭分解为一夫一妇的小户的内容。从豪族家庭构成上讲，三长制的目的仅仅是要将宗主督护的苞荫户括出。(2)北朝有大量累世同居的大家庭。北朝政府从封建伦理的角度出发，对累世同居的大家庭多有颂扬。“由于租调制完全平均，并不问户内口数多少，因而大家庭照样存在。”[④]大家庭成员只要是登记在册就必须向国家交租纳税，所以大户的存在对国家并无损失。(3)当时北方地区宗法观念极度强化，严格实行一夫一妇的小户制必然要引起豪族的反对。三长制推行后，

① 唐长孺：《魏晋南北朝隋唐史三论》，武汉大学出版社 1992 年版，第 103 页。

② 冻国栋：《北朝时期的家庭规模结构及相关问题论述》，载《北朝研究》1990 年上半年刊。

③ 《隋书》卷二四《食货志》。

④ 冻国栋：《北朝时期的家庭规模结构及相关问题论述》，载《北朝研究》1990 年上半年刊。

“海内安之”，可以反证北朝政府没有推行一夫一妇的小户制、“分大户为小户”。(4)北朝政府还允许豪族拥有奴婢。均田令规定，奴婢受田同良民。北魏对奴婢数量没有限制，北齐时有了限制，多者三百人，少者六十人。北朝政府既然已经允许豪族拥有奴婢，更无可能将豪族大家庭成员分析为一夫一妇的小户。在敦煌发现的斯六一三号文书中，户口登记簿上记有奴婢的姓名、性别、年龄①，表明登记在册的奴婢是作为豪族家庭的组成部分而存在的，并且得到了政府的承认。只是，政府一直想通过赋役较轻这一优势，来吸引登记在册的奴婢重归编户。也就是说，三长制仅是将豪族家庭中的荫附人口括出，对其家庭成员、登记在册的奴婢的政策都没有改变。

总之，三长制对于北朝豪强家庭规模结构的影响，就是将其苞荫户括出，这在一定程度上缩小了豪族家庭的规模，但并没有改变豪族家庭的结构；三长制的执行力度随政治的清明与否而变化着；三长制没有严格执行一夫一妇的小户制，没有“析大户为小户”；北朝政府允许豪强占有奴婢(北魏时没有数量限制，北齐时有了数量限制)，豪强占有的奴婢要在政府登记，并向国家交租调，这些奴婢是豪族大家庭的组成部分。

二、累世同居大家庭

累世同居大家庭从汉末开始增多。赵翼《陔余丛考》卷三九“累世同居”条云：“世所传义门，以唐张公艺九世同居为最。然不自张氏始也。《后汉书》：樊重三世同财。缪肜兄弟四人，皆同财业，及各娶妻，诸妇遂求分异。肜乃闭户自挝，诸弟及妇闻之，悉谢罪。蔡邕与叔父从弟同居，三世不分财，乡党高其义。又陶渊明《戒子书》云：颍川韩元长，汉末名士，八十而终，兄弟同居，至于没齿。济北氾幼春七世同财，家人无怨色。是此风盖起于汉末。”南北朝时期，累世同居大家庭比汉魏时期有所增加。

(一)北朝累世同居大家庭的概况

北朝有许多累世同居的豪族家庭，现将有关材料汇集如下：

---

① 参见郑欣《魏晋南北朝时期的人口和户籍制度》，载其《魏晋南北朝史探索》，山东大学出版社1989年版，第205～240页。

治兄弟并孝友敦穆，白首同居。父亡虽久，而犹于平生所处堂宇，备设帏帐几杖，以时节开堂列拜，垂泪陈荐，若宗庙然，吉凶之事必先启告，远出行反亦如之。(《魏书》卷四二《寇治传》)

少雍妻王氏，有德义，与其从子怀仁兄弟同居，怀仁等事之甚谨，闺门礼让，人无比焉。士大夫以此称美。(《魏书》卷四五《辛少雍传》)

闺门雍睦，三世同居。吏部尚书李神儁常称其家风。(《魏书》卷四六《许绚传》)

及渊、昶等并循父风，远近疏属，叙为尊行，长者莫不毕拜致敬。闺门之礼，为世所推。谦退简约，不与世竞。父母亡，然同居共财，自祖至孙，家内百口。在洛时有饥年，无以自赡，然尊卑怡穆，丰俭同之。亲从昆弟，常旦省谒诸父，出坐别室，至暮乃入。朝府之外，不妄交游。其相勖以礼如此。又一门三主，当世以为荣。渊兄弟亡，及道将卒后，家风衰损，子孙多非法，帷薄混秽，为论者所鄙。(《魏书》卷四七《卢玄附卢度世传》)

冲兄弟六人，四母所出，颇相忿阋。及冲之贵，封禄恩赐皆以共之，内外辑睦。父亡后同居二十余年，至洛乃别第宅，更相友爱，久无间然。皆冲之德也。始冲之见私宠也，兄子韶恒有忧色，虑致倾败。后荣名日显，稍乃自安。(《魏书》卷五三《李冲传》)

三世同居，门有礼让。于后频值饥年，家始分析，挺与弟振推让田宅旧资，惟守墓田而已。家徒壁立，兄弟怡然，手不释卷。时谷籴踊贵，乡人或有赡者，遗挺，辞让而受，仍亦散之贫困，不为蓄积，故乡邑更钦叹焉。(《魏书》卷五七《崔挺传》)

播家世纯厚，并敦义让，昆季相事，有如父子。播刚毅。椿、津恭谦，与人言，自称名字。兄弟旦则聚于厅堂，终日相对，未曾入内。有一美味，不集不食。厅堂间，往往帏幔隔障，为寝息之所，时就休偃，还共谈笑。椿年老，曾他处醉归，津扶侍还室，仍假寐阁前，承候安否。椿、津年过六十，并登台鼎，而津尝旦暮参问，子侄罗列阶下，椿不命坐，津不敢坐。椿每近出，或日斜不至，津不先饭，椿还，然后共食。食则津亲授匙箸，味皆先尝，椿命食，然后食。津为司空，于时府主皆引僚佐，人就津求官，津曰："此事须家兄裁之，何为见问？"初，津为肆州，椿在京宅，每有四时嘉味，辄因使次附之，若或未寄，不先入口。椿每得所寄，辄对之下泣。兄弟皆有孙，唯椿有曾孙，年十五六矣，椿常欲为之早娶，望见玄孙。自昱已下，率多学尚，时人莫不钦羡焉。一家之内，男女百口，缌服同爨，庭无间言，魏世以来，唯有卢渊兄弟及播昆季，当世莫逮焉。(《魏书》卷五八《杨播传》)

又少孤，为叔显宗所抚养，及显宗卒，显宗子伯华又幼，子熙友爱，等于同生，长犹共居，车马资财，随其费用，未尝见于言色。又上书求析阶与伯华，于是除伯华东太原太守。及伯华在郡，为刺史元弼所辱，子熙乃泣诉朝廷，肃宗诏遣按检，弼遂大见诘让。(《魏书》卷六〇《韩子熙传》)

又东郡小黄县人董吐浑、兄(董)养，事亲至孝，三世同居，闺门有礼。(《魏书》卷八六《孝感传》)

石文德，河中蒲坂人也，有行义。真君初，县令黄宣在任丧亡，宣单贫无期亲，文德祖父苗以家财殡葬，持服三年，奉养宣妻二十余载。及亡，又衰绖敛祔，率礼无阙。自苗逮文德，刺史守令卒官者，制服送之。五世同居，闺门雍睦。又梁州上言天水白石县人赵令安、孟兰强等，四世同居，行著乡里。诏并标榜门闾。(《魏书》卷八七《石文德传》)

王闾，北海密人也。数世同居，有百口。又太山刘业兴四世同居，鲁郡盖儁六世同居，并共财产，家门雍睦。乡里敬异。有司申奏，皆标门闾。(《魏书》卷八七《王闾传》)

李几，博陵安平人也。七世共居同财，家有二十二房，一百九十八口，长幼济济，风礼著闻，至于作役，卑幼竞进。乡里嗟美，标其门闾。(《魏书》卷八七《李几传》)

谦性至孝，少丧父，殆将灭性。与弟说特相友爱，虽复年事并高，名位各重，所有资产，皆无私焉。其居家严肃，动遵礼度。旷与说子弘度等，并奉其遗训云。(《周书》卷三五《崔谦传》)

伏连家口有百数，盛夏之日，料以仓米二升，不给盐菜，常有饥色。冬至之日，亲表称贺，其妻为设豆饼。伏连问此豆因何而得，妻对向于食马豆中分减充用。伏连大怒，典马、掌食之人并加杖罚。积年赐物，藏在别库，遣侍婢一人专掌管钥。每入库检阅，必语妻子云："此是官物，不得辄用。"至是簿录，并归天府。(《北齐书》卷二〇《厍狄伏连传》)

伟弟少亡，伟抚寡训孤，同居二十余载，恩义甚笃。不营产业，身亡之后，卖宅营葬，妻子不免漂泊，士友叹愍之。(《北史》卷五〇《山伟传》)

上引史料中，有关豪族家庭人口的记载仅有四条：卢度世"家内百口"，杨播"一家之内，男女百口"，李几家"一百九十八口"，伏连"家口有百数"；从所包含的房分数目上讲，仅有李几"家有二十二房"一条记载，其他豪族的家庭规模无从查考；从所包含的世系数目上看，从"三世"到"七世"的都有。

从绵存时间上看，北朝累世同居大家庭的历史往往只有短短几十年。如弘农杨氏累世同居的历史，根据史籍判断，应始于杨播。尔朱氏与孝庄帝斗争时期(528～531年)，杨氏大家庭成员死于尔朱氏刀下有名可寻的就有十四人。《北齐书》卷三四《杨愔传》云："家门遇祸，唯有二弟一妹及孙女数人。"杨氏累世同居的历史到此结束。从时间上看，作为元魏王朝累世同居大家庭典范之一的弘农杨氏维系的时间大概只有三五十年。从前引材料看，范阳卢氏累世同居的历史也只有几十年时间。

从结构类型上看，北朝累世同居大家庭中有直系亲属的累世同居，也有旁系亲属的累世同居。杨播家为旁系亲属的累世同居；卢度世家先为直系亲属的累世同居，父母亡后为旁系亲属的累世同居。另外，奴婢也是豪族家庭的组成部分，如伏连家有掌管仓库管钥的侍婢，还有典马、掌食等下人。其他豪族的具体情况不明。

从阶级角度看，北朝的累世同居大家庭主要是豪族家庭。像弘农杨氏、博陵崔氏、范阳卢氏等都是累世显贵的大家庭，如弘农杨氏"仕皇魏以来，高祖以下乃有七郡太守、三十二州刺史，内外显职，时流少比"。就农民家庭而言，主要是个体小家庭，他们的财力难以维系累世同居大家庭。

(二)南朝累世同居大家庭的概况

南朝也有许多累世同居的豪族家庭。实例如：

元嘉初，西阳董阳五世同财，为乡邑所美。

会稽姚吟事亲至孝，孝建初，扬州辟文学从事，不就。（《宋书》卷九一《孝义传》）

家甚贫窭，兄弟四人，皆白首相对，时人呼为“四皓”。（《南齐书》卷五四《高逸传》）

封延伯，字仲琏，渤海人也。有学行，不与世人交，事寡嫂甚谨。州辟主簿，举秀才，不就。后乃仕。垣崇祖为豫州，启太祖用为长史，带梁郡太守。以疾自免，侨居东海，遂不至京师。三世同财，为北州所宗附。豫章王辟中兵，不就，卒。

建元三年，大使巡行天下，义兴陈玄子四世一百七十口同居。武陵郡邵荣兴、文献叔八世同居。东海徐生之、武陵范安祖、李圣伯、范道根五世同居。零陵谭弘宝、衡阳何弘、华阳阳黑头疏从四世同居，并共衣食。诏表门闾，蠲租税。又蜀郡王续祖、华阳郝道福并累世同爨。建武三年，明帝诏表门闾，蠲调役。

吴达之，义兴人也。嫂亡无以葬，自卖为十夫客，以营冢椁。从祖弟敬伯夫妻荒年被略卖江北，达之有田十亩，货以赎之，与之同财共宅。郡命为主簿，固以让兄。又让世业旧田与族弟，弟亦不受，田遂闲废。建元三年，诏表门闾。（《南齐书》卷五五《孝义传》）

兄弟友爱，不忍暂离，虽各有室，常同卧起，世比之姜肱兄弟。（《梁书》卷一一《张弘策传》）

从兄提养训教，示以义方，每假其谈价，虚其声誉，得及人次，实亦有由。兼开拓房宇，处以华旷，同财共有，恣其取足，尔来三十余年。（《南史》卷二六《袁昂传》）

以上材料中，有关大家庭人口记载的只有“义兴陈玄子四世一百七十口同居”一条。从所包含的世系数目上看，从“三世”到“八世”同居的都有。

（三）南朝与北朝累世同居大家庭比较

受时代及社会环境的影响，南朝的累世同居大家庭呈渐趋减少之势。《宋书》卷八二《周朗传》载：

今士大夫以下，父母在而兄弟异计，十家而七矣。庶人父子殊产，亦八家而五矣。凡甚者，乃危亡不相知，饥寒不相恤，又嫉谤谗害，其间不可称数。宜明其禁，以革其风，先有善于家者，即务其赏，自今不改，则没其财。

《魏书》卷七一《裴植传》载：

植虽自州送禄奉母及赡诸弟，而各别资财，同居异爨，一门数灶，盖亦染江南之俗也。植母既老，身又长嫡，其临州也，妻子随去，分违数岁。论者讥焉。

而永嘉之乱后的北方，以宗族为核心的乡村社会结构始终没有发生大的变化。同时，由于长期战乱的影响，北方重礼仪与重同姓的传统观念比汉晋时期更趋加强。另外，三长制下地主仍可合法占有奴婢，奴婢受田同良民，但对国家无力役负担，缴纳租调又比良民少得多。因此，北方的豪族愿意继续保持其累世同居大家庭。这样，与南朝不同，北朝的累世同居大家庭呈渐趋增多之势。

(四)北朝与宋以后累世同居大家庭比较

根据徐扬杰先生的研究，宋以后的累世同居大家庭从几代到十几代的都有，绵延时间长达几百年。从阶级角度看，主要是庶族地主、平民百姓的大家庭，有的还是农民的大家庭。①

徐扬杰先生指出，宋以后的大家庭“是从形式上继承了魏晋至唐代的累世同居共财传统”，“但是，我们却不可以说，宋以后的大家庭组织实质上就是魏晋以来的大家庭的直接延续，或者说，宋以后的大家庭在东汉时，‘已具雏形’，南北朝时已‘初具轮廓’。在这里，我们首先要看到，中国封建社会的家族组织，包括大家庭组织在内，在唐宋之际都曾发生过巨大的变化，经历了一个瓦解和再建的过程，再建的大家庭虽然继承了魏晋隋唐大家庭的某些形式，但却有性质上的不同了”。并且他指出：“宋以后的大家庭组织确实有着它自身的许多特点。首先，它是庶族地主、平民百姓的大家庭，即‘闾巷刺草之民’的大家庭，有的还是农民的大家庭……而魏晋至唐的大家庭大都是世家大族，是当时门阀世族制度的一部分。如五世同居，聚族百口的吴郡顾氏，是六朝时的南方著名士族，前举博陵李氏，则是北方十分显赫的门阀。

① 参见徐扬杰《中国家族制度史》，人民出版社1992年版，第369～372页。

此外，像北魏缌服同爨的华阴杨氏，自祖至孙百口同居的涿县卢氏，以及上述魏晋隋唐的著名大家庭，除寿张张氏等少数几姓之外，也都是豪强著姓，门阀士族，并非一般的百姓。其次，宋以后的大家庭，不仅数量上极为普遍，而且动辄七世、八世以至十余世同居，这在以前是很少见的。例如东汉樊重，三世共财，史学家们就惊叹其'子孙朝夕礼敬，常若公家'。蔡邕与叔父从弟同居，三世不分财，'乡党高其义'。又如汉末韩元长，兄弟同居到死，竟被东晋陶潜引为典型，以诫其子。这些都说明，当时同居共财至于三世就已极为罕见。"①

徐扬杰先生所说的宋以后的大家庭组织"从形式上继承了魏晋至唐代的累世同居共财传统"是十分准确的。徐扬杰先生还指出，宋以后的累世同居大家庭有三个特征："第一个特征是占有大量的土地和其他财产。这是大家庭赖以生存的物质基础"；"第二个特征是实行绝对平均主义的分配方法，同居共财，同爨合食，财物共有，严禁私蓄，所谓'饮食衣服，平均有法；长幼出入，先后有序'"；"第三个特征是在内部实行严格的封建家长制统治"。②根据前引《魏书》卷五八《杨播传》可知，弘农杨氏大家庭具有三个特征：(1)同居、共财、合爨；(2)尊长具有至高无上的权力；(3)占有大量的土地和财产。前两条与徐扬杰先生所说的三个特征中的第二、第三条是一致的。对于第一条，弘农杨氏大家庭成员及登记在册的奴婢可以依法占有土地；另外，"我家入魏之始，即为上客，给田宅，赐奴婢、马牛羊"③，也大大增强了其家庭实力。所以就第一条特征而言，北朝与宋以后的大家庭也没有本质的区别。

既然北朝与宋以后两个时期的累世同居大家庭具有相同的特征，为什么这种大家庭在北朝仅限于世家大族且绵延时间不长，而在宋以后能得到广泛发展且长期延续呢？徐扬杰先生认为主要有以下几个原因："第一，是自然经济的统治十分牢固"；"第二，是从形式上继承了魏晋至唐代的累世同

① 徐扬杰：《宋明家族制度史论》，中华书局 1995 年版，第 153～156 页。

② 徐扬杰：《宋明家族制度史论》，中华书局 1995 年版，第 129～140 页。

③ 《魏书》卷五八《杨播传》。

居共财传统";"第三,是封建统治者的提倡和扶植"。但是仔细分析一下,徐扬杰先生解释的原因并不能回答本段开头的问题。第二条是讲形式相同的,因此不必再作讨论。对于第一条,北朝同样是以自然经济为主体,当时的商品经济极不发达,这已是共识,无需赘言。对于第三条,北朝始终没有析大户为小户的政策。而且,北朝政府从封建伦理的角度出发,对累世同居的大家庭多有表彰;从弘农杨氏大家庭中杨舒妻元氏想分居,却终因杨椿不同意而没有分成的事实看,北朝法律可能也是保护累世同居大家庭的。[①]

那么,造成北朝与宋以后的累世同居大家庭情形不同的原因到底是什么?笔者认为还应该从土地制度的变迁中去找原因。齐涛师曾对中国古代土地制度的变迁作过一个简要精当的概括。他指出:"中国古代的土地赋役政策可以划分为三个阶段:第一阶段是自夏商西周至井田制瓦解,其特点是税人与税地的合一,井田制是建立在其上的赋税征收方式是典型代表;第二阶段是自战国授田制到中唐均田制的瓦解,其特点是以人户为税基的赋税占主导地位;第三阶段是自两税法到清朝的'摊丁入亩',其特点是以土地为税基的赋税逐步占据主导地位。这三个阶段的历史进程与宗族土地所有制、土地国有制、土地私有制三种土地形态的矛盾运动联系在一起。"[②]

就北朝而言,在政治比较清明、均田制推行比较得力的情况下,个人拥有的土地以生死为断进行授还。就一般家庭而言,纯粹依照均田制度而拥有的土地毕竟有限,而要拥有比别人多得多的土地资源,只有两条途径:一是非法侵夺,这是北朝政府强力打击的行为之一;二是政府赐田,而能得到政府赐田的只能是弘农杨氏这样的豪族,一般百姓不可能得到这种恩赐。所以北朝累世同居大家庭多是豪族。而豪族与政权的命运又紧密联系在一起,经常随着政权的动荡而瓦解甚至覆灭,其绵存时间往往就比较短。唐宋两税法唯以资产为宗,不以丁身为本,此后土地私有制完全占据主导地位。根据两税法的规定,田赋征收以地亩为准,有田即有税,无田则无税。也就是说,赋税征收的主要依据是土地而不是人口。王明清《挥尘录》卷一《后录

① 参见拙文《北朝豪族家庭规模结构及其变迁》,载《许昌学院学报》2003年第6期。

② 齐涛:《中国古代经济史》,山东大学出版社1999年版,第25页。

余话》云："富者连我阡陌，为国守财耳。缓急盗贼窃发，边境扰动，兼并之财乐于输纳，皆我之物。"表明宋代自立国之初，统治者就采取了"不抑兼并"的政策。陈舜俞《都官集》卷二《厚生》所载"公卿大臣之占田或千顷而不知止"，就是在这种政策下权贵占有大量土地的真实写照。《皇宋中兴两朝圣政》所载"今郡县之间，官户田居其半"，则表明这种状况到南宋时更有所发展。在宋代的土地兼并中，地主土地的主要来源是购买。马端临《文献通考》卷二《田赋考》云："自秦开阡陌以来，田即为庶人所擅，然亦惟富者、贵者可得之。富者有赀可以买田，贵者有力可以占田，而耕田之夫，率属役于富贵者也。"明代的一条鞭法与清代的摊丁入亩是两税法的继续，其总趋势是丁税越来越让位于地税，平民百姓只要有钱也可以像权贵一样拥有大量的土地。正因为许多平民百姓也有了大量土地作物质基础，所以宋以后的累世同居大家庭无论从阶级成分上，还是从绵延时间上讲，比前代都有了极大的发展。

三、特殊类型的家庭

除以上两种主要类型外，南北朝乡村还有一些特殊类型的家庭结构。诸如，一妻多妾家庭、二妻一夫家庭、烝报婚类家庭、鳏寡孤独家庭，等等。

（一）一妻多妾家庭

南朝子女平等，北朝嫡庶分明，家庭关系紧张。所以，南朝多一妻多妾家庭，北朝则有一些二妻家庭。《颜氏家训》卷一《后娶》云：

> 江左不讳庶孽，丧室之后，多以妾媵终家事；疥癣蚊虻，或未能免，限以大分，故稀斗阋之耻。河北鄙于侧出，不预人流，是以必须重娶，至于三四，母年有少于子者。后母之弟，与前妇之兄，衣服饮食，爰及婚宦，至于士庶贵贱之隔，俗以为常。身没之后，辞讼盈公门，谤辱彰道路，子诬母为妾，弟黜兄为佣，播扬先人之辞迹，暴露祖考之长短，以求直己者，往往而有。悲夫！自古奸臣佞妾，以一言陷人者众矣！况夫妇之义，晓夕移之，婢仆求容，助相说引，积年累月，安有孝子乎？此不可不畏。

有关一妻多妾婚姻组成的家庭实例有：

师伯居权日久，天下辐辏，游其门者，爵位莫不逾分。多纳货贿，家产丰积，伎妾声乐，尽天下之选，园池第宅，冠绝当时，骄奢淫恣，为衣冠所嫉。(《宋书》卷七七《颜师伯传》)

景宗好内，妓妾至数百，穷极锦绣。(《梁书》卷九《曹景宗传》)

性俭率，居处服用，充足而已，不事华侈。晚年颇好音乐，有妓妾十数人，并无被服姿容。(《梁书》卷二八《夏侯亶传》)

(弘)于是姿意酣赏，侍妾百余人，不胜金翠，服玩车马，皆穷一时之绝。(《梁书》卷二八《鱼弘传》)

(瑰)建武末，屡启求还吴，见许。居室豪富，伎妾盈房。或者讥其衰暮畜伎。瑰曰："我少好音律，老而方解。平生嗜欲，无复一存，唯未能遣此耳。"(《南史》卷三一《张瑰传》)

令胜宠惑妾潘，离弃其妻羊氏，夫妻相讼，迭发阴私，丑秽之事，彰于朝野。(《魏书》卷五二《赵令胜传》)

虽然北朝也有一妻多妾婚姻关系组成的家庭，但与其他朝代相比(除皇室成员之外)，一妻多妾家庭并不是很多。《魏书》卷一八《元孝友传》载：

"古诸侯娶九女，士有一妻二妾。《晋令》：诸王置妾八人，郡公、侯妾六人。《官品令》：第一、第二品有四妾，第三、第四有三妾，第五、第六有二妾，第七、第八有一妾。所以阴教聿修，继嗣有广。广继嗣，孝也；修阴教，礼也。而圣朝忽弃此数，由来渐久。将相多尚公主，王侯亦娶后族，故无妾媵，习以为常。妇人多幸，生逢今世，举朝略是无妾，天下殆皆一妻。设令人强志广娶，则家道离索，身事迍邅，内外亲知，共相嗤怪。凡今之人，通无准节。父母嫁女，则教之以妒；姑姊逢迎，必相劝以忌。持制夫为妇德，以能妒为女工。自云不受人欺，畏他笑我。王公犹自一心，已下何敢二意。夫妒忌之心生，则妻妾之礼废；妻妾之礼废，则奸淫之兆兴。斯臣之所以毒恨者也。请以王公第一品娶八，通妻以备九女；称事二品备七；三品、四品备五；五品、六品则一妻二妾。限以一周，悉令充数，若不充数及待妾非礼，使妻妒加捶挞，免所居官。其妻无子而不娶妾，斯则自绝，无以血食祖父，请科不孝之罪，离遣其妻。

臣之赤心，义唯家国，欲使吉凶无不合礼，贵贱各有其宜，省人帅以出兵丁，立仓储以丰谷食，设赏格以擒奸盗，行典令以示朝章，庶使足食足兵，人信之矣。又冒申妻妾之数，正欲使王侯、将相、功臣子弟，苗胤满朝，传祚无穷，此臣之志也。”

诏付有司议奏不同。

上述文字是孝静帝时元孝友奏表中的内容，“诏付有司议奏不同”表明其奏表并没有生效。

（二）二妻家庭

北朝一妻多妾家庭比较少，却有一些二妻一夫组成的特殊家庭，其二妻及其子女之间的关系多不和睦。实例如：

初，李冲又德望所属，既当时贵要，有杖情，遂与子超娶冲兄女，即伯尚妹也。丕前妻子隆同产数人，皆与别居。后得宫人，所生同宅共产。父子情因此偏。（《魏书》卷一四《东阳王元丕传》）

初，定国娶河东柳氏，生子安保，后纳范阳卢度世女，生昕之。二室俱为旧族而嫡妾不分。定国亡后，两子争袭父爵。仆射李冲有宠于时，与度世子渊婚亲相好。冲遂左右申助，昕之由是承爵尚主，职位赫弈。安保沉废贫贱，不免饥寒。（《魏书》卷四〇《陆昕之传》）

初，洪之微时，妻张氏助洪之经营资产，自贫至贵，多所补益，有男女几十人。洪之后得刘氏，刘芳从妹。洪之钦重，而疏薄张氏，为两宅别居，偏厚刘室。由是二妻妒竞，互相讼诅，两宅母子，往来如仇。及莅西州，以刘自随。（《魏书》卷八九《李洪之传》）

（三）烝报婚类家庭

烝，为子妻后母；报，为弟妻寡嫂。《史记》卷一〇〇《匈奴列传》记匈奴人婚俗曰：“父死，妻其后母；兄弟死，皆娶其妻妻子。”王仲翰先生主编的《中国民族史》认为：匈奴人子妻后母、弟妻嫠嫂的习俗，是氏族外婚制的产物，体现了氏族制的残余。这种观点是符合历史实际的。烝报婚姻关系构成的家庭在魏晋南北朝时期广泛存在于社会发展程度比较落后的周边少数民族中，五部匈奴人长期保存着这一习俗。如刘渊死后，第四子聪杀其兄和自立为帝。聪初尊渊妻单氏（即其后母）为皇太后，后来以“太后单氏姿色艳丽”，遂娶以为妻。羯人亦有类似的习俗。《晋书》卷一〇四《石勒载记》载：石勒于太兴二年(319年)称赵王,“又下书禁国人不听报嫂及在丧婚娶,其烧葬令如本俗”。由禁令可知,羯人也有这种风俗。另外,羌、鲜卑、乌丸等民族也长期保存着“妻后母,报寡嫂”的旧俗。

具体到北朝,烝报婚类家庭最多的是北齐皇室。北齐皇室是鲜卑化的汉人,他们遵循鲜卑旧俗,烝报婚类家庭特别普遍。高欢死后,子高澄“烝(欢所娶蠕蠕)公主,产一女”,又复烝欢另一妃郑氏。高氏兄弟报嫂之事还有很多。烝报婚类家庭的大量存在,表明民族融合到北齐仍然没有彻底完成。

(四)鳏寡孤独家庭

这一类人虽可独立营居治生,但不具备完整家庭形态。北魏王朝结束了北方长期分裂的混乱局面,但整个北朝时期北方仍然战乱频仍,动荡不安,这样的社会环境必然要生成许多鳏寡孤独家庭。《魏书》卷七《孝文帝纪下》载:

> (太和十三年),出宫人以赐北镇人贫鳏无妻者。

孝文帝的这一举措说明了当时大量存在残缺家庭这样一个事实。另外,史传中各类“幼孤”、“少孤”的广泛存在也可说明这一点。

同一时期的南朝也是如此。《南史》卷一〇《陈本纪下》载:

> 太建元年春正月甲午,皇帝即位于太极前殿,大赦,改元。文武赐位一阶,孝悌力田及为父后者,赐爵一级,鳏寡不能自存者,人赐谷五斛。

(五)其他类型的特殊家庭

除上述几种类型外,南北朝时期还有一些其他类型的特殊家庭。《南齐书》卷五五《韩灵敏传》载:

> 韩灵敏,会稽剡人也。早孤,与兄灵珍并有孝性,寻母又亡,家贫无以营凶,兄弟共种瓜半亩,朝采瓜子,暮已复生,以此遂办葬事。灵珍亡,无子,妻卓氏守节不嫁,虑家人夺其志,未尝告归,灵敏事之如母。

这个家庭先由母亲及兄弟两个组成,母亲去世之后,兄弟两个在一起生活。后来,哥哥去世,弟弟和嫂子仍然在一起生活。

第二节　南北朝乡村家庭的组织功能

作为整个社会组织体系中的基本组织单位，家庭具有相应的组织功能。南北朝乡村家庭的组织功能包括生产组织功能、赋役承纳功能、教育教化功能、赡养功能、政治功能。

一、生产组织功能

在南北朝乡村，家庭始终是基本的生产组织单位。例如：

会稽人陈氏，有三女，无男。祖父母年八九十，老耄无所知，父笃癃病，母不安其室。值岁饥，三女相率于西湖采菱莼，更日至市货卖，未尝亏怠。乡里称为义门，多欲取为妇，长女自伤茕独，誓不肯行。祖父母寻相继卒，三女自营殡葬，为庵舍墓侧。（《南齐书》卷五五《孝义传》）

再如，《宋书》卷九一《郭世道传》载：

郭世道，会稽永兴人也。生而失母，父更娶，世道事父及后母，孝道淳备。年十四，又丧父，居丧过礼，殆不胜丧。家贫无产业，佣力以养继母。妇生一男，夫妻共议曰："勤身供养，力犹不足，若养此儿，则所费者大。"乃垂泣瘗之。

相对于南朝而言，北朝受特殊政治与社会环境影响，家庭生产的情况前后期有所不同。

（一）北魏前期

如本书第一章所述，北魏前期允许宗主督护大量荫附人口，荫附于大户的个体小家庭本身就是一个生产单位。据《魏书》卷一一〇《食货志》载："魏初不立三长，故民多荫附。荫附者皆无官役，豪强征敛，倍于公赋。"由此可知，大户只负责向荫附的个体小家庭征收赋税，而组织生产则是后者自己的事情，否则就不存在"征敛"了。

另外，从一些皇帝诏令中，我们也可以看出，在宗主督护制下，个体小家庭是基本的生产组织单位。例如：

初，恭宗监国，曾令曰："……其制有司课畿内之民，使无牛家以人牛力相贸，垦殖锄耨。其有牛家与无牛家一人种田二十二亩，偿以私锄功七亩，如是为差，至与小、老无牛家种田七亩，小、老者偿以锄功二亩。皆以五口下贫家为率。各列家别口数，所劝种顷亩，明立簿目。所种者于地首标题姓名，以辨播殖之功。”（《魏书》卷四《太武帝纪下》）

（延兴三年二月）癸丑，诏牧守令长，勤率百姓，无令失时。同部之内，贫富相通。家有兼牛，通借无者，若不从诏，一门之内终身不仕。守宰不督察，免所居官。（《魏书》卷七《孝文帝纪上》）

“使无牛家以人牛力相贸”令及“同部之内，贫富相通。家有兼牛，通借无者”表明，平时的个体小家庭都是独立组织生产活动的。

（二）三长制时期

与三长制相表里的土地制度是均田制。从均田令中政府授田是以家户为单位进行的这一事实来看，个体小家庭是男耕女织、自给自足型的基本生产组织单位。北魏的授田令见于《魏书》卷一一〇《食货志》：

诸男夫十五以上，受露田四十亩，妇人二十亩，奴婢依良。丁牛一头受田三十亩，限四牛。所授之田率倍之，三易之田再倍之，以供耕作及还受之盈缩。

……

诸初受田者，男夫一人给田二十亩，课莳余，种桑五十树，枣五株，榆三根。非桑之土，夫给一亩，依法课莳榆、枣。奴各依良。限三年种毕，不毕，夺其不毕之地。于桑榆地分杂莳余果及多种桑榆者不禁。

……

诸桑田皆为世业，身终不还，恒从见口。有盈者无受无还，不足者受种如法。盈者得卖其盈，不足者得买所不足。不得卖其分，亦不得买过所足。

诸麻布之土，男夫及课，别给麻田十亩，妇人五亩，奴婢依良。皆从还受之法。

诸有举户老小癃残无授田者，年十一已上及癃者各授以半夫田，年逾七十者不还所受，寡妇守志者虽免课亦授妇田。

……

诸地狭之处，有进丁受田而不乐迁者，则以其家桑田为正田分，又不足不给倍田，又不足家内人别减分。无桑之乡准此为法。

……

诸远流配谪、无子孙、及户绝者，墟宅、桑榆尽为公田，以供授受。

北齐的授田令见于《隋书》卷二四《食货志》：

（北齐）至河清三年定令……其方百里外及州人，一夫受露田八十亩，妇四十亩。奴婢依良人，限数与在京百官同。丁牛一头，受田六十亩，限止四牛。又每丁给永业二十亩，为桑田。其中种桑五十根，榆三根，枣五根。不在还受之限。非此田者，悉入还受之分。土不宜桑者，给麻田，如桑田法。

但是由于北齐政权在执行均田制时措施不力，豪强兼并，致使众多民众由于田地过少而成为流民。宋孝王撰《关东风俗传》云："其时强弱相凌，恃势侵夺，富有连畛亘陌，贫无立锥之地。昔汉氏募人徙田，恐遗垦课，令就良美。而齐氏全无斟酌，虽有当年权格，时蹔施行，争地文案有三十年不了者，此由授受无法者也。其赐田者，谓公田及诸横赐之田。魏令，职分公田，不问贵贱，一人一顷，以供刍秣。自宣武出猎以来，始以永赐，得听卖买。迁邺之始，滥职众多，所得公田，悉从货易。又天保之代，曾遥压首人田，以充公簿。比武平以后，横赐诸贵及外戚佞宠之家，亦以尽矣。又河渚山泽有可耕垦肥饶之处，悉是豪势，或借或请，编户之人不得一垄。纠赏者，依令，口分之外知有买匿，听相纠列，还以此地赏之。至有贫人，实非剩长买匿者，苟贪钱货，诈吐壮丁口分，以与纠人，亦既无田，即便逃走。帖卖者，帖荒田七年，熟田五年，钱还地还，依令听许。露田虽复不听卖买，卖买亦无重责。贫户因王课不济，率多货卖田业，至春困急，轻致藏走。亦有懒惰之人，虽存田地，不肯肆力，在外浮游。三正卖其口田，以供租课。比来频有还人之格，欲以招慰逃散。假使蹔还，即卖所得之地，地尽还走，虽有还名，终不肯住，正由县听其卖帖田园故也。广占者，依令，奴婢请田亦与良人相似。以无田之良口，比有地之奴牛。宋世良天保中献书，请以富家牛地先给贫人，其时朝列,称其合理。”[①]由此可知,当时北齐均田令在执行过程中有如下弊端:豪强侵凌贫弱的现象十分严重;对于土地纠纷,政府不能及时妥善解决;政府允许职分公田可以买卖;河渚山泽可垦之地被豪强以或借或请的方式长期占有;对于违规买卖露田者处罚不力;在实际生活中,豪强的奴婢、耕牛之占田与良人几乎相同。北齐在推行均田令过程中出现的这些弊端,是导致其速亡的原因之一。

《通典》卷二《田制下》记载有宇文泰时期的授田情况:“后周文帝霸政之初,创置六官。司均掌田里之政令。凡人口十以上宅五亩,口七以上宅四亩,口五以下宅三亩。有室者田百四十亩,丁者田百亩。”西魏大统十三年计账户籍文书中的相关情况是,丁男应受正田二十亩,麻田十亩,丁妻应受正田四十亩,麻田五亩。

从以上材料可以看出,整个北朝的授田都是以一夫一妇再加上未婚丁男、奴婢、耕牛组成的个体小家庭为单位进行的;“诸有举户老小癃残无授田者,年十一已上及癃者各授以半夫田,年逾七十者不还所受,寡妇守志者虽免课亦授妇田”表明,政府对残缺家庭的授田也是以家户为单位进行的。从授田包括耕田、麻田、桑田等项目来看,个体小家庭仍然是自给自足、男耕女织的基本生产组织单位。《齐民要术》卷三《种葵》云:

> 春暖草生,葵亦俱生。三月初,叶大如钱,逐概处拔大者卖之(十手拔,乃禁取。儿女子七岁以上,皆得充事也)[②]。一升葵,还得一升米。日日常拔,看稀稠得所乃止。有草拔却,不得用锄。一亩得葵三载,合收米九十车。车准二十斛,为米一千八百石。自四月八日以后,日日剪卖。其剪处斫地令起,水浇粪覆之(四月亢旱,不浇则不长。有雨即不须。四月以前,虽旱亦不须浇。地实保泽,雪势未尽故也)。比及剪遍,初者还复,周而复始,日日无穷。至八月社日止,留作秋菜。九月,指地卖,两亩得绢一匹。收讫,即急耕,依去年法,胜作十顷谷田。止须一乘车牛专供此园(耕劳、辇粪、卖菜,终岁不闲)。

① 《通典》卷二《田制下》。

② 括号内文字为贾思勰自注内容。

从其田亩数以及“儿女子七岁以上，皆得充事也”等内容可以获知，该园圃的生产是在家长领导下，包括儿童在内的全部家庭成员都要参与的。也就是说，其生产单位是个体小家庭。

与其他朝代相比，北朝家庭生产功能的变化非常明显。其主要变化之一是农耕业与畜牧业的变动。秦汉时代，农耕区直达阴山脚下。有关的记载如：

(三十三年)，西北斥逐匈奴。自榆中并河以东，属之阴山，以为四十四县，城河上为塞。

(三十六年)，迁北河榆中三万家，拜爵一级。(《史记》卷六《秦始皇本纪》)

(元朔二年春)，遣将军卫青、李息出云中，至高阙，遂西至符离，获首虏数千级。收河南地，至朔方、五原郡。……夏，募民徙朔方十万口。(《汉书》卷六《武帝纪》)

其明年，山东被水灾，民多饥乏，于是天子遣使虚郡国仓廪以振贫。犹不足，又募豪富人相假贷。尚不能相救，乃徙贫民于关以西，及充朔方以南新秦中，七十余万口，衣食皆仰给于县官。(《汉书》卷二四《食货志》)

然而，东汉以来，受气候转冷等因素影响，西北边境的匈奴、羌、胡、休屠、乌桓等少数民族逐渐南下，加以东汉王朝绥抚失当，边境冲突不断加剧，农耕区域逐渐向南退缩。至东汉末年以后，“黄河中游大致即东以云中山、吕梁山，南以陕北高原南缘山脉与泾水为界，形成了两个不同区域。此线以东、以南，基本上是农区，此线以西、以北，基本上是牧区”①。北朝时，仍大致如此。如北朝民歌所描绘的阴山地区：

敕勒山，阴山下，天似穹庐，笼盖四野；天苍苍，野茫茫，风吹草低见牛羊。

---

① 谭其骧：《何以黄河在东汉以后会出现一个长期安流的局面》，载其《长水集》下册，人民出版社 1987 年版，第 22 页；又见史念海《黄土高原及其农林牧分布地区的变迁》，载其《河山集》第三集，人民出版社 1998 年版，第 55～75 页。

《魏书》卷四四《宇文福传》亦云：

> 时仍迁洛，敕福检行牧马之所。福规石济以西、河内以东，拒黄河南北千里为牧地。事寻施行，今之马场是也。及从代移杂畜于牧所，福善将养，并无损耗，高祖嘉之。

在这种大背景下，乡村民间个体家庭的畜牧业也较其他朝代发达得多。虽然直接描绘个体家庭畜牧业的材料不多[①]，但从国家多次向私营畜牧业者征税、编户齐民家庭的大牲畜常被征发来运输军粮等物资的信息中，我们也可以看出畜牧业在个体家庭生产中的普遍性。有关的记载如：

> (泰常六年)二月，调民二十户输戎马一匹、大牛一头。……(三月)乙亥，制六部民，羊满百口输戎马一匹。(《魏书》卷三《明元帝纪》)

> 天光初行，唯配军士千人，诏发京城已西路次民马以给之。时东雍赤水蜀贼断路，诏侍中杨侃先行晓慰，并征其马。侃虽入慰劳，而蜀持疑不下。天光遂入关击破之，简取壮健以充军士，悉收其马。至雍，又税民马，合得万余匹。(《魏书》卷七五《尔朱天光传》)

从以上材料可以看出，整个北朝时期的家庭畜牧业生产都很发达。但具体而言，北朝前后期还有一定的差异：在北魏前期，虽然拓跋珪复国后就开始采取"离散诸部，始同为编民"、"息众课农"等举措，但由于整个拓跋部落的汉化水平还比较低，畜牧经济所占的比重仍然非常大；只有到北魏中期以后，由于政府的极力推动以及拓跋部落已经逐渐汉化，许多地区才开始慢慢由畜牧业转向农耕，畜牧业生产在家庭生产中所占的比重亦才逐渐下降。

北朝家庭生产功能的主要变化之二是家庭纺织业呈现出一种由萎缩到逐渐兴盛的大趋势。拓跋部早期，"时国中少缯帛"[②]，纺织品主要从中原输入。其时，中原地区由于长期受战乱影响，家庭纺织业的生产受到了极大破

---

① 这方面的例子也有一些，如《齐民要术》卷六《养羊》云："余昔有羊二百口，茭豆既少，无以饲，一岁之中，饿死过半。"而且，贾思勰家的羊还算比较少的。该篇中常以羊千口为言，如"羊一千口者，三四月中，种大豆一顷。杂谷并草留之，不须锄治。八九月中，刈做青茭"。又，"一岁之中，牛马驴得两番，羊得四倍。羊羔腊月、正月生者，留以做种；余月生者，剩而卖之。用两万钱为羊本，必岁收千口"。这些已是北魏末年的事情了，这种情况在前期可能更为普遍。

② 《魏书》卷一《序纪》。

坏。北魏前期统治者在知识水平与统治能力方面的局限使他们当时还不可能采取有力措施改变这种状况。自北魏中期以后,北朝政府对纺织业采取保护和发展的政策,多次下达鼓励督促性的诏令:明元帝在诏书中指出"非夫耕妇织,内外相成,何以家给人足矣"[①];太和元年(477年),孝文帝下诏要求,"(地方官员要努力)使农夫外布,桑妇内勤。若轻有征发,致夺民时,以侵擅论"[②];西魏、北周时期的《六条诏书》要求,(各地要)"使农夫不废其业,蚕妇得就其功","三农之隙,及阴雨之暇,又当教民种桑、植果,艺其菜蔬,修其园圃,畜育鸡豚,以备生生之资,以供养生之具"[③]。

统治者这种农桑并重的思想在制度上的体现就是,强行规定个体家庭必须按照规定种植一定数量的桑麻。北魏均田制规定:

> 诸初受田者,男夫一人给田二十亩,课莳余,种桑五十树,枣五株,榆三根。非桑之土,夫给一亩,依法课莳榆、枣。奴各依良。限三年种毕,不毕,夺其不毕之地。于桑榆地分杂莳余果及多种桑榆者不禁。
>
> 诸桑田皆为世业,身终不还,恒从见口。有盈者无受无还,不足者受种如法。盈者得卖其盈,不足者得买所不足。不得卖其分,亦不得买过所足。
>
> 诸麻布之土,男夫及课,别给麻田十亩,妇人五亩,奴婢依良。皆从还受之法。(《魏书》卷一一〇《食货志》)

这种规定使纺织业获得了足够的生产原料。但是,在这种规定下,麻布之乡的麻田要还授,而植桑地区的桑田却为世业田。这个弊端在后代逐步得到了纠正。据西魏大统十三年(547年)敦煌计账户籍残卷(斯六一三号文书)所载民户受田情况,大多是麻田受足,正田不足,在授田时采取先麻田、后正田的原则。到北齐河清三年(564年)的均田令,麻田已经变成世业田。《隋书》卷二四《食货志》载:

> 每丁给永业二十亩,为桑田。其中种桑五十根,榆三根,枣五根。

① 《魏书》卷三《明元帝纪》。
② 《魏书》卷七上《孝文帝纪上》。
③ 《周书》卷二三《苏绰传》。

不在还受之限。非此田者，悉入还受之分。土不宜桑者，给麻田，如桑田法。

这次变动在制度上完成了麻田的桑田化，确保了麻土之乡的家庭也有足够的种麻土地。据郑欣先生研究，北周也同样实现了麻田的桑田化。[①]

桑麻的普遍种植使北朝的纺织业自北魏孝文帝始逐渐发达起来。就乡村家庭的纺织情况而言，其产品主要是帛或布，生产者主要是家庭中的妇女。至于普通家庭纺织产品的大致数量，到目前为止，还没有直接的材料可资说明。但从普通民户所上缴的户调数目来看，生产量应该非常巨大。

二、赋役承纳功能

在南北朝乡村，家庭始终是基本的赋役承纳单位。

(一)南朝

宋齐两代的田租数量为：一丁纳米五石，半丁两点五石。[②] 刘宋的户调制度见于《宋书》卷六《孝武帝纪》："制天下民户岁输布四匹。"除布外，绵绢也在征收之列。《宋书》卷八二《沈怀文传》载："斋库上绢，年调巨万匹，绵亦称此。期限严峻，民间买绢一匹，至二三千，绵一两亦三四百，贫者卖妻儿，甚者或自缢死。怀文具陈民困，由是绵绢簿有所减，俄复旧。"其征收方法是采用九品混通制度。有关的记载有：

又取税之法，宜计人为输，不应以赀。云何使富者不尽，贫者不蠲。乃令桑长一尺，围以为价，田进一亩，度以为钱，屋不得瓦，皆责赀实。民以此，树不敢种，土畏妄垦，栋焚榱露，不敢加泥。岂有剥善害民，禁衣恶食，若此苦者。方今若重斯农，则宜务削兹法。(《宋书》卷八二《周朗传》)

所在结课屋宅田桑，可详减旧价。(《南齐书》卷六《明帝纪》)

而守宰相继，务在裒刻，围桑品屋，以准赀课。致令斩树发瓦，以充

---

① 参见郑欣《北朝均田制度散论》，载其《魏晋南北朝史探索》，山东大学出版社1989年版，第166～191页。

② 参见郑欣《南朝的租调制度》，载其《魏晋南北朝史探索》，山东大学出版社1989年版，第166～191页。

重赋，破民财产，要利一时。东郡使民，年无常限，在所相承，准令上直。每至州台使命，切求悬急，应充猥役，必由穷困。乃有畏失严期，自残躯命，亦有斩绝手足，以避徭役。生育弗起，殆为恒事。守长不务先富民而唯言益国，岂有民贫于下，而国富于上邪？（《南齐书》卷四〇《竟陵文宣王子良传》）

这些材料表明，树木、房屋等财产都是评定户等的依据，也表明其征收户调的制度为九品混通制度。为了增加税收，地方官吏评定户等过程中尽量提高贫民户等的现象非常多。《南齐书》卷四六《顾宪之传》载："山阴一县，课户二万，其民赀不满三千者，殆将居半，刻又刻之，犹且三分余一。凡有赀者，多是士人复除。其贫极者，悉皆露户役民。三五属官，盖惟分定，百端输调，又则常然。比众局检校，首尾寻续，横相质累者，亦复不少。一人被摄，十人相追；一绪裁萌，千蘖互起。蚕事弛而农业废，贱取庸而贵举责，应公赡私，日不暇给，欲无为非，其可得乎？"

梁、陈二代的租调制度有所变化。《隋书》卷二四《食货志》载：

其课，丁男调布绢各二丈，丝三两，绵八两，禄绢八尺，禄绵三两二分，租米五石，禄米二石。丁女并半之。男女年十六岁已上至六十，为丁。男年十六，亦半课，年十八正课，六十六免课。女以嫁者为丁，若在室者，年二十乃为丁。其男丁，每岁役不过二十日。又率十八人出一运丁役之。其田，亩税米二斗。盖大率如此。其度量，斗则三斗当今一斗，称则三两当今一两，尺则一尺二寸当今一尺。

与宋、齐相比，梁、陈二代租调制度最大的变化就是户调变成了丁调。

南朝各政权在征收租调时还经常使用折变制度。《南齐书》卷三《武帝纪》"永明四年"条云：

扬、南徐二州今年户租，三分二取见布，一分取钱。来岁以后，远近诸州输钱处，并减布直，匹准四百，依旧折半，以为永制。

在实际执行过程中，折变比例往往比市场价格要低，从而加重了民众负担。《南齐书》卷二六《王敬则传》载：

永初中，官布一匹，直钱一千，而民间所输，听为九百。渐及元嘉，物价转贱，私货则束直六千，官受则匹准五百，所以每欲优民，必为降落。今入官好布，匹堪百余，其四民所送，犹依旧制。昔为刻上，今为刻下，氓庶空俭，岂不由之。

这种"刻下"的折变办法导致贫苦百姓的生活更加贫困，乃至破产流亡。《宋书》卷五六《孔琳之传》载：

昔事故饥荒，米谷绵绢皆贵，其后米价登复，而绢于今一倍。绵绢既贵，蚕业者滋，虽勤厉兼倍，而贵犹不息。愚谓致此，良有其由。昔事故之前，军器正用铠而已，至于袍袄裲裆，必俟战阵，实在库藏，永无损毁。今仪从直卫及邀罗使命，或有防卫送迎，悉用袍袄之属，非唯一府，众军皆然。绵帛易败，势不支久。又昼以御寒，夜以寝卧，曾未周年，便自败裂。每丝绵新登，易折租以市，又诸府竞收，动有千万，积贵不已，实由于斯，私服为之艰匮，官库为之空尽。愚谓若侍卫所须，固不可废，其余则依旧用铠。小小使命送迎之属，止宜给仗，不烦铠袄。用之既简，则其价自降。

孔琳之说的是大量的军事需求导致绵绢价格上涨，但在实际征收时田租也要折变为绵绢。种种因素叠加，使一般民户的负担大为加重。此外，农民除了要负担租调，还要另外负担地方官员俸禄等事项。而且，这些负担往往没有固定标准。《南齐书》卷二二《豫章王献王传》载：

宋氏以来，州郡秩俸及杂供给，多随土所出，无有定准。嶷上表曰："循革贵宜，损益资用，治在夙均，政由一典。伏寻郡县长尉俸禄之制，虽有定科，而其余资给，复由风俗，东北异源，西南各绪，习以为常，因而弗变，缓之则莫非通规，澄之则靡不入罪。殊非约法明章，先令后刑之谓也。臣谓宜使所在各条公用公田秩石迎送旧典之外，守宰相承，有何供调，尚书精加洗核，务令优衷。事在可通，随宜开许，损公侵民，一皆止却，明立定格，班下四方，永为恒制。"从之。

在实际征收过程中，官员的贪污勒索行为极为普遍，百姓视之如猛虎。《南齐书》卷四〇《竟陵文宣王子良传》载：

前台使督逋切调，恒闻相望于道。及臣至郡，亦殊不疏。凡此辈使人，既非详慎勤顺，或贪险崎岖，要求此役。朝辞禁门，情态即异；暮宿村县，威福便行。但令朱鼓裁完，铍槊微具，顾眄左右，叱咤自专。擿宗断族，排轻斥重，胁遏津埭，恐喝传邮。破岗水逆，商旅半引，逼令到下，先过己船。浙江风猛，公私畏渡，脱舫在前，驱令俱发。呵蹙行民，固其常理。侮折守宰，出变无穷。既瞻郭望境，便飞下严符，但称行台，未显所督。先诃强寺，却摄群曹，开亭正榻，便振荆革。其次绛标寸纸，一日数至；征村切里，俄刻十催。四乡所召，莫辨枉直，孩老士庶，具令付狱。或尺布之逋，曲以当匹；百钱余税，且增为千。或诳应质作尚方，寄系东冶，万姓骇迫，人不自固。遂漂衣败力，竞致兼浆。值今夕酒谐肉饫，即许附申赦格；明日礼轻货薄，便复不入恩科。筐贡微阙，棰挞肆情，风尘毁谤，随忿而发。及其豚蒜转积，鹅栗渐盈，远则分鬻他境，近则托贸吏民。

除常调之外，南朝还有丁税、口钱、塘丁税、山泽税、迎送钱、杂物调、市税、估税、通行税、酒租、盐赋等杂调剥削[①]。

南朝的役有兵役和徭役两种。南朝政府经常征调民丁服兵役。有关记载有：

是岁军旅大起，王公妃主及朝士牧守，各献金帛等物，以助国用，下及富室小民，亦有献私财至数十万者。又以兵力不足，尚书左仆射何尚之参议发南兖州三五民丁，父祖伯叔兄弟仕州居职从事、及仕北徐兖为皇弟皇子从事、庶姓主簿、诸皇弟皇子府参军督护国三令以上相府舍者，不在发例，其余悉倩暂行征。(《宋书》卷九五《索虏传》)

攸之少孤贫，元嘉二十七年，索虏南寇，发三吴民丁，攸之亦被发。(《宋书》卷七四《沈攸之传》)

"三五民丁"是沿用东晋的制度，即"三丁发其一，五丁发其二"，也就是一户中若有三丁则一丁从役，若有五丁则发二丁从役。在战争急需兵员的时候，南朝还实行过"三丁取两"的办法。《南史》卷五《齐废帝东昏侯纪》载：

上自永元以后，魏每来伐，继以内难，扬、南徐二州人丁，三人取两，以此为率。远郡悉令上米准行，一人五十斛，输米既毕，就役如故。又

① 参见郑欣《南朝的杂调》，载其《魏晋南北朝史探索》，山东大学出版社1989年版，第294～307页。

> 先是诸郡役人，多依人士为附隶，谓之“属名”。又东境役苦，百姓多注籍诈病，遣外医巫，在所检占诸属名，并取病身。凡属名多不合役，止避小小假，并是役荫之家。凡注病者，或已积年，皆摄充将役。又追责病者租布，随其年岁多少。衔命之人，皆给货赂，随意纵舍。又横调征求，皆出百姓。

从该段史料可以看出，征民为兵的过程中弊端丛生。

在有些地区，征民为兵甚至制度化了。《南齐书》卷五《海陵王纪》载：

> 广陵年常递出千人以助淮戍，劳扰为烦，抑亦苞苴是育。今并可长停，别量所出。

由于这种繁重的兵役成了民众的一项重要负担，所以官府征兵时经常出现“合村皆空”的局面。《南史》卷七〇《郭祖深传》载：

> 梁兴以来，发人征役，号为三五。及投募将客，主将无恩，存恤失理，多有物故，辄刺叛亡。或有身殒战场，而名在叛目，监符下讨，称为逋叛，录质家丁。合家又叛，则取同籍，同籍又叛，则取比伍，比伍又叛，则望村而取。一人有犯，则合村皆空。

南朝的徭役主要有一般性力役与运役。《隋书》卷二四《食货志》载：

> 其丁男，每岁役不过二十日。又率十八人出一运丁役之。

“每岁役不过二十日”指的是一般性力役，其名目繁多。《南齐书》卷五《海陵王纪》所载延兴元年冬十月诏云：

> 周设媒官，趣及时之制，汉务轻徭，在休息之典，所以布德弘教，宽俗阜民。朕君制八纮，志敷九德，而习俗之风，为弊未改，静言多愠，无忘昏昃。督劝婚嫁，宜严更申明，必使禽币以时，摽梅息怨。正厨诸役，旧出州郡，征吏民以应其数，公获二旬，私累数朔。又广陵年常递出千人以助淮戍，劳扰为烦，抑亦苞苴是育。今并可长停，别量所出。诸县使、村长、路都、防城、直县，为剧尤深，亦宜禁断。

“正厨”、“路都”、“防城”、“直县”等都是当时的力役项目，皆为地方州郡征发，每次二十天。“私累数朔”则表明，正式服役时间加上路途消耗等时间，每丁实际每年要为徭役耗掉几个月之久。广陵每年要征发一千人防护淮河，也属于州郡征发的徭役项目。“为剧尤深”说明，这些徭役项目是当时百姓的沉重负担。

《梁书》卷三《武帝纪下》所载大同七年十二月壬寅诏云：

> 古人云："一物失所，如纳诸隍。"未是切言也。朕寒心消志，为日久矣，每当食投箸，方眠彻枕，独坐怀忧，愤慨申旦，非为一人，万姓故耳。州牧多非良才，守宰虎而傅翼，杨阜是故忧愤，贾谊所以流涕。至于民间诛求万端，或供厨帐，或供厩库，或遣使命，或待宾客，皆无自费，取给于民。又复多遣游军，称为遏防，奸盗不止，暴掠繁多，或求供设，或责脚步。又行劫纵，更相枉逼，良人命尽，富室财殚。此为怨酷，非止一事。亦频禁断，犹自未已。外司明加听采，随事举奏。又复公私传、屯、邸、冶，爰至僧尼，当其地界，止应依限守视；乃至广加封固，越界分断水陆采捕以及樵苏，遂致细民措手无所。凡自今有越界禁断者，禁断之身，皆以军法从事。若是公家创内，止不得辄自立屯，与公竞作以收私利。至百姓樵采以供烟爨者，悉不得禁；及以采捕，亦勿诃问。若不遵承，皆以死罪结正。

"供厨帐"、"供厩库"、"遣使命"、"待宾客"、"责脚步"等项目与"正厨"一样，都属于一般性力役。繁重的力役负担以及豪右侵占山泽使得普通百姓的生活日趋赤贫化，是梁武帝此次下诏的主要原因。但是，虽然历代皇帝屡次下禁断诏，这些力役负担在诏令颁发之后不久便又全部复活。梁武帝诏书中禁断的许多项目就是当初海陵王已经禁断过的，这也成为南朝乡村社会的一大顽症。

"十八人出一运丁役之"指的是运役，即十八人为一组轮番服役，每人每年的役期为二十日，与一般性力役的役期相同。[①] 运役主要是运输租调。《隋书》卷二四《食货志》载："州郡县禄米绢布丝绵，当处输台传仓库。"这些台传仓库有的在中央所在地建康，有的在各州郡。运役就是把租调运到这些台传仓库中。这种运役是当时民众的一大负担。《宋书》卷九《后废帝纪》载："湘、江二州，粮运偏积，调役既繁，庶徒弥扰。"除租调之外，运役还包括

---

① 参见郑欣《南朝的徭役制度》，载其《魏晋南北朝史探索》，山东大学出版社 1989 年版，第 312 页。

运送军粮。《宋书》卷五三《谢方明传》载:“前后征伐,每兵运不充,悉发倩士庶,事既宁息,皆使还本。而属所刻害,或即以补吏。”也就是说,运输军粮是在兵士不足的情况下征发民丁运粮。《梁书》卷一九《刘坦传》载:“坦尝在湘州,多旧恩,道迎者甚众。下车简选堪事吏,分诣十郡,悉发人丁,运租米三十余万斛,致之义师,资粮用给。”

(二)北朝

我们分北魏前期、三长制时期考察北朝乡村的赋税负担。

1. 北魏前期

在北魏前期,民户按照九品差调制度向王朝上缴赋税。前文所引《张丘建算经》关于九品差调的算术题表明,赋税征收是以户为单位进行的。另外,当时的征收制度也明确规定其征收单位是户。《魏书》卷一一〇《食货志》载:“太和八年,始准古班百官之禄,以品第各有差。先是,天下户以九品混通,户调帛二匹、絮二斤、丝一斤、粟二十石;又入帛一匹二丈,委之州库,以供调外之费。至是,户增帛三匹,粟二石九升,以为官私之禄。后增调外帛满二匹。”

2. 三长制时期

北魏实行均田制以后的租调制度是:“其民调,一夫一妇帛一匹,粟二石。民年十五以上未娶者,四人出一夫一妇之调;奴任耕,婢任绩者,八口当未娶者四;耕牛二十头当奴婢八。其麻布之乡,一夫一妇布一匹,下至牛,以此为降。大率十匹为公调(《通典·赋税》中此句作‘大率十匹中五匹为公调’,《通典》是),二匹为调外费,三匹为内外百官俸,此外杂调。”[①]据此,我们可以制成下表(见表4-1)[②]:

---

① 《魏书》卷一一〇《食货志》。

② 本部分中的几个表格参考了郑欣先生的相关表格。参见郑欣《北朝均田制度下的租调剥削》,载其《魏晋南北朝史探索》,山东大学出版社1989年版,第333～347页。

表 4-1　　北魏实行均田制后的租调制度

剥削对象 / 剥削类型	一夫一妇	未婚男丁	受田奴婢	受田耕牛
租粟	2石	5斗	2.5斗	1斗
调帛	1匹	1丈	5尺	2尺

东西魏以后，租调制度发生了明显变化。据西魏大统十三年(547年)敦煌计账户籍残卷(斯六一三号文书)，其租调剥削可制成下表(见表4-2)：

表 4-2　　西魏的租调制度

<table>
<tr><th colspan="2">剥削对象 / 户等 / 剥削类型</th><th>一夫一妇</th><th>未婚男丁</th><th>丁婢</th><th>受田耕牛</th></tr>
<tr><td rowspan="3">租</td><td>上</td><td>4石</td><td>2石</td><td rowspan="3">4斗5升</td><td rowspan="3">1斗5升</td></tr>
<tr><td>中</td><td>3石5斗</td><td>1石7斗5升</td></tr>
<tr><td>下</td><td>2石</td><td>1石</td></tr>
<tr><td colspan="2">调</td><td>布1匹、麻2斤</td><td>布2丈、麻1斤</td><td>布1丈、麻8两</td><td>布2尺</td></tr>
</table>

北周武帝时期的租调剥削是："凡人自十八以至六十有四，与轻癃者，皆赋之。其赋之法，有室者，岁不过绢一匹，绵八两，粟五斛；丁者半之。其非桑土，有室者，布一匹，麻十斤；丁者又半之。丰年则全赋，中年半之，下年一之，皆以时征焉。若艰凶札，则不征其赋。"[①]据此，可制成下表(见表4-3)：

① 《隋书》卷二四《食货志》。

表 4-3　　北周武帝时期的租调制度

剥削对象 剥削类别	一夫一妇	未婚丁男
租	5 斛	2 斛 5 斗
调	绢 1 匹、绵 8 两 或布 1 匹、麻 10 斤	绢 2 丈、绵 4 两 或布 2 丈、麻 5 斤

北齐河清三年(564 年)规定的租调剥削是:"率人一床,调绢一匹,绵八两,凡十斤绵中,折一斤作丝,垦租二石,义租五斗。奴婢各准良人之半。牛调二尺,垦租一斗,义租五升。垦租送台,义租纳郡,以备水旱。垦租皆依贫富为三枭。其赋税常调,则少者直出上户,中者及中户,多者及下户。上枭输远处,中枭输次远,下枭输当州仓。三年一校焉。"[①]据之,可制成下表(见表 4-4):

表 4-4　　北齐的租调制度

剥削对象 剥削类型		一夫一妇	未婚男丁	奴婢	牛
租	垦租	2 石	1 石	5 斗	1 斗
	义租	5 斗	2.5 斗	1.25 斗	5 升
调		绢 1 匹、绵 8 两	绢 2 丈、绵 4 两	绢 1 丈、绵 2 两	绢 2 尺

以上内容表明,均田制下的赋役承纳都是以个体小家庭为单位进行的,承纳对象包括家庭中的夫妇、未婚男丁、奴婢、耕牛。

与南朝一样,北朝的役也分兵役和徭役两种。北魏征调民丁服兵役的记载有:

> 冬十月,太上皇帝亲将南讨。诏州郡之民,十丁取一以充行,户收租五十石,以备军粮。(《魏书》卷七《孝文帝纪上》)
>
> 丙戌,发冀、定、瀛、相、并、济六州二万人、马千匹,增配寿春。(《魏

① 《隋书》卷二四《食货志》。

书》卷八《宣武帝纪》)

北朝的徭役主要有一般性力役与运役。史书中有大量征发民众进行土木工程建设的记载,如:

六月,发八部五百里内男丁筑漨南宫,门阙高十余丈;引沟穿池,广苑囿;规立外城,方二十里,分置市里,经涂洞达。三十日罢。

秋七月,车驾自濡源西幸参合陂。筑北宫垣,三旬而罢,乃还宫。(《魏书》卷二《道武帝纪》)

九月丁酉,发畿内夫五万人筑京师三百二十三坊,四旬而罢。(《魏书》卷八《宣武帝纪》)

九月甲子,发畿内民夫十万人城邺城,四十日罢。

己巳,发夫五万人筑漳滨堰,三十五日罢。

是月,齐献武王召夫五万于肆州北山筑城,西自马陵戍,东至土隥。四十日罢。(《魏书》卷一二《孝静帝纪》)

是年,发夫一百八十万人筑长城,自幽州北夏口至恒州九百余里。

是年,修广三台宫殿。……至是,三台成,改铜爵曰"金凤",金兽曰"圣应",冰井曰"崇光"。(《北齐书》卷四《文宣帝纪》)

西魏、北周徭役的制度规定见于《隋书》卷二四《食货志》:

后周太祖作相,创制六官。……司役掌力役之政令。凡人自十八以至五十有九,皆任于役。丰年不过三旬,中年则二旬,下年则一旬。凡起徒役,无过家一人。其人有年八十者,一子不从役,百年者,家不从役。废疾非人不养者,一人不从役。若凶札,又无力征。……武帝保定元年,改八丁兵为十二丁兵,率岁一月役。建德二年,改军士为侍官,募百姓充之,除其县籍。是后夏人半为兵矣。宣帝时,发山东诸州,增一月功为四十五日役,以起洛阳宫。

在西魏、北周,所谓"兵",意为服役男丁,丁兵主要是服力役,兵役乃是力役的延伸。西魏初,实行"六丁兵",即六丁为一组,轮番上役,每年每丁服役两个月。北周武帝保定元年(561 年),改八丁兵为十二丁兵,即八丁番上，每年服役四十五天。同年又改为十二丁兵，每丁每年服役一个月。[①]

北朝的运役负担也非常繁重。北魏献文帝规定了运送租调的三等九品制。《魏书》卷一一〇《食货志》载：

显祖即位，亲行俭素，率先公卿，思所以赈益黎庶。至天安、皇兴间，岁频大旱，绢匹千钱。刘彧淮北青、冀、徐、兖、司五州告乱请降，命将率众以援之。既临其境，青冀怀贰，进军围之，数年乃拔。山东之民咸勤于征戍转运，帝深以为念。遂因民贫富，为租输三等九品之制。千里内纳粟，千里外纳米；上三品户入京师，中三品入他州要仓，下三品入本州。

北齐一朝关于运役的规定见于《隋书》卷二四《食货志》：

率人一床，调绢一匹，绵八两，凡十斤绵中，折一斤作丝，垦租二石，义租五斗。奴婢各准良人之半。牛调二尺，垦租一斗，义租五升。垦租送台，义租纳郡，以备水旱。垦租皆依贫富为三枭。其赋税常调，则少者直出上户，中者及中户，多者及下户。上枭输远处，中枭输次远，下枭输当州仓。三年一校焉。租入台者，五百里内输粟，五百里外输米。入州镇者，输粟。人欲输钱者，准上绢收钱。诸州郡皆别置富人仓。初立之日，准所领中下户口数，得支一年之粮，逐当州谷价贱时，斟量割当年义租充入。谷贵，下价粜之；贱则还用所粜之物，依价粜贮。

除了运送租调之外，运送军粮等军需物品也是北朝民众的一大负担。在战事较少的时候，统治者会采取免除一定期限的租赋作为缓冲。《魏书》卷四《太武帝纪上》所载延和三年二月戊寅诏云：

朕承统之始，群凶纵逸，四方未宾，所在逆僭。蠕蠕陆梁于漠北，铁弗肆虐于三秦。是以旰食忘寝，抵掌扼腕，期在扫清逋残，宁济万宇。故频年屡征，有事西北，运输之役，百姓勤劳，废失农业，遭离水旱，致使生民贫富不均，未得家给人足，或有寒穷不能自赡者，朕甚愍焉。今四方顺轨，兵革渐宁，宜宽徭赋，与民休息。其令州郡县隐括贫富，以为三级，其富者租赋如常，中者复二年，下穷者复三年。刺史守宰当务尽平

① 参见唐长孺《魏晋南北朝隋唐史三论》，武汉大学出版社 1993 年版，第 209～210 页。

当，不得阿容以罔政治。明相宣约，咸使闻知。

《魏书》卷七《孝文帝纪上》所载太和六年二月乙未诏云：

萧道成逆乱江淮，戎旗频举，七州之民既有征运之劳，深乖轻徭之义，朕甚愍之。其复常调三年。

三、教育教化功能

在南北朝乡村，家庭是基本的教育教化单位。《颜氏家训》卷一《教子》云：

凡庶纵不能尔，当及婴稚，识人颜色，知人喜怒，便加教诲，使为则为，使止则止。比及数岁，可省笞罚。父母威严而有慈，则子女畏慎而生孝矣。

同书同卷《治家》云：

夫风化者，自上而行于下者也，自先而施于后者也。是以父不慈则子不孝，兄不友则弟不恭，夫不义则妇不顺矣。

同书卷三《勉学》云：

人生小幼，精神专利，长成已后，思虑散逸，固须早教，勿失机也。

上引材料都是强调父母对子女的教育要从小抓起。这也表明，个体小家庭是基本的教育单位。

从施教者的身份来看，有的是父母教授子女。有关的记述有：

吾家风教，素为整密。昔在龆龀，便蒙诱诲；每从两兄，晓夕温凊，规行矩步，安辞定色，锵锵翼翼，若朝严君焉。（《颜氏家训》卷一《序致》）

到沆，字茂瀣，彭城武原人也。曾祖彦之，宋将军。父㧑，齐五兵尚书。沆幼聪敏，五岁时，㧑于屏风抄古诗，沆请教读一遍，便能讽诵，无所遗失。（《梁书》卷四九《到沆传》）

何承天，东海郯人也。从祖伦，晋右卫将军。承天五岁失父，母徐氏，广之姊也，聪明博学，故承天幼渐训议，儒史百家，莫不该览。（《宋书》卷六四《何承天传》）

（贞）幼聪敏，有至性。祖母阮氏先苦风眩，每发，便一二日不能饮

食。贞时年七岁,祖母不食,贞亦不食,往往如此。母王氏授以《论语》、《孝经》,读讫便诵。(《南史》卷七四《谢贞传》)

母临川太守谢惠宣女,惇敏妇人也。教融书学。(《南齐书》卷四七《王融传》)

景先,字光胄。幼孤贫,无资从师,其母自授《毛诗》、《曲礼》。年十二,请其母曰:"岂可使兄佣赁以供景先也?请自求衣,然后就学。"母哀其小,不许。苦请,从之,遂得一羊裘,忻然自足。昼则樵苏,夜诵经史,自是精勤,遂大通赡。太和中,例得还乡,郡辟功曹。州举秀才,值州将卒,不得对策。解褐太学博士。时太常刘芳、侍中崔光当世儒宗,叹其精博,光遂奏兼著作佐郎,修国史。寻除司徒祭酒、员外郎。侍中穆绍又启景先撰《世宗起居注》。累迁步兵校尉,领尚书郎,齐州中正,所历皆有当官之称。(《魏书》卷四三《房景先传》)

彪有女,幼而聪令,彪每奇之,教之书学,读颂经传。尝窃谓所亲曰:"此当兴我家,卿曹荣得其力。"彪亡后,世宗闻其名,召为婕妤,以礼迎引。婕妤在宫,常教帝妹书,诵授经史。志后稍迁符玺郎中、徐州平东府司马。以军功累转后军将军、中散大夫、辅国将军、永宁寺典作副将。始彪奇志及婕妤,特加器爱,公私坐集,必自称咏,由是为高祖所责。及彪亡后,婕妤果入掖庭,后宫咸师宗之。世宗崩,为比丘尼,通习经义,法座讲说,诸僧叹重之。(《魏书》卷六二《李彪传》)

清河房爱亲妻崔氏者,同郡崔元孙之女。性严明高尚,历览书传,多所闻知。子景伯、景先,崔氏亲授经义,学行修明,并为当世名士。(《魏书》卷九二《列女传》)

有的是兄长教授诸弟。有关的记述有:

何炯字士光,庐江灊人也。父撙,太中大夫。炯年十五,从兄胤受业,一期并通《五经》章句。(《梁书》卷四七《何炯传》)

(江革)九岁丁父艰,与弟观同生,少孤贫,傍无师友,兄弟自相训勖,读书精力不倦。(《梁书》卷四九《江革传》)

少有志行,学博才清,抚训诸弟,专以读诵为业。(《魏书》卷八五《裴敬宪传》)

彦谦早孤，不识父，为母兄鞠养。长兄彦询，雅有清鉴，以彦谦天性颖悟，每奇之，亲教读书。年七岁，诵数万言，为宗党所异。（《北史》卷三九《房彦谦传》）

还有的是宗族中其他人员教授。有关的记述有：

愍孙少好学，有清才，随伯父洵为吴郡，拥弊衣读书，足不逾户。其从兄颢出游，要愍孙，愍孙辄称疾不动。叔父淑雅重之，语子弟曰："我门不乏贤，愍孙必当复为三公。"（《南史》卷二六《袁湛传附袁粲传》）

从兄提养训教，示以义方，每假其谈价，虚其声誉，得及人次，实亦有由。（《南史》卷三一《袁昂传》）

有的是舅舅、姑夫等人教授。有关的记述有：

瓛笃志好学，博通训义。年五岁，闻舅孔熙先读《管宁传》，欣然欲读，舅更为说之，精意听受，曰："此可及也。"（《南史》卷五〇《刘瓛传》）

范云，字彦龙，南乡舞阴人，晋平北将军汪六世孙也。祖璩之，宋中书侍郎。云六岁就其姑夫袁叔明读《毛诗》，日诵九纸。（《南史》卷五七《范云传》）

有的大家族还设有专门的学馆。有关的记述有：

愔一门四世同居，家甚隆盛，昆季就学者三十余人。学庭前有柰树，实落地，群儿咸争之，愔颓然独坐。其季父暐适入学馆，见之大用嗟异，顾谓宾客曰："此儿恬裕，有我家风。"（《北齐书》卷三四《杨愔传》）

（子孝）性又宽慈，敦穆亲族。乃置学馆于私第，集群从子弟，昼夜讲读。并给衣食，与诸子同。（《北史》卷一七《元子孝传》）

有的是训导子女从师受业。《魏书》卷七七《高谦之传》载：

谦之妻中山张氏，明识妇人也。教劝诸子，从师受业。常诫之曰："自我为汝家妇，未见汝父一日不读书。汝等宜各修勤，勿替先业。"

有的是既亲自教授，又广延师友。《北齐书》卷三五《裴让之传》载：

（其母）辛氏，高明妇则，又闲礼度。夫丧，诸子多幼弱，广延师友，或亲自教授。内外亲属有吉凶礼制，多取则焉。让之少好学，有文俊辩，早得声誉。

家庭教育的内容从伦理道德到文化知识、生产生活知识与技能，可谓包罗万象。但对多数农民家庭而言，恐怕还是无力支持儿女去学校接受比较系统的教育。多数的农家子女，只能在家庭接受教育，学习待人接物的礼节、生产生活的知识与技能。就生产生活知识与劳动技能而言，实际上也只能依靠家庭教育来获得，前引园圃中七岁以上儿女参与生产活动就是一例。相比之下，士大夫家庭的教育则要完善得多。现以颜之推《颜氏家训》中的内容为主要材料，再参以其他材料试作分析。

颜之推在《涉务》中指出，国家政治事务所需人才的标准有：

士君子之处世，贵能有益于物耳，不徒高谈虚论，左琴右书，以费人君禄位也。国之用材，大较不过六事：一则朝廷之臣，取其鉴达治体，经纶博雅；二则文史之臣，取其著述宪章，不忘前古；三则军旅之臣，取其断决有谋，强干习事；四则藩屏之臣，取其明练风俗，清白爱民；五则使命之臣，取其识变从宜，不辱君命；六则兴造之臣，取其程功节费，开略有术，此则皆勤学守行者所能辨也。人性有长短，岂责具美于六途哉？但当皆晓指趣，能守一职，便无愧耳。

无论要成为六类人才中的哪一种，都要"德艺周厚"。基于这种认识，颜之推提出，要从德育、艺育两大方面对子孙后代进行教育。

颜之推要求子孙树立仁义信念。他提出，在社会生活中，应依照仁义的信念，为善去恶。他说：

王子晋云："佐雍得尝，佐斗得伤。"此言为善则预，为恶则去，不欲党人非义之事也。……如有逆乱之行，得罪于君亲者，又不足恤焉。亲友之迫危难也，家财己力，当无所吝；若横生图计，无理请谒，非吾教也。墨翟之徒，世谓热腹，杨朱之侣，世谓冷肠；肠不可冷，腹不可热，当以仁义为节文尔。（《省事》）

为了维护仁义道德准则，个人牺牲生命也应在所不惜：

行诚孝而见贼，屦仁义而得罪，丧身以全家，泯躯而济国，君子不咎也。

颜之推晚年将佛教"五禁"与儒家"五常"等同起来。他说：

内典初门，设五种禁；外典仁义礼智信，皆与之符。仁者，不杀之禁也；义者，不盗之禁也；礼者，不邪之禁也；智者，不酒之禁也；信者，不妄

之禁也。(《归心》)

他将两者等同起来,目的仍是加强道德教育。

读书是士大夫子弟家庭教育的重要内容,但当时的社会风气却并不鼓励读书,颜之推对此提出了尖锐的批评:

世人不问愚智,皆欲识人之多,见事之广,而不肯读书,是犹求饱而懒营馔,欲暖而惰裁衣也。夫读书之人,自羲、农已来,宇宙之下,凡识几人,凡见几事,生民之成败好恶,固不足论,天地所不能藏,鬼神所不能隐也。(《勉学》)

读书的前提条件是识字、学好文字学,颜之推对之十分重视:

夫文字者,坟籍根本。世之学徒,多不晓字:读《五经》者,是徐邈而非徐慎;习赋诵者,信褚诠而忽吕忱;明《史记》者,专徐、邹而废篆籀;学《汉书》者,悦应、苏而略《苍》、《雅》。不知书音是其枝叶,小学乃其宗系。(《勉学》)

颜之推并强调学习文字要通古今变化:

世间小学者,不通古今,必依小篆,是正书记;凡《尔雅》、《三苍》、《说文》,岂能悉得苍颉本指哉?亦是随代损益,互有同异。西晋已往字书,何可全非?但令体例成就,不为专辄耳。考校是非,特须消息。……吾昔初看《说文》,蚩薄世字,从正则惧人不识,随俗则意嫌其非,略是不得下笔也。所见渐广,更知通变,救前之执,将欲半焉。若文章著述,犹择微相影响者行之,官曹文书,世间尺牍,幸不违俗也。(《书证》)

颜之推提出,读书最主要的是读儒家《五经》。《五经》是圣贤指导人们如何立身处世的典籍。他说:

夫圣贤之书,教人诚孝,慎言检迹,立身扬名,亦已备矣。(《序致》)

他认为,《五经》也是学习如何做文章的范本:

夫文章者,原出《五经》:诏令策檄,生于《书》者也;序述论议,生于《易》者也;歌咏赋颂,生于《诗》者也;祭祀哀诔,生于《礼》者也;书奏箴铭,生于《春秋》者也。(《文章》)

此外,他提出,"百家之书"也是应读书目:

夫学者贵能博闻也。郡国山川,官位姓族,衣服饮食,器皿制度,皆

欲根寻，得其原本；至于文字，忽不经怀，己身姓名，或多乖舛，纵得不误，亦未知所由。（《勉学》）

他还提出，算术、医学等技艺内容也要稍加涉猎：

算术亦是六艺要事，自古儒士论天道，定律历者，皆学通之。然可以兼明，不可以专业。……医方之事，取妙极难，不劝汝曹以自命也。微解药性，小小和合，居家得以救急，亦为胜事，皇甫谧、殷仲堪则其人也。（《杂艺》）

颜之推还主张，读书之外，也要学习一定的农业生产知识：

古人欲知稼穑之艰难，斯盖贵谷务本之道也。夫食为民天，民非食不生矣。三日不粒，父子不能相存。耕种之，茠鉏之，刈获之，载积之，打拂之，簸扬之，凡几涉手，而入仓廪，安可轻农事而贵末业哉？（《涉务》）

同时，家庭也是基本的教化单位。如《魏书》卷五八《杨椿传》中杨椿训诫子孙的家训是：

我家入魏之始，即为上客，给田宅，赐奴婢、马牛羊，遂成富室。自尔至今二十年，二千石、方伯不绝，禄恤甚多。至于亲姻知故，吉凶之际，必厚加赠襚；来往宾僚，必以酒肉饮食。是故亲姻朋友无憾焉。国家初，丈夫好服彩色。吾虽不记上谷翁时事，然记清河翁时服饰，恒见翁着布衣韦带，常约敕诸父曰："汝等后世，脱若富贵于今日者，慎勿积金一斤、彩帛百匹以上，用为富也。"又不听治生求利，又不听与势家作婚姻。至吾兄弟，不能遵奉。今汝等服乘，以渐华好，吾是以知恭俭之德，渐不如上世也。又吾兄弟，若在家，必同盘而食，若有近行，不至，必待其还，亦有过中不食，忍饥相待。吾兄弟八人，今存者有三，是故不忍别食也。又愿毕吾兄弟世，不异居、异财，汝等眼见，非为虚假。如闻汝等兄弟，时有别斋独食者，此又不如吾等一世也。吾今日不为贫贱，然居住舍宅不作壮丽华饰者，正虑汝等后世不贤，不能保守之，方为势家作夺。

北都时，朝法严急。太和初，吾兄弟三人并居内职，兄在高祖左右，吾与津在文明太后左右。于时口敕，责诸内官，十日仰密得一事，不列便大瞋嫌。诸人多有依敕密列者，亦有太后、高祖中间传言构间者。吾兄弟自相诫曰："今忝二圣近臣，母子间甚难，宜深慎之。又列人事，亦何容易，纵被瞋责，慎勿轻言。"十余年中，不尝言一人罪过，当时大被嫌责。答曰："臣等非不闻人言，正恐不审，仰误圣听，是以不敢言。"于后终以不言蒙赏。及二圣间言语，终不敢辄尔传通。太和二十一年，吾从济州来朝，在清徽堂豫宴。高祖谓诸王、诸贵曰："北京之日，太后严明，吾每得杖，左右因此有是非言语。和朕母子者唯杨椿兄弟。"遂举赐四兄及我酒。汝等脱若万一蒙时主知遇，宜深慎言语，不可轻论人恶也。

吾自惟文武才艺、门望姻援不胜他人，一旦位登侍中、尚书，四历九卿，十为刺史，光禄大夫、仪同、开府、司徒、太保，津今复为司空者，正由忠贞，小心谨慎，口不尝论人过，无贵无贱，待之以礼，以是故至此耳。闻汝等学时俗人，乃有坐而待客者，有驱驰势门者，有轻论人恶者，及见贵胜则敬重之，见贫贱则慢易之，此人行之大失，立身之大病也。汝家仕皇魏以来，高祖以下乃有七郡太守、三十二州刺史，内外显职，时流少比。汝等若能存礼节，不为奢淫骄慢，假不胜人，足免尤诮，足成名家。吾今年始七十五，自惟气力，尚堪朝觐天子，所以孜孜求退者，正欲使汝等知天下满足之义，为一门法耳，非是苟求千载之名也。汝等能记吾言，百年之后，终无恨矣。

魏收对弘农杨氏大家庭的评价是：

播家世纯厚，并敦义让，昆季相事，有如父子。播刚毅。椿、津恭谦，与人言，自称名字。兄弟旦则聚于厅堂，终日相对，未曾入内。有一美味，不集不食。厅堂间，往往帷幔隔障，为寝息之所，时就休偃，还共谈笑。椿年老，曾他处醉归，津扶侍还室，仍假寐阁前，承候安否。椿、津年过六十，并登台鼎，而津尝旦暮参问，子侄罗列阶下，椿不命坐，津不敢坐。椿每近出，或日斜不至，津不先饭，椿还，然后共食。食则津亲授匙箸，味皆先尝，椿命食，然后食。津为司空，于时府主皆引僚佐，人就津求官，津曰："此事须家兄裁之，何为见问？"初，津为肆州，椿在京宅，每有四时嘉味，辄因使次附之，若或未寄，不先入口。椿每得所寄，辄对之下泣。兄弟皆有孙，唯椿有曾孙，年十五六矣，椿常欲为之早娶，望见玄孙。自昱已下，率多学尚，时人莫不钦羡焉。一家之内，男女百口，缌服同爨，庭无间言，魏世以来，唯有卢渊兄弟及播昆季，当世莫逮焉。

从上引材料看，家庭的教化功能体现在两个方面：(1)以伦理说教为主要内容的家长训导。杨椿家训的主要目的就在于此。其内容包括如何处理家庭成员之间的关系，如何对待亲朋好友，生活应当节俭，居官要谨慎等。其核心指导思想是要从大家庭的全局出发去行事。对此，谷川道雄先生有很精辟的分析，他指出："舍私利而就公义的理念，已成为当时累世同居现象的精神支柱，应该说已经是毋庸质疑的了。"[①](2)长辈的示范作用。颜之推曾经说过："禁童子之暴虐，则师友之诫，不如傅婢之指挥；止凡人之斗阋，则尧、舜之道，不如寡妻之诲谕。"[②]杨津对哥哥杨椿毕恭毕敬的态度深深影响了他们的晚辈，"自昱已下，率多学尚"。

四、赡养功能

在南北朝乡村，家庭是基本的赡养单位。家庭赡养包括父母养育子女，子女尽心尽力侍养父母以及父母亡故后继续孝敬父祖，也就是对尊长要"生尽孝，死尽哀"。有关的记述有：

会稽人陈氏，有三女，无男。祖父母年八九十，老耄无所知，父笃癃病，母不安其室。值岁饥，三女相率于西湖采菱莼，更日至市货卖，未尝亏怠。乡里称为义门，多欲取为妇，长女自伤茕独，誓不肯行。祖父母寻相继卒，三女自营殡葬，为庵舍墓侧。(《南齐书》卷五五《孝义传》)

(钟)自陈情事，改葬父祖及亲属十丧，高祖厚加资给。(《宋书》卷四九《刘钟传》)

(湛之)年数岁，与弟淳之共车行，牛奔车坏，左右驰来赴之。湛之先令取弟，众咸叹其幼而有识。及长，颇涉文义，善自位待。事祖母及

① ［日］谷川道雄：《中国中世社会与共同体》第三编，马彪译，中华书局2002年版，第201～202页。

② 《颜氏家训》卷一《序致》。

母，并以孝谨闻。(《宋书》卷七一《徐湛之传》)

郭世道，会稽永兴人也。生而失母，父更娶，世道事父及后母，孝道淳备。年十四，又丧父，居丧过礼，殆不胜丧。家贫无产业，佣力以养继母。妇生一男，夫妻共议曰："勤身供养，力犹不足，若养此儿，则所费者大。"乃垂泣瘗之。(《宋书》卷九一《郭世道传》)

初，绍叔少失父，事母及祖母以孝闻，奉兄恭谨。(《梁书》卷一一《郑绍叔传》)

六年，(亶)出为平西始兴王长史、南郡太守，父忧解职。居丧尽礼，庐于墓侧，遗财悉推诸弟。(《梁书》卷二八《夏侯亶传》)

东郡小黄县人董吐浑、兄养，事亲至孝，三世同居，闺门有礼。(《魏书》卷八六《孝感传》)

治兄弟并孝友敦穆，白首同居。父亡虽久，而犹于平生所处堂宇，备设帏帐几杖，以时节开堂列拜，垂泪阵荐，若宗庙然，吉凶之事必先启告，远出行反亦如之。(《魏书》卷四二《寇赞传附寇治传》)

赵琰，字叔起，天水人。……时禁制甚严，不听越关葬于旧兆。琰积三十余年，不得葬二亲。及蒸尝拜献，未曾不婴慕卒事。每于时节，不受子孙庆贺。年余耳顺，而孝思弥笃。慨岁月推移，迁窆无期，乃绝盐粟，断诸滋味，食麦而已。年八十卒。迁都洛阳，子应等乃还乡葬焉。(《魏书》卷八六《赵琰传》)

叟少孤，每言及父母，则泪下，若孺子之号。春秋当祭之前，则先求旨酒美膳，将其所知广宁常顺阳、冯翊田文宗、上谷侯法俊，携壶执榼，至郭外空静处，设坐奠拜，尽孝思之敬。(《魏书》卷五二《胡叟传》)

及知庄帝践阼，彧以母老请还，辞旨恳切。(萧)衍惜其人才，又难违其意，遣其仆射徐勉私劝彧曰："昔王陵在汉，姜维相蜀，在所成名，何必本土。"彧曰："死犹愿北，况于生也。"衍乃以礼遣。彧性至孝，事父母尽礼，自经违离，不进酒肉，容貌憔悴，见者伤之。(《魏书》卷一八《临淮王元彧传》)

樊逊，字孝谦，河东北猗氏人也。祖琰、父衡，并无官宦，而衡性至孝，丧父，负土成坟，植柏方数十亩，朝夕号慕。(《北史》卷八三《樊逊

传》)

以上材料中“事亲至孝”、“性至孝,事父母尽礼”等内容都是“生尽孝”的表现;“父亡虽久,而犹于平生所处堂宇,备设帏帐几杖,以时节开堂列拜,垂泪阵荐,若宗庙然,吉凶之事必先启告,远出行反亦如之”、“及蒸尝拜献,未曾不嬰慕卒事。每于时节,不受子孙庆贺,年余耳顺,而孝思弥笃。慨岁月推移,迁窆无期,乃绝盐粟,断诸滋味,食麦而已”、“携壶执榼,至郭外空静处,设坐奠拜,尽孝思之敬”等内容都是“死尽哀”的表现。所有这些内容都体现出南北朝乡村家庭是基本的赡养单位。

五、政治功能

作为南北朝乡村中的基本组织单位与整个国家管理的终端,家庭承担着最基本的政治与法律责任。对内,甚至可以说一个家庭就是一个小的政权机构,其基本特征是父系、父权、父治,依血统而计亲等,父亲的身份、权力和财产传子不传女,长子优先继承,子女受父亲的支配,实行家长统治。这样,家庭就成为维系、传递政治权力和地位的宗法系统,人们在家庭中养成权威的观念和服从的习惯。家庭的对内功能主要体现在家庭中家长的权力与他对家庭成员的经济行为、生活选择的掌握和操纵上,使家庭成为一个小型政府,这是南北朝乡村家庭的政治功能之一。对外而言,家长作为整个国家管理的终端,还要通过对全部家庭成员的行为负责进而对全社会负责,否则就要承担相应的法律责任,这是南北朝乡村家庭的政治功能之二。

(一)家庭的对内功能

家庭对内功能的表现是尊重父家长的权威。“父”在《说文》中的解释为:“矩也,家长率教者,从又从杖。”“父”字本身即含有统治和权力的意义。家长在家庭内具有至尊至上的权威地位,而且具有唯一性。《礼记·坊记》曰:“家无二主。”《孔子家语·本命解》曰:“天无二日,国无二君,家无二尊。”《荀子·致仕》曰:“父者,家之隆也。隆一而治,二而乱。自古及今未有二隆争重而能长久者。”拥有这种至尊家长资格的,在个体小家庭中是父亲,在累世同居大家庭中是祖父。如果父、祖皆无,则由最年长的男子充当家长。这一点在户籍实例中可以得到证明。

父家长的至尊地位，决定了其拥有极大的权力。南北朝父家长的权力主要表现在以下几个方面：

第一，家长具有教令权。《颜氏家训》卷一《治家》云：

笞怒废于家，则竖子之过立见；刑罚不中，则民无所措手足。治家之宽猛，亦犹国焉。

对犯错子女施以刑罚就是南北朝乡村家长教令权力的一部分。南朝法律甚至规定，如果子女不受父母训教还要治罪。《南史》卷一七《向靖传》载：

子植嗣，多过失，不受母训，夺爵。

前文所举家庭的教育教化功能也是家长教令权的体现。《魏书》卷五八《杨播传》中"自昱已下，率多学尚，时人莫不钦羡焉"，则是父家长教育结果的体现。

第二，家长具有财产统理权。《北齐书》卷二〇《慕容俨附厍狄伏连传》载：

伏连家口有百数，盛夏之日，料以仓米二升，不给盐菜，常有饥色。冬至之日，亲表称贺，其妻为设豆饼。伏连问此豆因何而得，妻对向于食马豆中分减充用。伏连大怒，典马、掌食之人并加杖罚。积年赐物，藏在别库，遣侍婢一人专掌管钥。每入库检阅，必语妻子云："此是官物，不得辄用。"至是簿录，并归天府。

日常饮食原料尚且在作为家长的伏连的过问范围内，其对其他重要财产的管理则更是可想而知。

第三，家长对其他家庭成员的行为和人身具有支配权。在日常生活中，子女必须依照父家长的意志行事，否则属于不孝。北魏时代不逊父母律处髡刑，太和诏书犹以为太轻，令更详制。[①] 北齐、北周时，不孝已成为十种重罪之一。《隋书》卷二五《刑法志》云："（北齐）又列重罪十条：……八曰不孝……其犯此十者，不在八议论赎之限。……（北周）不立十恶之目，而重恶逆不道、大不敬、不孝、不义、内乱之罪。"以后，不孝之罪成为历代十恶之一。

不过，北朝对父家长的权力还是有所限制的。北魏律规定，祖父母、父

---

① 参见《魏书》卷一一一《刑罚志》。

母忿怒以兵刃杀子孙者处五岁刑，殴杀者四岁刑，若心有爱憎而故杀者各加一等。[①] 这也是目前所能见到的有关父母无权杀子的最早法律条文。

前引《魏书》卷五八《杨播传》为我们描绘了一幅充分表现父家长对其家庭成员的行为拥有支配权的画面：杨椿写家训时，他们兄弟中仅有杨椿、杨顺、杨津三人活在世上。杨椿作为大家庭中的尊长，具有至高无上的权力。其家庭成员每天早晚都要在厅堂里举行朝见尊长杨椿的仪式。仪式结束后，杨椿命令坐下，其余人方敢落座，"椿、津年过六十，并登台鼎，而津尝旦暮参问，子侄罗列阶下，椿不命坐，津不敢坐"。吃饭时，杨椿不下命令，家人一律不敢先动，"椿每近出，或日斜不至，津不先饭，椿还，然后共食。食则津亲授匙箸，味皆先尝，椿命食，然后食"。家庭成员还有服侍长者的义务，"椿年老，曾他处醉归，津扶侍还室，仍假寐阁前，承候安否"。在外做官的家庭成员有"嘉味"，还要寄给尊长，"初，津为肆州，椿在京宅，每有四时嘉味，辄因使次附之，若或未寄，不先入口。椿每得所寄，辄对之下泣"。甚至家庭成员选任僚佐也要经过尊长的同意，"津为司空，于时府主皆引僚佐，人就津求官，津曰：'此事须家兄裁之，何为见问？'"杨津对哥哥杨椿的态度可谓毕恭毕敬，其他晚辈"自昱已下，率多学尚，时人莫不钦羡焉"。

第四，家长具有婚姻决定权。在一个家庭内部，子孙婚姻的成立或解除都要最终由家长来决定，子孙对家长的决定必须无条件服从。《南史》卷七三《孝义传》载：

> 华宝，晋陵无锡人也。父豪，晋义熙末戍长安，宝年八岁，临别谓宝曰："须我还当为汝上头。"长安陷，宝年至七十不婚冠。或问之，宝辄号恸弥日，不忍答也。
>
> 王文殊，字令章，吴兴故鄣人也。父没魏，文殊思慕泣血，终身蔬食，不衣帛，服麻缊而已。不婚，不交人物。

《魏书》卷六九《崔休传》有一个相反的例子：

> 始休母房氏欲以休女妻其外孙邢氏，休不欲，乃违其母情，以妻叉子，议者非之。

---

① 参见《魏书》卷一一一《刑罚志》。

"议者非之"的原因就是崔休没有听从他母亲对其女儿的婚姻安排。这也表明,晚辈的婚姻决定权应为尊长所有。

以上主要讲的是家长的权力。不过,与其他朝代相比,北朝妇女也拥有较高的地位。其主要表现有以下几个方面:

第一,从婚礼中某些风俗看,北朝妇女拥有较高的地位。首先是"弄女婿"风俗。《北史》卷一四《齐文宣皇后李氏传附段昭仪传》中记有一段趣事:"段昭仪,(段)韶妹也。婚夕,韶妻元氏为俗弄女婿法戏文宣,文宣衔之。后因发怒,谓韶曰:'我会杀尔妇!'元氏惧,匿娄太后家,终文宣世不敢出。"唐人段成式《酉阳杂俎》前集卷一《礼义类》亦有类似记述:"北朝婚礼……婿拜阁日,妇家亲宾妇女毕集,各以杖打婿为戏乐。至有大委顿者。"第二种风俗是"催妆"。《酉阳杂俎续集》引《聘北道记》云:"北方婚礼,必用青布幔为屋,谓之青庐,于此交拜。迎新妇,夫家百余人挟车俱呼曰:'新妇子,催出来。'其声不绝,登车乃止。今之催妆是也。"这两种风俗表明,北朝女子在出嫁时不像其他朝代女子那样地位低下。

第二,女子有一定的自主择偶权。北朝女子在婚姻大事上拥有一定的自主权。如北齐时,"(娄昭君)少明悟,强族多聘之,并不肯行。及见神武于城上执役,惊曰:'此真吾夫也。'乃使婢通意,又数致私财,使以聘己,父母不得已而许焉"[①]。女子公开表白爱慕之心,且通用私财使男子聘己而不从父母命令,这在其他朝代绝难看到。

第三,从男子"惧内"风气看,北朝妇女在家庭中拥有较高的地位。本章第一节曾指出,与其他朝代相比,北朝一妻多妾的家庭数量很少。"举朝略是无妾,天下殆皆一妻"是当时社会的写照。"设令人强志广娶,则家道离索,身事迍邅,内外亲知,共相嗤怪"是妇女妒忌强大影响力的表现。从唐初褚遂良《请千牛不简嫡庶表》所云"永嘉以来,王涂不竞,在于河北风俗顿乖,以嫡待庶若奴,妻遇妾而如婢。废情亏礼,转上因习,构怨于宫,取笑于朝"[②],也可看出河北人家当政妇女的专横与悍妒。当时通行的做法是"父母

---

① 《北齐书》卷九《神武娄太后传》。

② 《全唐文》卷一四九。

嫁女，则教之以妒；姑姊逢迎，必相劝以忌。持制夫为妇德，以能妒为女工。自云不受人欺，畏他笑我”[1]。赵翼《廿二史札记》卷一五“隋独孤后妒及臣子”条云：

> 古来宫闱之妒，莫有过于隋独孤后者，不惟妒在己，并子与臣之有妾者，亦代为妒之。后传谓后宫罕得进御，尉迟迥女没入宫，帝私幸之，后伺帝听朝，即阴杀之。凡诸王及朝臣有妾孕者，必劝帝斥之。皇太子勇多内宠，其妃元氏暴崩，疑太子宠妾云氏而害之，由是讽帝废太子。高颎妻死，后欲为娶继室，颎辞以老，后颎妾生子，后恶之，谮颎于帝，遂黜死。按《太子勇传》，勇多内宠，昭训云氏尤嬖，礼匹于嫡。勇妃元氏无宠，尝遇心疾，二日而卒，独孤后意有他故，甚责望。后听晋王广之谮，后忿然曰：“睍地伐（勇小字）渐不可耐，我为娶得元氏女，竟不闻作夫妻，专宠阿云，使有如许豚犬。新妇本无病，忽而暴亡，我亦不能穷治。每思东宫竟无正嫡，至尊万岁后，使汝等向阿云再拜问讯，此是几许大苦痛耶。”乃日媒孽勇之短于帝前，遂废之。又《高颎传》，颎妻死，后谓文帝曰：“高仆射老矣，而丧夫人，宜为之娶。”帝以告颎，颎谢曰：“臣今已老，唯斋居诵佛经，纳室实非所愿。”帝乃止。后颎妾生男，帝甚为之喜。后谓帝曰：“陛下尚信颎耶？陛下欲为娶妇。颎心爱妾，故面欺陛下。今其诈已见，安可信之。”帝由是疏颎，以至赐死。子之后妾薄妻而母恶之，此犹是家庭之恒情，至于臣下之有妾，亦何与后事，乃亦因此而憾之，岂非奇妒哉。

隋独孤后“奇妒”的生长土壤就是北朝妇女甚妒、男子“惧内”这一风气的盛行，而这一风气的盛行，又可以反过来证明当时妇女在家庭中拥有较高的地位。

第四，内政外交全部参与，是北朝妇女拥有较高地位的又一表现。《颜氏家训》卷一《治家》云：“江东妇女，略无交游，其婚姻之家，或十数年间，未相识者，唯以信命赠遗，致殷勤焉。邺下风俗，专以妇持门户，争讼曲直，造请逢迎，车乘填街衢，绮罗盈府寺，代子求官，为夫诉屈，此乃恒、代之遗风

---

① 《魏书》卷一八《元孝友传》。

乎?”由此可见北朝妇女地位之高,而同一时期的南朝则仍持续着“女主内,男主外”的传统模式。《贞观政要》卷九所云“北狄风俗,多由内政”是对这种情况的经典概括。

第五,妇女尚武也是妇女拥有较高地位的表现之一。《魏书》卷七三《杨大眼传》载:“大眼妻潘氏,善骑射,自诣军省大眼。至于攻阵游猎之际,大眼令妻潘戎装,或齐镳战场,或并驱林壑。及至还营,同坐幕下,对诸僚佐,言笑自得,时指之谓人曰:‘此潘将军也。’”

北朝妇女之所以能够拥有较高的家庭地位,主要是由于“恒代之遗风”的绵存。前文所引《颜氏家训》卷一《治家》将之归结为“恒、代之遗风”,是非常准确的。“恒代”,指今山西恒山及河北小五台山以北以大同为中心的地区,是北魏早期的统治区域,后属东魏、北齐。鲜卑族接受汉化的时间在五胡中最晚,其风俗中有许多母权制社会的内容:(1)从婚姻礼仪看,妇女拥有很高地位。《三国志·魏书·乌丸鲜卑传》注引王沈《魏书》云:“其嫁娶皆先私通,略将女去,或半岁百日,然后遣媒人送马牛羊以为聘娶之礼。婿随妻归,见妻家无尊卑,旦起皆拜,而不自拜其父母。为妻家仆役两年,妻家乃厚遣送女,居处财物,一出妻家。故其俗从妇人计,至战斗时,乃自决之。”(2)尊母轻父观念。前引王沈《魏书》云:“怒则杀父兄,而终不害其母,以母有族类,父兄以已有种,无复报者故也。”这条材料说明鲜卑族早期有尊母轻父的观念。(3)自由择偶。《后汉书·乌丸鲜卑传》载:“以季春月大会于饶乐水上,饮宴毕,然后配合。”鲜卑社会在孝文帝改革之后经济生活、社会生活已与汉人几无差别,但是其许多习俗仍顽强地保留着。以自由择偶为例,《魏书》卷七《孝文帝纪》所载太和二十年诏云:“又夫妇之道,生民所先,仲春奔会,礼有达式,男女失时者以礼会之。”《魏书》卷八《宣武帝纪》所载正始元年诏云:“男女怨旷,各令媾会。”《魏书》卷九《孝明帝纪》所载正光二年诏云:“男女怨旷,务令会偶。”上引三条材料表明,直到北魏末年,政府仍在一定程度上允许自由择偶。前文所举北齐神武娄太后的例子则说明,到北齐,社会上仍然有自由择偶的实例。

(二)家庭的对外功能

从家庭与社会的关系看,家长作为整个国家管理的终端,还要通过对全部家庭成员行为负责进而对全社会负责，否则就要承担相应的法律责任。史籍中有关的记述有：

冬十月丁酉，诏曰："兵制峻重，务在得宜。役身死叛，辄考傍亲，流迁弥广，未见其极。遂令冠带之伦，沦陷非所。宜革以弘泰，去其密科。自今犯罪充兵合举户从役者，便付营押领。其有户统及谪止一身者，不得复侵滥服亲，以相连染。"(《宋书》卷三《武帝纪下》)

(中大同元年)秋七月甲子，诏自今有犯罪者，非大逆，父母祖父母勿坐。(《南史》卷七《梁本纪中》)

詧遣将尹正、薛晖等攻拔之，获巘、岸等并其母妻子女，并斩于襄阳北门。詧母龚保林数岸于众，岸曰："老婢教汝儿杀汝叔，乃枉杀忠良。"詧命拔其舌，脔杀而烹之。尽诛诸杜宗族亲者，幼弱下蚕室，又发其坟墓，烧其骸骨，灰而扬之，并以为漆椀。(《南史》卷六四《杜岸传》)

(太平真君五年)诏曰："自顷以来，军国多事，未宣文教，非所以整齐风俗，示轨则于天下也。今制自王公已下至于卿士，其子息皆诣太学。其百工伎巧、驺卒子息，当习其父兄所业，不听私立学校。违者师身死，主人门诛。"(《魏书》卷四《太武帝纪下》)

隆、超与元业等兄弟并以谋逆伏诛，有司奏处孥戮，诏以丕应连坐，但以先许不死之诏，躬非染逆之身，听免死，仍为太原百姓，其后妻二子听随。(《魏书》卷一四《神元平文诸帝子孙列传》)

延兴四年，诏自非大逆干犯者，皆止其身，罢门房之诛。自狱付中书覆案，后颇上下法，遂罢之，狱有大疑，乃平议焉。(《魏书》卷一一一《刑罚志》)

时又大括燕、恒、云、朔、显、蔚、二夏州、高平、平凉之民以为军士，逃隐者身及主人、三长、守令罪以大辟，没入其家。(《北齐书》卷二四《孙搴传》)

愔、子献、天和皆帝姑夫云。于是乃以天子之命下诏罪之，罪止一身，家口不问。寻复簿录五家，王晞固谏，乃各没一房，孩幼兄弟皆除名。(《北齐书》卷三四《杨愔传》)

上引材料中的"门房之诛"都是由于某个家庭成员的犯罪行为而导致的，北齐初年括户中的“逃隐者身及主人”，也是由于某个家庭成员的行为而连累家长。这种连坐法律体系所体现的，正是家庭的对外功能。

第三节　孝悌观念在北朝的确立

在我国古代游牧民族的习俗中，大都没有孝悌观念，早期的鲜卑族也是如此。北魏前期虽然也有一些有关“孝”的事例，但仅限于王室成员和一些受汉文化影响较多的士人。整个民族接受孝悌观念则始于孝文帝时期。孝文帝的儒学造诣很深，他对孝悌的社会功能与意义的认识极为透彻。为推行孝道，他采取了许多重要措施。这些措施，不仅使鲜卑民族最终接受了儒家重礼重孝的文化传统，也挽救了自汉末魏晋以来汉民族的家族伦理危机，为民族融合、社会整合做出了不朽的贡献。本节将系统论述孝文帝倡导并发起的孝治举措及其意义。

一、孝文帝的儒学修养

北魏前期，拓跋氏在汉化过程中逐渐地接受了孝悌观念，如太宗明元帝“素纯孝”[①]，显祖献文帝“仁孝纯至，礼敬师友”[②]等。但是，孝悌观念作为社会意识形态的一部分而被树立起来，是在孝文帝时期。

孝文帝自幼接受儒家教育，儒学造诣很深。他不仅自身“代亲之感，内切于心”[③]，而且对孝悌的社会功能与意义认识得也极为透彻。《魏书》卷五〇《尉元传》载有孝文帝太和十六年发布的诏令：“夫大道凝虚，至德冲挹，故后王法玄猷以御世，圣人崇谦光而降美。是以天子父事三老，兄事五更，所以明孝悌于万国，垂教本于天下。自非道高识博，孰能处之？是故五帝宪德，三王乞言，若求备一人，同之古哲，叔世之老，孰能克堪？师上圣则难为其举，传中庸则易为其选。朕既虚寡，德谢曩哲，更、老之选，差可有之。前

① 《魏书》卷三《明元帝纪》。

② 《魏书》卷六《献文帝纪》。

③ 《魏书》卷七《孝文帝纪下》。

司徒、山阳郡开国公尉元，前大鸿胪卿、新泰伯游明根并元亨利贞，明允诚素，少著英风，老敷雅迹，位显台宿，归终私第。可谓知始知卒，希世之贤也。公以八十之年，宜处三老之重；聊以七十之龄，可充五更之选。”虽然该诏令主要是针对立“三老”、“五更”之制而言的，但也反映出了孝文帝对孝悌的尊崇及其对孝悌社会意义的深刻认识。

二、孝文帝采取的孝治措施

为推行孝道，孝文帝采取了以下几种措施：

第一，孝文帝本人以天子之位践行孝道，以作为世人的表率。太和年间，“是年冬至，高祖、文明太后大飨群官，高祖亲舞于太后前，群臣皆舞。高祖乃歌，仍率群臣再拜上寿。闾进曰：‘臣闻：大夫行孝，行合一家；诸侯行孝，声闻一国；天子行孝，德被四海。今陛下圣性自天，敦行孝道，称觞上寿，灵应无差，臣等不胜庆踊，谨上千万岁寿。’”①太和十四年(490年)，文明太后崩，葬于永固陵。孝文帝决意“终三年之丧”，但由于大臣元休、高闾、游明根、李彪等以为“万机事重，请求听政”，孝文帝只好作罢，但仍表示“哀慕缠绵，心神迷塞，未堪自力以亲政事”②。太和二十年(496年)，孝文帝下诏：“自非金革，皆听终三年丧。”③“行三年丧”作为一种制度最终被确立了下来。

李凭先生认为，“文明太后与孝文帝之间发生摩擦”，“所谓对文明太后冻饿他和要废黜他的事情‘初不有憾’，以及对谮他于太后前的宦者‘不以介意’，等等，不过是做给外人看的姿态罢了”，“孝文帝修的寿宫不是给死去的文明太后看的，而是给活人看的，尤其是给接近文明太后的大臣们看的”。④李凭先生重点是说孝文帝善于运用韬光养晦谋略以稳固帝位。我们在这里还应注意到，孝文帝对冯太后躬行孝道，还具有向世人作表率以推行孝治，以期达到长期稳固封建国家统治的目的。

第二，要求地方官宣孝道，惩不孝。如孝文帝曾告诫即将赴任司州刺史

---

① 《魏书》卷五四《高闾传》。

② 《魏书》卷七下《孝文帝纪下》。

③ 《魏书》卷七下《孝文帝纪下》。

④ 李凭：《北魏平城时代》，社会科学文献出版社2000年版，第270页。

的宗室元赞："赞化畿甸，可宣孝道，必令风教洽和，文体大备。自今有不孝不悌者，比其门标，以刻其柱。"[①]

第三，奖用孝悌。史籍中有关的记述有：延兴三年（473年）十一月，诏令："力田孝悌，才器有益于时，信义著于乡间者，具以名闻。"[②]太和十七、十八年，接连诏令地方查访"孝悌廉贞，文武应求者"。太和二十一年五月，诏令："其孝友德义、文学才干，悉仰贡举。"[③]这些举措对引导和推动民众崇敬践行孝道，起到了极大的推动作用。

第四，敬老养老。孝文帝敬老养老的措施和举动特别多，大致有以下几类：(1)周济贫困、老者。孝文帝即位不久，就"宴京邑耆老年七十已上于太华殿，赐以衣服"。"诏会京师耆老，赐锦彩、衣服、几杖、稻米、蜜、面，复家人不徭役。"[④]李书吉先生曾统计，"孝文帝从即位以来，自延兴元年（471年）七月，至太和二十三年（499年）三月，共发诏一百八十三次"，其中"涉及劝农问疾、养老、乡间举贤内容的有四十九条"。[⑤] 有关的历史记载有：太和三年（479年）十一月，"赐京师贫穷、高年、疾患不能自存者衣服布帛各有差"；太和十三年（489年）四月，诏曰："升楼散物，以赉百姓，至使人马腾践，多有毁伤，今可断之，以本所费之物，赐穷老贫独者"；太和十八年（494年）七月，"所过皆亲见高年，问民疾苦，贫穷孤老赐以粟帛。丙寅，诏六镇及御夷城人，年八十以上而无子孙兄弟，终身给其廪粟；七十以上家贫者，各赐粟十斛"；太和二十一年（497年）九月，诏："可敕司州洛阳之民，年七十以上无子孙，六十以上无期亲，贫不能自存者，给以衣食；及不满六十而有废痼之疾，无大功之亲，穷困无以自疗者，皆于别坊遣医救护，给医师四人，御请药物以疗之。"[⑥](2)行乡饮之礼。有关的历史记载有：太和十一年（487年）十月，诏："乡饮礼废，则长幼之叙乱。孟冬十月，民闲岁隙，宜于此时导以德义。

① 《北史》卷一五《魏诸宗室传》。

② 《魏书》卷七上《孝文帝纪上》。

③ 《魏书》卷七下《孝文帝纪下》。

④ 《魏书》卷七上《孝文帝纪上》。

⑤ 李书吉：《北朝礼制法系研究》，人民出版社2002年版，第98页。

⑥ 《魏书》卷七下《孝文帝纪下》。

可下诸州，党里之内，推贤而长者，教其里人父慈、子孝、兄友、弟顺、夫和、妻柔。不率长教者，具以名闻。"太和十九年(494年)五月，"行饮至之礼，班赐有差"。[①] (3)立三老、五更之制。前引《魏书》卷五〇《尉元传》对三老、五更制度的议定与实施有详尽记述。该制度的效用是向全社会宣明孝顺之道，以使全民都能做到"尊尊"。(4)假官赐爵。《韩非子》卷一七《诡使》指出："设爵位为贱贵基也。"自秦汉以来，统治者经常赐民爵以别贵贱，由别贵贱形成身份，由身份形成秩序。孝文帝也充分地利用了假官赐爵的办法。李书吉先生曾统计："综合《魏书》卷七《高祖纪》有关记载，从太和十七年(493年)到太和二十年(496年)，五年之内孝文帝共颁发为年老者假官赐爵的诏令有十四次，其中太和十七年两次，十八年三次，十九年三次，二十年一次。就假官、赐爵地区说包括怀、并、肆、相、兖、豫、郢、定、徐、汾、雍、济、洛十四州以及东郡、荥阳、河南诸县，其中豫州地区假、赐最多，先后三次。假、赐官、爵最高者有太和十七年、太和二十一年两次。太和十七年赐百岁以上假县令，九十以上赐爵三级，八十以上赐爵二级，七十以上赐爵一级。太和二十一年：'诏雍州世人百年以上假华郡太守，九十以上假荒郡，八十以上假华县令、七十以上假荒县，庶老以年各减一等。七十以上赐爵三级，其营船之夫，赐爵一级，孤寡鳏贫，穷痾废疾，各赐帛二匹，谷五斛。'"[②]

第五，严惩不孝。太和十一年(487年)，孝文帝诏曰："三千之罪，莫大于不孝，而律不逊父母，罪止髡刑。于理未衷。可更详改。"[③]《魏书》卷一九《任城王元澄传附元嵩传》载："大司马、安定王休薨，未及卒哭，嵩便游田。高祖闻而大怒，诏曰：'嵩不能克己复礼，企心典宪，大司马薨殂甫尔，便以鹰鹞自娱。有如父之痛，无犹子之情，捐心弃礼，何其太速！便可免官。'"

孝文帝之后的北朝各个皇帝都很好地贯彻了孝治政策。延昌元年(512年)十一月世宗下诏曰："孝子、顺孙、廉夫、节妇旌表门闾，量给粟帛。"[④]孝昌元年(525年)十一月肃宗下诏曰："大孝容亲，著之昔典，故安平耄耋，诸子

① 《魏书》卷七下《孝文帝纪下》。

② 李书吉：《北朝礼制法系研究》，人民出版社2002年版，第98页。

③ 《魏书》卷一一一《刑罚志》。

④ 《魏书》卷八《宣武帝纪》。

满朝。自今诸有父母年八十以上者，皆听居官禄养，温凊朝夕。"正光二年(521年)二月，肃宗"车驾幸国子学，讲《孝经》"。[①] 永安年间，辛雄上言孝庄帝五事，其中第五事是："丧乱既久，礼仪罕习，如有闺门如穆、孝悌卓然者，宜表其门闾。"[②]

三、孝文帝推行孝治措施的作用及意义

由孝文帝倡导并发起的北朝孝治，在学理上较之汉代并无大的突破，然而这些活动在当时所起到的社会功效和作用却非同一般。就拓跋氏本身而言，鲜卑旧俗"贵少贱老"，"怒则杀父兄，而终不害其母，以母有族类，父兄以己有种，无复报者故也"，"婿随妻归，见妻家无尊卑，旦起皆拜，而不自拜其父母"。[③] 所有这些习俗都表明，鲜卑族原来没有孝悌观念。清代学者赵翼《廿二史札记》中有"后魏多家庭之变"条："穆帝为其子六修所弑，昭成帝为其子实君所弑，道武帝为其子清河王绍所弑，太武帝为中常侍宗爱所弑，献文帝为其母文明太后所害，孝明帝亦为其母胡太后所害。统计后魏诸帝，不得令终者凡六人，而祸皆出于家庭之间，盖刚戾性成，其俗固然也。"赵翼所说的"其俗固然"，当指鲜卑族原本没有孝悌观念，而且这种习俗长期影响着鲜卑社会。北魏前期虽然也有一些有关"孝"的事例，也仅限于王室和一些受汉文化影响较多的士人，整个民族接受孝悌观念则始于孝文帝时期。再就汉民族而言，从汉末魏晋开始，家族伦理出现了严重危机，余英时先生对此已有论述[④]。这种家族伦理危机在西晋时就已十分严重，其主要表现有：(1)不守丧礼。《世说新语·任诞》云："阮籍遭母丧，在晋文王坐进酒肉。司隶何曾亦在坐，曰：'明公方以孝治天下，而阮籍以重丧，显于公坐饮酒食肉，宜流之海外，以正风教。'文王曰：'嗣宗毁顿如此，君不能共忧之，何谓？且有疾而饮酒食肉，固丧礼也！'籍饮啖不辍，神色自若。"又，同书同篇："阮仲容先幸姑家鲜卑婢。及居母丧，姑当远移，初云当留婢，既发，定将去。仲容

---

① 《魏书》卷九《孝明帝纪》。

② 《魏书》卷七七《辛雄传》。

③ 《三国志》卷三〇《乌桓鲜卑传》裴注引《魏书》。

④ 参见余英时《士与中国文化》，上海人民出版社2003年版，第362页。

借客驴着重服自追之，累骑而返。曰：'人种不可失！'即遥集之母也。"(2)不守父子之礼。《晋书》卷四九《胡毋辅之传附胡毋谦之传》载："谦之字子光。才学不及父，而傲纵过之。至酣醉，常呼其父字，辅之亦不以介意，谈者以为狂。辅之正酣饮，谦之窥而厉声曰：'彦国(辅之字)年老，不得为尔！将令我尻背东壁。'辅之欢笑，呼入与共饮。"西晋家族伦理危机直接延及东晋、南朝。清代学者赵翼曾指出："宋武起自乡豪，以诈力得天下，其于家庭之教，固未暇及也，是以宫闱之乱，无复伦理。"[①]赵翼将其原因归结为"其于家庭之教，固未暇及"。我认为这不是主要原因，因为其他朝代如西汉刘邦出身也不高，但当时并没有那么多的宫闱之乱。刘宋宫闱之乱多的主要原因应该归结为西晋以来家族伦理危机不断加深的结果。只是西晋的玄学名士虽然不守家族伦理，但他们都有很高的儒学修养，而南朝的这些皇族成员只学到了他们的外壳。赵翼同书中"宋子孙屠戮之惨"条所描述的事件发生的原因，固然有政治斗争因素，但家族伦理观念淡漠也是因素之一。十六国及北魏前期政局动荡，统治者的知识水平也有很大局限，这都使得家族伦理观念一时难以重新树立起来并付诸于实践。只有到了孝文帝时期，皇权力量得到强化，统治者具有了一定的儒学素养时，孝治作为一种社会意识形态才有可能重新登上历史舞台。孝文帝顺应了这一历史潮流，他的孝治主张与措施使落后的鲜卑民族最终接受了儒家重礼重孝的文化传统，也挽救了自汉末魏晋以来汉民族的家族伦理危机，为民族融合、社会整合做出了不朽的贡献。

第四节　北魏孝文帝时期的礼制建设

礼制是古代政治中的一个重要组成部分，陈寅恪先生在《隋唐制度渊源略论稿》中就曾指出："礼制本与封建阶级相维系"，"唐以前士大夫与礼制之关系既如是之密切，而士大夫阶级又居当日极重要地位，故治史者自不应以

---

① 赵翼：《廿二史札记》，中华书局1984年版，第238页。

其仅为空名，影响不及于平民，遂忽视之而不加论究也”。[①] 基于此认识，陈先生的这部专著以《礼仪》一章作为其正文的第一部分。但是，陈先生采用的是通过抓关键点以获知其概貌的办法，我们要想了解各个时期礼制建设的全貌仍需进行进一步的具体研究，再就孝文帝时期的情况而言，陈先生的研究也存在着一些不足，故本节对孝文帝时期礼制建设作一较为细致的考察。

一、孝文帝时期的礼制建设成就

《魏书》卷一〇八《礼志》载：“高祖稽古，率由旧则，斟配前王，择其令典，朝章国范，焕乎复振。”这是魏收对孝文帝时期礼制建设成就的总评价。本部分将通过《礼志》中的相关记载来具体分析其成就，其引文除特别说明的以外，其余均引自《礼志》，不再另外出注。

(一)魏德

北魏王朝一开始就以黄帝后裔自居。《魏书》卷一《序纪》曰：“昔黄帝有子二十五人，或内列诸华，或外分荒服，昌意少子，受封北土，国有大鲜卑山，因以为号”，“黄帝以土德王，北俗谓土为托，谓后为跋，故以为氏”。北魏以黄帝后裔自居，也就是以华夏正统地位自居。但是，仅仅远追黄帝为祖，还不能与中原固有的历史现实相衔接。解决这一问题的关键是依照五行原则确定北魏王朝的德运。

《魏书·道武帝纪》载，太祖天兴元年(398 年)十二月，“诏百司议定行次，尚书崔玄伯等奏从土德，服色尚黄，数用五，未祖辰腊，牺牲用白，五郊立气，宣赞时令，敬授民时，行夏之正”。同书《礼志》所载说明了崔宏等将拓跋魏定为土德的根据：“群臣奏以国家继黄帝之后，宜为土德，故神兽如牛，牛土畜，又黄星显曜，其符也。于是始从土德，数用五，服尚黄，牺牲用白。”何德章先生认为：“崔宏主张北魏从土德，还应有更隐秘的原因：他既坚持称国号为‘魏’以继神州上国曹魏，而曹魏受汉禅，定土德继汉火德，将第一个年

① 陈寅恪：《隋唐制度渊源略论稿·唐代政治史述论稿》，三联书店 2001 年版，第 7 页。

号定为'黄初',因此,北魏也必须从土德,才能真正成为曹魏的继承者。"[1]

上述活动发生在西晋灭亡之后,此时的东晋王朝被拓跋部书为"僭晋",拓跋部已不再承认其具有合法性。拓跋魏可以"以中原为正统,神州为帝宅"作为自己不承认东晋正统地位的理由。但是,北魏若直接说自己继承曹魏,就意味着他们也不承认西晋的合法性,这是不可能的:一方面,西晋是当时唯一合法的中原正统王朝,这是不可否认的历史事实。另一方面,西晋末年的对垒双方,"一方为成都王司马颖、匈奴刘渊刘聪、羯人石勒等等,另一方为东海王司马越、鲜卑拓跋部、鲜卑段部和'乞活'等等"[2],司马越一方是皇权控制者。也就是说,西晋末年鲜卑拓跋部是西晋皇权的积极支持者,而且在此之前,鲜卑拓跋部也没有反西晋皇权的事件发生,如果不承认西晋存在的合法性也是对其自身历史的歪曲。故孝文帝于太和十四年(490 年)又下诏令群官百辟再议"魏德"行次。高闾认为:汉承周为火德;魏承汉,火生土,魏为土德;晋承魏,土生金,晋为金德;赵承晋,金生水,赵为水德;燕承赵,水生木,燕为木德;秦承燕,木生火,秦为火德;大魏承秦,火生土,故为土德。而李彪、崔光等以为:魏以晋亡,平文始大,所以魏应承晋,晋为金,金生水,所以大魏应为水德。穆亮、陆睿、王元孙、冯诞、游明根、邓侍祖、李恺、郭祚、卫庆、封琳、崔挺、贾元寿等大臣均同意李彪、崔光的意见。最后孝文帝下诏同意魏承晋为水德,主要理由是"晋既灭亡,天命在我"。这种认识是比较符合历史实际的。

"魏德"的讨论实际是在替北魏王朝的合法性寻找依据。太祖时期学者们的理由并不具有历史依据,而孝文帝时期确定魏承晋为水德比较符合历史实际。"魏德"的最后确定,表明他们已经为自己的正统地位打造出了一个强有力的经学与历史依据。

(二)罢西郊祭天

北魏原来的礼制是:"二至郊天地,四节祠五帝,或公卿行事,唯四月郊天,帝常亲行。"可见,其制度是胡汉杂糅,而其中最隆重的是四月西郊祭天。

---

① 何德章:《北魏国号与正统问题》,载《历史研究》1992 年第 3 期。

② 田余庆:《东晋门阀政治》,北京大学出版社 1989 年版,第 32 页。

《魏书》卷一《序纪》载:神元皇帝三十九年(256年),"夏四月,祭天。诸部君长皆来助祭,唯白部大人观望不至。于是征而戮之,远近肃然,莫不震慑"。这是四月西郊祭天最早的记载。其后的记载有:登国元年(386年),"(拓跋珪)即代王位于牛川,西向设祭,告天成礼";天赐二年(405年),"复祀天于西郊,为方坛一,置木主七于上。东为二陛,无等;周垣四门,门各依其方色为名。牲用白犊、黄驹、白羊各一。祭之日,帝御大驾,百官及宾国诸部大人毕从至郊所。帝立青门内近南坛西,内朝臣皆位于帝北,外朝臣及大人咸位于青门之外,后率六宫从黑门入,列于青门内近北,并西面。廪牺令掌牲,陈于坛前。女巫执鼓,立于陛之东,西面。选帝之十族子弟七人执酒,在巫南,西面北上。女巫升坛,摇鼓。帝拜,后肃拜,百官内外尽拜。祀讫,复拜。拜讫,乃杀牲。执酒七人西向,以酒洒天神主,复拜,如此者七。礼毕而返。自是之后,岁一祭"。后一段文字详细记载了其祭天仪式,从中我们可以明显感受到浓厚的北方草原文化色彩。唐人杜佑认为:"帝后六宫及女巫与焉,余制复多夷礼而违旧章。"①到太和十年(486年),北魏仍进行西郊祭天。

太和十八年(494年),孝文帝诏罢西郊祭天。从此,拓跋历史上这一最顽固的祭俗悄然隐退。

(三)孟春祭祖

太和十六年(492年),孝文帝下诏:"夫四时享祀,人子常道。然祭荐之礼,贵贱不同。故有邑之君,祭以首时,无田之士,荐以仲月。况七庙之重,而用中节者哉!自顷蒸尝之礼,颇违旧义。今将仰遵远式,以此孟月,犆礿于太庙。"②

《资治通鉴》卷一四〇《齐纪三》"武帝永明十年事"下,胡三省注曰:"自汉以来,宗庙岁五祀,四孟及腊是也,魏初用中节,夷礼也。"仲月即每季的第二个月,仲月祭祖是北方游牧民族的固有习俗。③ 孟月即每季第一个月,孟月祭祖是汉族传统。这项改革也是孝文帝改游牧习俗为中原习俗的一大

① 《通典》卷四二《礼·郊天上》。
② 《魏书》卷一〇八之一《礼志一》。
③ 参见吕一飞《胡族习俗与隋唐风韵》,书目文献出版社1994年版,第205~206页。

措施。

(四)守三年丧

太和十四年(490年),文明太后崩,孝文帝坚持要守丧三年,但是由于大臣元休、高闾、游明根、李彪等坚决反对,最后没有执行。太和二十年(496年),孝文帝下诏:"自非金革,皆听终三年丧。"[1]守丧三年终成定制。

孝文帝坚持要为文明太后守三年丧并最终定制,意在改革游牧民族"贵小贱老"的原始遗风,最终实现民风的中原化。

(五)依昭穆立七庙

"魏先祖之居幽都也,凿石为祖宗之庙于乌洛侯国西北。"这是拓跋族祭祖的最早记载。天兴二年(399年),"冬十月,平文、昭成、献明庙成。岁五祭,用二至、二分、腊,牲用太牢,常遣宗正兼太尉率祀官侍祀。……又立神元、思帝、平文、昭成、献明五帝庙于宫中,岁四祭,用正、冬、腊、九月,牲用马牛各一,太祖亲祀。……又于云中及盛乐神元旧都祀神元以下七帝,岁三祭,正、冬、腊,用马、牛各一,祀官侍祀"。永兴四年(412年),"立太祖庙于白登山。岁一祭,具太牢,帝亲之,亦无常月"。神瑞元年(414年),"于白登西,太祖旧游之处,立昭成、献明、太祖庙,常以九月、十月之交,帝亲祭,牲用马、牛、羊,又亲行貙刘之礼"。由上述祭祀可知,孝文帝改革之前的拓跋族祭祖随意性很大,没有定制。所以,孝文帝于太和十五年(491年)下诏:"祖有功,宗有德,自非功德厚者,不得擅祖宗之名,居二祧之庙。仰惟先朝旧事,舛驳不同,难以取准。今将述遵先志,具详礼典,宜制祖宗之号,定将来之法。烈祖有创基之功,世祖有开拓之德,宜为祖宗,百世不迁。而远祖平文功未多于昭成,然庙号为太祖;道武建业之勋,高于平文,庙号为烈祖。比功校德,以为未允。朕今奉尊道武为太祖,与显祖为二祧,余者以次而迁。平文既迁,庙惟有六,始今七庙,一则无主。惟当朕躬此事,亦臣子所难言。夫生必有终,人之常理。朕以不德,忝承洪绪,若宗庙有灵,获全首领以没于地,为昭穆之次,心愿毕矣。必不可豫,设可垂之文,示后必令迁之。"该诏令依昭穆立七庙,使北魏太庙祭祀制度与魏晋制度相一致了起来。

---

① 《魏书》卷七《孝文帝纪下》。

（六）冠服

鲜卑风俗把袴褶作为朝贺礼服，不合魏晋以来中原传统礼仪。北魏自天兴六年（403年）就开始制冠服，但是太和之前的冠服多失古礼。“至高祖太和中，始考旧典，以制冠服，百僚六宫，各有参次。”当时的参与者有李冲、冯诞、游明根、高闾、刘昶、蒋少游，主事者是蒋少游。在服制未确定之前，孝文帝下诏停止太和十五年（491年）的小岁贺和十六年（492年）的元旦朝贺。到十九年（495年），颁赐新朝服，取消胡服。

太和冠服的具体内容，今天已经无从得知。但其意义如同社会改革方面的服装改革，从形式上将游牧文化改造成了中原文化。

（七）禘、祫合一

太和十三年（489年），孝文帝下诏令群臣讨论禘、祫问题。游明根、郭祚、封琳、崔光等人取郑玄义认为，禘、祫本来就是两种祭礼，有两种称呼。所以他们主张仍保留两种祭法，三时（除春）皆行禘、祫。而高闾、李韶、高遵等十三人则取王肃义认为，禘、祫名异而实同，应行一时之祭。最后，孝文帝综合两派意见，裁定：“今互取郑、王二义。禘、祫并为一名，从王；禘是祭圆丘大祭之名，上下同用，从郑。若以数则黜，五年一禘，改祫从禘。五年一禘，则四时尽禘，以称今情。禘则依《礼》文，先禘而后时祭。便即施行，著之于令，永为世法。”

在此之前，北魏政府也有各种各样的祭天仪式，然而这些祭天仪式多源于草原游牧部落之旧制。孝文帝第一次从经学角度发起这场祭法中禘、祫异同的讨论，最后又由他本人裁夺——郑、王互取，并著之于法令。这样，北魏王朝不仅在祭天祭祖方面有了像之前的中原王朝一样的经学依据，而且还解决了这一问题上的主要疑点。

（八）六宗一祀而祭

太和十三年（489年），高闾上书列举了汉魏晋诸儒对六宗的不同看法，并指出以往的做法是“遂相因承，别立六宗之兆，总为一位而祭之”。为此他提出：“请依先别处六宗之兆，总为一祀而祭之。”孝文帝不同意他的意见：“详定朝令，祀为事首，以疑从疑，何所取正？”他提出：“六宗者，必是天皇大帝及五帝之神明矣。禋是祭帝之事，故称禋以关其他，故称六以证之。然则肆类上帝，禋于六宗，一祭也，互举以成之。今祭圜丘，五帝在焉，其牲币俱禋，故称肆类上帝，禋于六宗。一祭而六祀备矣。六祭既备，无烦复别立六宗之位。便可依此附令，永为定法。”

孝文帝以国法否定其他形式的六宗之祭，将其合于一祀并著之法令，完成了汉魏晋王朝都没有解决的一项任务。顺着这个思路，太和十五年(491年)，孝文帝又下诏减省群祀：“国家自先朝以来，饷祀诸神，凡有一千二百余处。今欲减省群祀，务从简约。……此四十神计不须立，悉可罢之。”

(九)圜丘之礼

圜丘大祭是古代中国的一项重要祭礼，但是据《通典·沿革·吉礼》，历代执行的情况不尽相同。从太和年间的讨论内容看，在一些重要问题上学者们的意见也并不一致。太和十九年(495年)，孝文帝召集咸阳王禧、司空公穆亮、吏部尚书任城王澄及议礼之官于和温室讨论圜丘之礼。最后达成四项决定：(1)孝文帝认为周礼杀牲祼神是一日之事，刘芳以《周官·牧人职》赞证之。(2)告庙。李彪据鲁人行礼之先例推知行夕牲之礼应告庙。(3)牲用玄色。李彪认为牲用玄色。(4)祭用鼓。崔逸据《周礼》认为祭祀应用鼓。

以上九项改革中，第一条“魏德”的讨论就是要为北魏王朝的合法性寻找依据。“魏德”的最后确定，表明他们已经为自己的正统地位打造出了一个强有力的经学与历史依据。第二到第六条消除了北魏礼制中游牧文化的遗留，从形式上将游牧文化改造成了中原文化。第七到第九条表明孝文帝时期的礼制建设还解决了一些汉魏晋诸儒没有解决的经学难题。

二、评陈寅恪先生的一个观点

从本节第一部分可以看出，孝文帝时期的礼制建设，利用经学，从信仰习俗的角度，对拓跋部最后完成由游牧文化到中原农耕文化的转变起了重要的作用，而且还解决了汉魏晋诸儒没有解决的一些经学难题。我们还可以从中看出，孝文帝时期的礼制主要是由李彪、高闾、游明根、崔光、封琳、穆亮、刘芳、蒋少游等人讨论制定的，其中崔光、刘芳、蒋少游等人为北魏略取青齐时所俘人员，代表了南朝因子，其余人为北方学者；孝文帝本人具有相当高的经学水平，他在讨论中多次表述自己的见解，并与大臣进行论辩，并将许多礼制著之法令，其功绩不可忽视。

而陈寅恪先生在《隋唐制度渊源略论稿》中指出：

> 魏孝文帝之欲用夏变夷久矣，在王肃未北奔之前亦有所兴革。然当日北朝除其所保存魏晋残余之文物外，尚有文成帝略取青齐时所俘南朝人士如崔光、刘芳、蒋少游等及宋氏逋臣如刘昶之伦，可以略窥自典午南迁以后江左的文物制度。然究属依稀恍惚，皆从间接得来，仍无居直接中心及知南朝最近发展之人物与资料可以依据，此《北史·王肃传》所谓"孝文虽厘革制度，变更风俗，其间朴略，未能淳"者是也。魏孝文帝所以优礼王肃固别有政治上之策略，但肃之能供给孝文帝当日所渴盼之需求，要为其最大原因。夫肃在当日南朝虽为膏腴士族，论其才学，不独与江左同时伦辈相较，断非江左第一流，且亦出北朝当日青齐俘虏之下，而卒能将南朝前期发展之文物制度转输于北朝以开太和时代之新文化，为后来隋唐制度不祧之远祖者，盖别有其故也。
>
> 王俭以熟练自晋以来江东之朝章国故，著名当时。其《丧服记》本为少时所撰，久已流行于世，故掌故学乃南朝一时风尚也。仲宝卒年为永明七年，王肃北奔之岁为北魏太和十七年，即南齐永明十一年，在俭卒以后，是肃必经受其宗贤之流风遗著所熏习，遂能保持南朝之利器，遇北主之新知，殆由于此与？[①]

上引文字表明，陈寅恪先生认为王肃在太和礼制建设中所起的作用最大。但是，有两条史料能说明王肃礼仪方面的才学并不太高：(1)《魏书》卷六三《王肃传》载："肃自谓《礼》、《易》为长，亦未能通其大意也。"(2)《魏书》卷五五《刘芳传》载："王肃之来奔也，高祖雅相器重，朝野瞩目。芳未及相见。高祖宴群臣于华林，肃语次云'古者唯妇人有笄，男子则无'。芳曰：'推经《礼》正文，古者男子妇人俱有笄。'肃曰：'《丧服》称男子免而妇人髽，男子冠而妇人笄。如此，则男子不应有笄。'芳曰：'此专谓凶事也。《礼》：初遭丧，男子免，时则妇人髽；男子冠，时则妇人笄。言具时变，而男子妇人免髽、

① 陈寅恪：《隋唐制度渊源略论稿》，三联书店 2001 年版，第 15～17 页。

冠笄之不同也。又冠尊，故夺其笄称。且互言也，非谓男子无笄。又《礼内则》称：子事父母，鸡初鸣，栉縰笄总。以兹而言，男子有笄明矣。'高祖称善者久之。肃亦以芳言为然，曰：'此非刘石经邪？'昔汉世造三字石经于太学，学者文字不正，多往质焉。芳音义明辨，疑者皆往询访，故时人号为刘石经。酒阑，芳与肃具出，肃执芳手曰：'吾少来留意《三礼》，在南诸儒，亟共讨论，皆谓此义如吾向言，今闻往释，顿祛平生之惑。'芳礼义精通，类皆如是。"

陈先生也注意到了这两条史料。他认为，王肃虽然才学不精，但熟知南朝制度，故受到孝文帝的重视。陈先生依据的是《魏书》卷五一《王肃传》："高祖幸邺，闻肃至，虚襟待之，引见问故。肃辞义敏切，辩而有礼，高祖嗟纳之，促席移景，不觉坐之疲淹也。因言萧氏危灭之兆，可乘之机，劝高祖大举。于是图南之规转锐，器重礼遇日有加焉，亲贵旧臣莫能间也。或屏左右相对谈说，至夜分不罢。肃亦尽忠输诚，无所隐避，自谓君臣之际犹玄德之遇孔明也。寻除辅国将军、大将军长史，赐爵开阳伯，肃固辞伯爵，许之。"细读是文，我们会发现，王肃受到高祖礼遇的主要原因是他熟知南朝的政治与军事情况并积极地为高祖出谋划策，而非缘于王肃熟知南朝当时的礼制。另外，从逻辑上讲，仅仅从家学一点来推断其必在太和礼制建设中发挥最大作用也是错误的，家学只能说是为其后辈成为某方面专家提供一种便利条件，而非必然结果；才学不如别人，很难想象其能发挥出比别人重要得多的作用来。

陈先生依据的正面史料主要有两条：一是《北史》卷五一《王肃传》，其云："孝文虽厘革制度，变更风俗，其间朴略，未能淳也。肃明练故事，虚心受委，朝仪国典，咸自肃出。"二是《资治通鉴》卷一四〇《齐纪》"武帝永明十一年冬十月王肃见魏主于邺"条所载："魏主或屏左右，与肃语至夜分不罢，自谓君臣相得之晚。寻除辅国大将军长史。时魏主方议兴礼乐，变华风，威仪文物多肃所定。"对于这两条史料，笔者认为：(1)这两条史料与上段所引《魏书》中的那两条史料相冲突。上段已经指出，才学不高之人仅凭其家学，未必能在礼制建设中发挥最大作用。由于上段已经作了较为详细的分析，此不多叙。(2)通览《魏书》、《北史》，有关王肃参与太和礼制建设与讨论的史料很少，谈到他在太和礼制建设中起到重要作用的史料更是一条没有，而有关李彪、封琳、游明根、高闾、刘芳等人参与太和礼制建设和讨论的具体史料却有很多,详参《魏书》中各相关传记。所以我们不能仅仅依据这两条无具体所指的史料就推断他在太和礼制建设中起的作用最大。(3)从时间上讲,王肃北上是在太和十七年(493 年),而孝文帝时期的礼制建设从太和初年就已经开始,而且许多内容在太和十七年之前就已经定型,具体内容已在本文第一部分讨论分析过。(4)从史料来源上讲,《北史·王肃传》的内容基本是照抄《魏书·王肃传》,只是在结尾处加了"自晋氏丧乱,礼乐崩坏,孝文虽厘革制度,变更风俗,其间朴略,未能淳也。肃明练故事,虚心受委,朝仪国典,咸自肃出"一句。这一句话很可能是李延寿私自所加,而《通鉴》所采文字,从语句上判断,明显是来源于《北史·王肃传》。

结 语

以上各章分别对南北朝乡村社会的行政组织、村落、宗族和家庭等社会组织进行了专题研究，以求全面深入地透视南北朝乡村社会的全貌。这种安排只是出于研究需要，而事实上，南北朝乡村社会是一个由行政组织、村落、宗族和家庭等因子组成的相互作用、相互渗透的整体。本章将立足于南北朝乡村社会的整体性，对之再作进一步的论述。

一、王朝统治在乡村社会的实现

社会控制是“通过社会力量使人们遵从社会规范、维持社会秩序的过程”，它“既指整个社会或社会中的群体、组织对其成员行为的指导、约束或制裁，也指社会成员间的相互影响、相互监督、相互批评”。[①] 顺此思路，我们可以将南北朝政府对乡村社会的控制分为两大类：一类是制度性控制[②]，一类是建立乡村教化体系。受南北朝王权与豪族力量对比差异等因素影响，南北朝政府对乡村社会的控制在制度上、实效上都有很大不同。

北魏王朝脱胎于十六国乱离的历史，但其统治触角伸达中原编户齐民的个体小家庭已经是在文明太后推行三长制之后了。在此期间，北魏王朝对乡村的控制经历了由乡里坞壁到三长制的历史进程。

---

① 费孝通主编：《社会学概论》，天津人民出版社1984年版，第181页。

② 南北朝时期，乡里制度依然存在，但其作用已经大为削弱，详见本书第一章。

十六国时期的乡里坞壁与各政权的关系大体可以分为三类：一部分归附于十六国各个政权，成为各政权的军事与经济支柱，但这些归附的坞壁对各政权的军事与经济支持并没有制度化；有些坞壁则始终没有归附任何政权；处于各个政权交界处的乡里坞壁则往往采取左右逢迎的策略。质言之，十六国时期的坞堡组织是十六国各政权辖区内的一个个割据、半割据集团，是统一道路上的障碍之一。

北魏王朝最初欲采取武力征服与野蛮掠夺的方法打破坞堡组织，激起了中原强宗大族的普遍反抗，不得已而改用招抚与收编政策，承认宗主督护可拥有大量荫附人口，从而使得昔日具有割据色彩的坞壁主转化成为拥有大量荫附人口的大户户主。与十六国时期的乡里坞壁相比，北魏王朝通过这种办法实现了对中原乡村社会的进一步权力渗透：乡里坞壁在归附各政权后，坞主要输粮、出兵资助所属政权，但是这种资助并没有制度化；而在王朝承认宗主可以拥有大量荫附人口的前提下，宗主要按照九品差调制度向王朝上缴赋税，王朝还经常让宗主参与一些军事活动。但是，北魏王朝的权力渗透还很不彻底：第一，在九品差调制度下，按人均计算，宗主所纳赋税比普通民户少一半以上。第二，宗主督护下的大量荫附人口所交的租赋为宗主所独有。《魏书》卷一一〇《食货志》所载"魏初不立三长，故民多荫附。荫附者皆无官役，豪强征敛，倍于公赋"表明，宗主对国家赋税的分割到了很严重的程度。第三，北魏统治者没有改变原来乡里坞壁的部众隶属关系，宗主依然拥有强大的军事力量。北魏王朝对乡村社会的权力渗透之所以很不彻底，也是有其客观原因的，诸如：民族矛盾仍很尖锐，统治者的知识水平和政治水平还不足以使国家机器正常运转，等等。这些问题直到孝文帝太和年间才逐步得到解决。随着这些问题的一一解决，北魏政府开始采用三长制，将宗主督护的大量荫附人口括出，使其成为国家编户，从而实现了王朝对乡村社会较为彻底的行政控制。

经过较为细致的考辨，笔者认为，前贤将宗主督护作为一种地方基层组织的看法很难成立，宗主督护只是北魏前期的一种社会存在，是一种拥有大量荫附人口的特殊大户。

孝文帝时期撇开汉晋旧制，推行三长制。三长制是以《周礼》乡约制度为制度蓝本，以家、户为中心而又与均田制、新租调制共为一体的新型乡村基层行政系统，它是半血缘、半地缘性质的新兴乡里组织。北朝政府通过三长制，实现了其对乡村社会权力的进一步渗透。这些渗透主要表现在以下几个方面：

行政功能方面：在北魏前期，北魏王朝没有改变乡里坞壁的部众隶属关系，宗主作为一个拥有大量荫附人口的大户户主，负责处理其内部事务。在三长制下，政府可以完全掌握每一个单位里家、户的具体情况。三长虽然由"乡里强谨者"担任，但他们首先是以政府地方基层官员的身份出现的，如其不能履行职责，则要受到政府严惩。

经济功能方面：宗主按照九品混通制度上缴赋税，但按人头算，大户所缴要比小户少得多，而且宗主还独占大量荫附者上缴的赋税。三长制下，三长要依法收授土地，其家庭成员除按照制度所复者外，在缴纳赋税方面与一般民户并无不同；其所辖单位内如果有荫附人口，则要依法受到严惩。所以，在三长制下，赋役承纳面明显扩大了。

治安功能方面：在三长制下，三长要严格控制所辖家户，如不能按照政府旨意行事就要承担相应的法律责任，受到政府严惩。而在实行三长制之前，王朝对宗主的要求只有按照九品混通制度上缴赋税一项内容。

教化功能方面：北朝政府通过三长制系统，推选各地贤而长者恢复乡饮之礼。该功能在宗主督护制时期是没有的。

简言之，从孝文帝时期开始，国家通过严密的三长制将其政治权力渗入到了广大乡村。三长除了负责土地收授、征收赋税、征发徭役之外，还具有维持地方秩序、劝课农桑、推行教化、养食孤弱等多种职能。就其性质而言，是集政治、经济、社会、文化于一体的国家准基层行政组织，而且各种职能之间是相互关联、彼此制约、相互调适的。

从总体上看，北魏王朝对乡村社会的权力渗透呈逐步加强之势。后期，政权虽然分裂为东魏（北齐）、西魏（北周），但对乡村社会控制增强的态势并没有发生质的变化。在此，我们还需要强调的是，从历史发展的角度看，乡里坞壁与承认宗主督护有荫附人口特权的办法在当时特定阶段各有其积极意义。

十六国时期，在战乱不断、个体小家庭的生产与生活很难正常进行的社会大环境下，乡里坞壁占据险要地理位置并拥有自保的武装力量，利于确保一方民众的安全有积极意义。从各政权的角度考虑，虽然战争是其惯用的手段之一，但为了获得更多的经济与军事支持，他们也不得不礼遇各坞壁主。这在客观上加快了北方少数民族的汉化进程，也促进了民族大融合的发展。

到北魏前期，社会仍不太平，局部战争依然很多；民众的赋役负担也比三长制时期重得多。在这种情况下，宗主所拥有的特权为其所荫附民众的生产与生活创造了一个相对和平的环境，也促使王朝采取了降低赋役标准等措施，这也是三长制出台的背景之一。事实上，三长制实行时期，乡里坞壁与宗主督护的遗存仍然存在：按照相应制度承纳赋役的是三长制；有大量荫附人口的是宗主督护的遗存；与政府对抗的乡里集团是乡里坞壁的遗存。也就是说，在社会混乱、民众赋役负担过重的情况下，民众就有可能再次成为强宗大姓的荫附人口，甚至走上与政府对抗的道路。这也正是史书中频频出现有远见的官员关注并讨论贫民负担问题的现实原因。

与北朝不同，南朝政府对乡村社会的控制主要是通过“村”来实现的。在南朝，村已经成为基本的税收单位。安置流亡人口、开垦荒田、政府救助等经济事务，也多以村为单位进行。村落的经济功能依赖相关村司来执行。南朝的村司主要有村长、路都等。除了村长之外，村耆也起着重要的作用。社会治安方面，南朝时期，什伍设于村之下。村里之内，什伍相连，构筑起了一道严密的大网。另外，南朝村落还具有防御等功能。这就表明，南朝村落已经开始具备了自然聚落与法定乡村组织单位的双重意义。

从以后历史发展的路径来看，隋唐历史是沿着东晋南朝的方向发展的。《通典》卷三《食货·乡党》记载的开元二十五年(737 年)《大唐令》明确规定，村设村正，并规定其职掌同于坊正，表明唐代村落已经成为法定乡村组织单位，完全具备了自然聚落与法定乡村组织单位的双重意义。

在乡村教化体系方面，南北朝政府都注意运用更改村/里名称、蠲免赋税等办法，以实现对乡村社会的礼法之治。另外，北朝还建立了“三老”、“五更”制度。当然，无论在北朝还是在南朝，真正发挥关键性作用的是建立在稳固的小农经济基础上的准基层行政组织——在北朝是三长制，在南朝是具有乡村组织单位意义的村落。这些准基层行政组织既是政府统治的手段，又是国家控制权力的象征。由于北朝的皇权远较南朝强大，所以从实效上看，北朝对乡村社会的控制远较南朝成功。

二、宗族与乡村社会

在古代中国，生产力水平低下，国家收入无法维持一个庞大的足以将其统治触角延伸到社会基层每家每户的官僚队伍，其有限的官员编制只能维持社会表层的相对有序。傅衣凌先生曾把中国历史上的社会分为公私两个系统，前者是指政府及其所属的控制机构，后者指相对于官方的民间社会的各种组织。[①] 古代中国基层社会的运转主要依赖于傅衣凌先生所说的民间社会的各种组织。具体到南北朝乡村社会，就是宗族组织。

就组织结构而言，南北朝乡村宗族有同姓、九族、五族、三族、房分等几种情况。是否重视同姓与九族是北朝乡村宗族与南朝乡村宗族的最大区别。就功能结构而言，南北朝乡村宗族体系由宗主、谱牒、家训等内容构成。其组织功能包括收族功能、地方自治功能和宗族自保功能。

收族功能：南北朝乡村宗族的收族功能主要体现在两个方面，一是赈济、让财、抚孤、侍寡嫂、养老等宗族成员间的互助行为，此类活动利于宗族的长期稳定；一是为加强宗族成员间的血缘认同感而定期进行的祭祀等活动。

地方自治功能：乡村宗族具有负责地方教化与宗族成员教育、处理宗族内部及宗族之间纠纷、影响地方政治等功能。影响地方政治的表现方式主要有三种：宗族首领出任乡村基层官吏，出任州郡县官员，影响并控制地方选举。

宗族自保功能：每当遭遇社会动乱，宗族往往聚族自保，以对抗外来势力的侵扰。北魏初期的中原形势是坞堡林立，王朝一开始对之实行的基本上是武力征服与野蛮掠夺的政策。后来，王朝承认宗主督护有大量荫附人

① 参见傅衣凌《中国传统社会：多元的结构》，载《中国社会经济史研究》1988 年第 3 期。

口的特权，坞壁主遂纷纷率众归附（这些坞壁主在归附之前都是聚族自保的，与政府保持着若即若离的关系）。坞壁归附之后，也只是作为一个地方大户向国家缴纳赋税，其结构到实行三长制时一直没有发生大的变化。孝文帝实行三长制时，民族矛盾基本消除，社会基本稳定，宗族自保功能方才大大弱化。而在北魏末年及北齐的政治混乱时期，大族又再次聚族自保。这些聚族自保的宗族常常凭借着自己的武装力量，或对抗地方政府或为害乡里，甚者驱逐地方长官，公然与王朝对抗。

南北朝乡村宗族的这些功能在整合社会、维护民间秩序方面发挥了巨大作用，确保了乡村社会的有序运转，填补了传统国家因受政治资源限制而留下的权力空白，体现出乡村宗族强大的自治功能。

从国家与社会的角度看，南北朝乡村的强宗大族与国家政权之间无疑存在着一定的矛盾，甚至出现过对抗。但在中国这样一个保存着数千年历史文献的国度，使用统一规范的文字的传统早已深入农村，儒家文化中的道德规范等内容已经作为凌驾于地方文化之上的国家文化而被广大民众所接受。因此，就整体而言，南北朝乡村宗族组织在正统文化的价值系统中与国家有着广泛的一致性。从根本上讲，南北朝乡村宗族对乡村社会的管理与国家政权之间是一种互相配合的关系，而非对抗关系。南北朝乡村宗族对乡村社会的管理只是填补了传统国家因受政治资源限制而留下的权力空白。

以其自身的组织状态和社会地位的差异为区分标准，南北朝宗族可分为皇族、士族、平民宗族等类型。其中，士族与豪族是最活跃、最具代表性的两类宗族。门阀士族高居统治阶级的上层，他们垄断中央和地方的清要之职，占有大量的土地，享有免除赋税、荫庇亲属、收揽门生故吏、享受赐田及恩赏钱财等各种政治与经济特权。由于这些特权是世袭的，因而门阀士族又是一个稳定地垄断着经济、政治、思想、文化特权的特殊阶级。不过，这只是一种总的趋势。实际上，在各个时期不同政治状况的影响下，南北朝士族与豪族的地位也在起伏变化着。

北魏前期，王朝对士族的态度是既有礼遇，又有猜忌。北魏平城时代的政权具有浓厚的贵族政治色彩，鲜卑王公拥有政治经济上的种种特权。但是，文化落后的鲜卑族要统治中原，就必须征召大量的文化人才以进行文化与政权建设。所以，北魏王朝从一开始就广泛地征延广大士族。不过，当时汉族士大夫还很难进入中央政治权力中心。到孝文帝时期，这一局面发生了根本变化。孝文帝改革是中国古代史上有名的少数民族自觉实现汉化的范例，而制定姓族是其诸多措施中的一项核心内容。该举措强化了宗族制度，使宗族与政治进一步结合在了一起。这一制度将仕宦作为确定士族的唯一标准。这一做法是北魏的创造，为前代和南朝所无。另外，孝文帝还用联姻的办法联合汉族的士族。东魏、北齐时期，广大士族一直是支持东魏、北齐政权的，东魏、北齐政权也很重视、优待士族。西魏、北周据有的关陇地区，相对于东魏、北齐据有的河北地区和梁政权拥有的江南而言，没有像其他两地那样的大姓士族，所以西魏、北周统治集团在用人上不太讲究门第。选举依才能不依门资，表明西魏、北周的士族已经逐渐开始中央化，关陇集团也渐渐开始成为历史的主角。

与对士族的政策不同，北魏建国伊始便采取了军事高压统治与迁徙政策，以图打散地方豪族势力，结果以失败而告终。随后，王朝不得不承认宗主督护有大量荫附人口的特权。直到西魏、北周将乡兵纳入国家武装体系后，豪族国家化才开始逐步成为现实。

在南朝，士族是一个稳定地垄断着经济、政治、法律、文化等方面特权的特殊阶层。在政治方面，门阀士族的特权表现为门品决定官品，他们的起家官比庶族高得多，高门子第依照惯例就可以“平流进取，坐至公卿”。在经济上，门阀士族享有免役权，可以广占田产，荫庇亲族、部曲。由于士族享有各种特权，所以他们极力强化士庶之间的界限，车服异制，互不通婚，不相交往。对于士庶之间的这种壁垒，皇帝也无可奈何。士族由于仅凭特权就可以“平流进取，坐至公卿”，因而不学无术、不求进取，逐渐丧失了其生机与活力。侯景乱梁沉重打击了以建康为中心的高门士族，稍后西魏攻占江陵又使聚居在江陵的士族遭到沉重打击。此后，士族愈发衰落。与此同时，南朝庶族已通过各种途径逐步登上历史舞台。庶族地位的提高主要表现在三个方面：一是寒人典掌机要，二是执掌兵权，三是寒人出任地方典签。

从与乡里的关系看，南朝士族与北朝士族有着显著的差异。南朝士族的主体是永嘉南渡大族的后裔，他们基本居住在大都市，没有深厚的乡土根基。而北朝士族历数百年不离乡土，具有雄厚的根基，但受各种条件局限，北朝士族与乡里的关系也开始逐渐疏远，慢慢地走上了中央化的道路，这一过程到唐代基本完成。随着士族中央化的不断深入，他们对乡村社会的影响也越来越弱。

三、民众眼中的政治——以北朝谣谚为中心的考察

社会史尤其是有关下层百姓的社会史研究是近年来史学研究的一个重点和热点。然而，由于直接史料的匮乏，中国古代下层社会史的研究与近现代史的相关研究相比，显得较为薄弱。面对这一现实情况，我们只有充分搜集古人之一言半语而类聚之，才有可能走出这一困境。民间谣谚便是可以进一步挖掘的史料宝库之一。就北朝谣谚而言，其中包括民众对国政大事的关注、对官吏的歌颂和抨击等内容。这些内容反映了北朝民众对政治的关注，是一幅难得的北朝社会政治风情画卷。不过大部分北朝谣谚所反映的仅仅是北朝民众对时政的一种敏感关注，缺乏积极参与的内容。

(一)反映民众对国政大事关注的谣谚

北朝民间社会对时政大事很敏感，并为之创作了一系列谣谚，表达了他们对国家政局的看法以及对时政大事的关注与预测。

拓跋早期社会仍处于原始社会阶段，“诘汾皇帝无妇家，力微皇帝无舅家”[①]就是对这一社会发展阶段的反映。《魏书》卷一《序纪》云：

> 圣武皇帝讳诘汾。献帝命南移，山谷高深，九难八阻，于是欲止。有神兽，其形似马，其声类牛，先行导引，历年乃出。始居匈奴之故地。其迁徙策略，多出宣、献二帝，故人并号曰“推寅”，盖俗云“钻研”之义。初，圣武帝尝率数万骑田于山泽，欻见辎軿自天而下。既至，见美妇人，侍卫甚盛。帝异而问之，对曰：“我，天女也，受命相偶。”遂同寝宿。旦，请还，曰：“明年周时，复会此处。”言终而别，去如风雨。及期，帝至先所田处，果复相见。天女以所生男授帝曰：“此君之子也，善养视之。子孙

① 《魏书》卷一《序纪》。

相承,当世为帝王。"语迄而去。子即始祖也。

皇帝因宠幸妻妾而导致荒政的情况在谣谚中也有所反映。如:"黄花势欲落,清觞满杯酌。"①《北齐书》卷九《后主·穆后传》云:

> 穆氏,名邪利,本斛律后从婢也。母名轻霄,本穆子伦婢也,转入侍中宋钦道家,奸私而生后,莫知氏族,或云后即钦道女子也。小字黄花,后字舍利。钦道妇妒,黥轻霄面为"宋"字。钦道伏诛,黄花因此入宫,有幸于后主,宫内称为舍利太监。……故遂立为皇后,大赦。初,有折冲将军元正烈于邺城东水中得玺以献,文曰"天王后玺",盖石氏所作。诏书颁告,以为穆后之瑞焉。武成时,为胡后造真珠裙袴,所费不可称计,被火所烧。后主既立穆皇后,复为营之。属周武遭太后丧,诏侍中薛孤、康买等为吊使,又遣商胡赍锦彩三万匹与吊使同往,欲市真珠为皇后造七宝车,周人不与交易,然而竟造焉。

这个歌谣的意思是,"言黄花不久也,后主自立穆后以来,昏饮无度,故云清觞满杯酌"②。

宫中密事也是百姓关注的焦点之一。如:"周里跂求伽,豹祠嫁石婆,斩冢作媒人,唯得一量紫綖靴。"③说的是北齐武明皇太后快要辞世了。当时的名医徐之才解释说:"跂求伽,胡言去已。豹祠嫁石婆,岂有好事?斩冢作媒人,但令合葬自斩冢。唯得紫綖靴者,得至四月,何者?紫之为字此下系,綖者熟,当在四月之中。"至四月一日,后果崩。④

魏末和北齐政治局势极不稳定,皇室内部争斗及其他形式的政治斗争层出不穷。北朝谣谚中保存了大量相关内容。其中反映政治斗争的有:"铜拔打铁拔,元家世将末。"⑤其背景是:"神武之入洛也,尔朱仲远部下都督桥宁、张子期自滑台归命,神武以其助乱,且数反复,皆斩之。斛斯椿由是内不自安,乃与南阳王宝炬及武卫将军元毗、魏光、王思政构神武于魏帝。舍人

① 《北齐书》卷九《后主·穆后传》。

② 《北齐书》卷九《后主·穆后传》。

③ 《北齐书》卷三三《徐之才传》。

④ 《北齐书》卷三三《徐之才传》。

⑤ 《北齐书》卷一《神武本纪》。

元士弼又奏神武受敕大不敬。故魏帝心二于贺拔岳。初孝明之时，洛下以两拔相击，谣言曰：'铜拔打铁拔，元家世将末。'好事者以二拔谓拓拔、贺拔，言具将衰败之兆。"①再如："白羊头尾秃，羖历头生角。""羊羊啮野草，不啮野草远我道，不远打尔脑。""阿么姑祸也，道人姑父死也。"②汉化与反汉化斗争是北齐政治史上的重要内容，杨愔事件是其中之一。杨愔从高欢时代起就任尚书省长官，高洋时继任。高洋死后，高殷继位。高湛在鲜卑显贵高归彦、贺拔仁、斛律光的拥护下，杀杨愔、燕子献、宋钦道三位汉族大臣，废高殷，拥立高演为帝。"'角'文为刀，'道人'谓废帝小名，太原公主尝作尼，故曰'阿么姑'，愔、子献、天和皆帝姑父云。于是乃以天子之命下诏罪之……"③这三则歌谣就是用几个简单的句子，描绘出了该事件的过程。这类歌谣还有："三月末，四月初，扬灰簸土觅真珠。""头去项，脚跟齐，驱上树，不须梯。"④"七月刈禾太早，九月啾糕未好，本欲寻山射虎，激箭旁中赵老。"⑤"和士开，当入台。"⑥反映皇室内部斗争的谣谚有："河南种谷河北收，白杨树头金鸡鸣。"⑦这则歌谣的背景是："孝琬以文襄世嫡，骄矜自负。河南王之死，诸王在宫内莫敢举声，唯孝琬大哭而出。又怨执政，为草人而射之。和士开与祖珽谮之，云：'草人拟圣躬也。又前突厥至州，孝琬脱兜鍪抵地，云"岂是老妪，须着此"。此言属大家也。'初，魏世谣言：'河南种谷河北收，白杨树头金鸡鸣。'珽以说曰：'河南、河北，河间也。金鸡鸣，孝琬将建金鸡而大赦。'帝颇惑之。时孝琬得佛牙，置于第内，夜有神光。昭玄都法顺请以奏闻，不从。帝闻，使搜之，得镇库槊幡数百。帝闻之，以为反。讯其诸姬，有陈氏者无宠，诬对曰'孝琬昼作陛下形哭之'……帝愈怒，折其两胫而死。"⑧

① 《北齐书》卷一《神武本纪》。
② 《北齐书》卷三四《杨愔传》。
③ 《北齐书》卷三四《杨愔传》。
④ 《魏书》卷七五《尔朱彦伯传》。
⑤ 《北史》卷五三《綦连猛传》。
⑥ 《北史》卷九二《恩幸・和士开传》。
⑦ 《北齐书》卷一一《文襄六王・河间王孝琬传》。
⑧ 《北齐书》卷一一《文襄六王・河间王孝琬传》。

这类歌谣还有:"九龙母死不作孝。"①"中兴寺内白凫翁,四方侧听声雍雍,道人闻之夜打钟。"②

(二)反映民众对官吏评价的谣谚

在北朝的时政谣谚中,相当多的内容是对朝中大臣与地方长吏的评判。其中,既有百姓对自己心目中"好官"的歌功颂德,也有对贪官污吏的讽刺挖苦。

1. 歌功颂德

受到百姓歌颂的官吏,往往是因为他们在社会治安、断狱、治政、发展地方经济、为官廉洁等方面表现突出,为百姓的生产和生活带来了极大便利。

歌颂为社会治安做出贡献的官员的谣谚有:"诈作赵郡鹿,犹胜常山粟。"③其背景是:"太祖时,(李曾)征拜博士,出为赵郡太守,令行禁止,劫盗奔窜。太宗嘉之。并州丁零,数为山东之害,知曾能得百姓死力,惮不入境。贼于常山界得一死鹿,谓赵郡地也,贼长责之,还令送鹿故处。"④由此可见劫盗对李曾的惧怕。再如:"曲堤虽险贼何益,但有宋公自屏迹。"⑤其背景是:"(宋世良)出除清河太守。世良才识闲明,尤善治术,在郡未几,声望甚高。郡东南有曲堤,成公一姓阻而居之,群盗多萃于此。人为之语曰:'宁度东吴、会稽,不历成公曲堤。'世良施八条之制,盗奔他境。"⑥

歌颂断狱清明的官员的谣谚有:"断狱无疑苏珍之。"⑦其背景是:"初(苏)琼(字珍之)任清河太守,裴献伯为济州刺史,酷于用法,琼恩于养人。房延佑为乐陵郡,过州。裴问其外声,佑云:'唯闻太守善,刺史恶。'裴云:'得民誉者非至公。'佑答言:'若尔,黄霸、龚遂君之罪人也。'后有敕,州各举清能。裴以前言,恐为琼陷,琼申其枉滞,议者尚其公平。毕义云为御史中丞,以猛暴任职,理官忌惮,莫敢有违。琼推察务在公平,得雪者甚众,寺署

---

① 《北齐书》卷九《神武娄后传》。
② 《北齐书》卷一四《上洛王思宗附子元海传》。
③ 《魏书》卷五三《李孝伯传附父李曾传》。
④ 《魏书》卷五三《李孝伯传附父李曾传》。
⑤ 《北齐书》卷四六《循吏传·宋世良传》。
⑥ 《北齐书》卷四六《循吏传·宋世良传》。
⑦ 《北齐书》卷四六《循吏传·苏琼传》。

台案，始自于琼。迁三公郎中。赵州及清河、南中有人频告谋反，前后皆付琼推验，事多申雪。尚书崔昂谓琼曰：‘若欲立功名，当更思余理，仍数血反逆，身命何轻？’琼正色曰：‘所血者怨枉，不放反逆。’昂大惭。”①又如：“决定嫌疑苏珍之，视表见里宋世轨。”②其背景是：“（宋）世轨，幼自严整。好法律，稍迁廷尉卿。洛州民聚结欲劫河桥，吏捕案之，连诸元徒党千七百人。崔暹为廷尉，以之为反，数年不断。及世轨为少卿，判其事为劫。于是杀魁首，余从坐悉舍焉。时大理正苏珍之亦以平干知名。寺中为之语曰：‘决定嫌疑苏珍之，视表见里宋世轨。’时人以为寺中二绝。”③

歌颂治政突出的官员的谣谚有：“崔府君，能治政，易鞭鞭，布威德，民无争。”④其背景是：“（崔伯谦）后除济北太守，恩信大行，乃改鞭用熟皮为之，不忍见血，示耻而已。有朝贵行过郡境，问人太守治政如何。对曰：‘府君恩化，古者所无。因颂民为歌曰：崔府君，能治政，易鞭鞭，布威德，民无争。’此，留客曰：‘既称恩化，何由复威？’曰：‘长吏惮威，民庶蒙惠。’征赴邺，百姓号泣遮道。”⑤

歌颂为发展地方经济做出突出贡献的官员的谣谚有：“泰州河东，杼柚代春。元公至止，田畴始理。”⑥其背景是：“孝文时，（元淑）为河东太守。河东俗多商贾，罕事农桑，人至有年三十不识耒耜。淑下车劝课，躬往教示，二年间，家给人足。”⑦

歌颂为官廉洁的官员的谣谚有：“肥鲜不食，丁庸不取，裴公贞惠，为世规矩。”⑧其背景是：“（裴侠）除河北郡守。侠躬履俭素，爱民如子，所食唯菽麦盐菜而已。吏民莫不怀之。此郡旧制，有渔猎夫三十人，以供郡守。侠曰：‘以口腹役人，吾所不为也。’乃悉罢之。又有丁三十人，供郡守役使。侠

① 《北齐书》卷四六《循吏传·苏琼传》。
② 《北齐书》卷四六《循吏传·宋世轨传》。
③ 《北齐书》卷四六《循吏传·宋世轨传》。
④ 《北齐书》卷四六《循吏传·崔伯谦传》。
⑤ 《北齐书》卷四六《循吏传·崔伯谦传》。
⑥ 《北史》卷一五《魏诸宗室·元淑传》。
⑦ 《北史》卷一五《魏诸宗室·元淑传》。
⑧ 《周书》卷三五《裴侠传》。

亦不以入私，并收庸直，为官市马。岁月既积，马遂成群。去职之日，一无所取。”①

2. 刺贪刺虐者

百姓亦用谣谚的形式表达他们对官吏秽行的愤恨之情。如：“刺史罗杀政，司马蝮蛇瞋，长史含笑判，清河生噢人。”②其背景是：“(厍)士文至州，发摘奸吏，尺布斗粟之赃，无所宽贷，得千人奏之，悉配防岭南。亲戚相送，哭声遍于州境。至岭南，遇瘴疠死者十八九，于是父母妻子唯哭士文。士文闻之，令人捕搦，捶楚盈前，而哭声弥甚。司马京兆韦焜、清河令河东赵达二人并苛刻，唯长史有惠政。”③又如：“冯、祖及赵，秽我凤池。”④其背景是：“齐朝宰相，善始令终唯(赵)彦深一人。然讽朝廷以子叔坚为中书侍郎，颇招物议。时冯子琮子慈明、祖珽子君信并相继居中书。”⑤不过，后者显然是官员士大夫们的作品，反映了他们对任人唯亲这一现象的不平心理。

在以人治为主要特征之一的中古社会，官员尤其是地方官员的行为影响百姓生活至巨，所以他们的行为是老百姓关注的一个焦点。以上的谣谚，就是北朝百姓对地方官员的评判，也反映了北朝民众对政治的参与意识。

(三)反映民众对政治斗争看法的歌谣

在北朝的歌谣中，有一些是斗争者为达到自身目的，自己创作并令小儿歌之于路的。《北齐书》卷一七《斛律金附斛律光传》云：

> (北)周将军韦孝宽忌(斛律)光英勇，乃作谣言，令间谍漏其文于邺，曰“百升飞上天，明月照长安”，又曰“高山不推自崩，槲树不扶自竖”。祖珽因续之曰：“盲眼老公背上下大斧，饶舌老母不得语。”令小儿歌之于路。提婆闻之，以告其母令萱。萱以饶舌，斥己也，盲老公，谓珽也，遂相与协谋，以谣言启帝曰：“斛律累世大将，明月声震关西，丰乐威行突厥，女为皇后，男尚公主，谣言甚可畏也。”帝以问韩长鸾，鸾以为不

① 《周书》卷三五《裴侠传》。

② 《北齐书》卷一五《厍狄干附厍士文传》。

③ 《北齐书》卷一五《厍狄干附厍士文传》。

④ 《北齐书》卷三八《赵彦深传》。

⑤ 《北齐书》卷三八《赵彦深传》。

> 可，事寝。祖珽又见帝请间，唯何洪珍在侧。帝曰："前得公启，即欲施行，长鸾以为无此理。"珽未对，洪珍进曰："若本无意则可，既有此意而不决行，万一泄露如何？"帝曰："洪珍言是也。"犹豫未决。会丞相府佐封士让密启云："光前西讨还，饬令放兵散，光令军逼帝京，将行不轨，事不果而止。家藏弩甲，奴童千数，每遣使丰乐、武都处，阴谋往来。若不早图，恐事不可测。"启云"军逼帝京"，会帝前所疑意，谓何洪珍云："人心亦大圣，我前疑其欲反，果然。"帝性至怯懦，恐即变发，令洪珍驰召祖珽告之。又恐追光不从命。珽因云："正而召之，恐疑不肯入。宜遣使赐其一骏马，语云明日将往东山游观，王可乘此马同行，光必来奉谢，因引入执之。"帝如其言。顷之，光至，引入凉风堂，刘桃枝自后拉而杀之，时年五十八。

以上引文中的三个歌谣都是斗争者自己创作并故意漏之于街巷，令小儿歌之于路的。其中，前两个是北周大将为离间北齐君臣、消灭北齐大将所作的，第三个是北齐大臣为打倒政敌所作的。从引文中我们得知，这三个歌谣的流传达到了创作者预期的目的。其所以能成功，主要是北齐内部的政治斗争贯穿了整个北齐历史。这些歌谣既反映了北朝政治斗争之残酷，也反映了百姓对这些政治斗争的看法，但他们是被动参与的。

以上三个部分中，第三部分是斗争者自己创作并令小儿歌之于路的，虽然也能反映出百姓的看法，但民众是被动参与其中的；第二部分主要是百姓对与自己生产生活密切相关的地方官吏行为的评判，反映了北朝民众对政治的参与意识；北朝谣谚数量最多的是反映民众对国政大事的关注的，也就是第一部分的内容。总体看来，这些谣谚反映出来的仅仅是民众的敏感关注，并无积极参与的内容，从一个侧面反映了北朝民众在国家政治中的弱势地位。

参考文献

一、古籍资料

司马迁:《史记》,中华书局 1962 年版。
班固:《汉书》,中华书局 1962 年版。
范晔:《后汉书》,中华书局 1971 年版。
陈寿:《三国志》,中华书局 1959 年版。
房玄龄等:《晋书》,中华书局 1974 年版。
沈约:《宋书》,中华书局 1972 年版。
萧子显:《南齐书》,中华书局 1972 年版。
姚思廉:《梁书》,中华书局 1973 年版。
姚思廉:《陈书》,中华书局 1972 年版。
李延寿:《南史》,中华书局 1975 年版。
魏收:《魏书》,中华书局 1974 年版。
李百药:《北齐书》,中华书局 1972 年版。
令狐德棻:《周书》,中华书局 1971 年版。
李延寿:《北史》,中华书局 1975 年版。
魏征:《隋书》,中华书局 1975 年版。
欧阳修:《新唐书》,中华书局 1975 年版。
司马光:《资治通鉴》,中华书局 1956 年版。

贾思勰:《齐民要术》,缪启愉校释,农业出版社1982年版。

刘义庆:《世说新语笺疏》,余嘉锡笺疏,中华书局1983年版。

颜之推:《颜氏家训》,王利器集解,上海古籍出版社1980年版。

杨衒之:《洛阳伽蓝记》,周祖谟校注,上海古籍出版社1978年版。

郦道元:《水经注校释》,陈桥驿校释,杭州大学出版社1999年版。

杜佑:《通典》,中华书局1998年版。

赵翼:《廿二史札记》,王树民校证,中华书局1984年版。

赵翼:《陔余丛考》,栾保群、吕宗力校点,河北人民出版社1990年版。

郑樵:《通志》,中华书局1987年版。

王夫之:《读通鉴论》,中华书局1975年版。

顾炎武:《日知录集释》,黄汝成集释,上海古籍出版社1985年影印本。

董诰:《全唐文》,中华书局1983年点校本。

二、今人著作(按作者姓氏拼音顺序排列)

常建华:《中华文化通志·宗族志》,上海人民出版社1999年版。

陈明:《儒学的历史文化功能——士族特殊形态和知识分子研究》,学林出版社1997年版。

陈爽:《世家大族与北朝政治》,中国社会科学出版社1998年版。

陈高华、陈智超等:《中国古代史史料学》,北京出版社1983年版。

陈寅恪:《金明馆丛稿初编》,三联书店2001年版。

陈寅恪:《隋唐制度渊源略论稿》,三联书店2001年版。

陈寅恪:《唐代政治史稿》,三联书店2001年版。

[日]池田温:《中国古代籍帐研究》,龚泽铣译,中华书局1984年版。

邓奕琦:《北朝法制研究》,中华书局2005年版。

杜士铎主编:《北魏史》,山西高校联合出版社1992年版。

费孝通:《江村经济:中国农民的生活》,江苏人民出版社1986年版。

费孝通:《乡土中国·生育制度》,北京大学出版社1998年版。

冯尔康:《中国宗族社会》,浙江人民出版社1994年版。

冯尔康主编:《中国社会结构的演变》,河南人民出版社1994年版。

高敏主编:《中国经济通史·魏晋南北朝经济卷》(上、下册),经济日报出版社1998年版。

[日]谷川道雄:《中国中世社会与共同体》,马彪译,中华书局2002年版。

[日]谷川道雄:《隋唐帝国形成史论》,李济沧译,上海古籍出版社2004年版。

谷霁光:《府兵制度考释》,上海人民出版社1962年版。

韩国磐:《北朝隋唐的均田制度》,上海人民出版社1984年版。

侯旭东:《北朝村民的生活世界》,商务印书馆2005年版。

侯旭东:《五、六世纪北方民众佛教信仰》,中国社会科学出版社1998年版。

黄惠贤:《中国政治制度通史》第4卷,人民出版社1996年版。

具圣姬:《两汉魏晋南北朝的坞壁》,民族出版社2004年版。

[日]崛敏一:《均田制研究》,韩国磐等译,福建人民出版社1984年版。

李凭:《北魏平城时代》,社会科学文献出版社2000年版。

李卿:《秦汉魏晋南北朝时期家族、宗族关系研究》,上海人民出版社2005年版。

李书吉:《北朝礼制法系研究》,人民出版社2002年版。

吕一飞:《胡族习俗与隋唐风韵》,书目文献出版社1994年版。

马新:《两汉乡村社会史》,齐鲁书社1997年版。

马新、齐涛:《中国远古社会史论》,科学出版社2003年版。

毛汉光:《中国中古社会史论》,上海书店出版社2002年版。

牟润孙:《注史斋丛稿》,中华书局1987年版。

齐涛:《魏晋隋唐乡村社会研究》,山东人民出版社1995年版。

齐涛主编:《中国古代经济史》,山东大学出版社1999年版。

钱穆:《国史大纲》(修订本),商务印书馆1996年版。

邵正坤:《北朝家庭形态研究》,科学出版社2008年版。

唐长孺:《山居存稿》,中华书局1989年版。

唐长孺:《魏晋南北朝史论丛》,三联书店1955年版。

唐长孺:《魏晋南北朝史论拾遗》,中华书局 1983 年版。

唐长孺:《魏晋南北朝史论续编》,三联书店 1959 年版。

唐长孺:《魏晋南北朝隋唐史三论》,武汉大学出版社 1993 年版。

田余庆:《东晋门阀政治》,北京大学出版社 1996 年版。

田余庆:《拓跋史探》,三联书店 2003 年版。

万绳楠:《魏晋南北朝史论稿》,安徽教育出版社 1993 年版。

王善军:《宋代宗族和宗族制度研究》,河北教育出版社 2000 年版。

王仲荦:《魏晋南北朝史》(上、下册),上海人民出版社 1979 年版。

卫广来:《汉魏晋皇权嬗代》,书海出版社 2002 年版。

徐扬杰:《宋明家族制度史论》,中华书局 1995 年版。

徐扬杰:《中国家族制度史》,人民出版社 1992 年版。

严耕望:《中国地方行政制度史》上编卷中,(台北)"中央研究院"历史语言研究所专刊 45(B),1997 年。

严耀中:《北魏前期政治制度》,吉林教育出版社 1990 年版。

杨际平:《北朝隋唐均田制度新探》,岳麓书社 2003 年版。

余英时:《士与中国文化》,上海人民出版社 2003 年版。

赵超:《汉魏南北朝墓志汇编》,天津古籍出版社 1992 年版。

赵秀玲:《中国乡里制度史》,社会科学文献出版社 1998 年版。

郑欣:《魏晋南北朝史探索》,山东大学出版社 1989 年版。

周一良:《魏晋南北朝史论集》,北京大学出版社 1997 年版。

周一良:《魏晋南北朝史札记》,中华书局 1985 年版。

朱大渭等:《魏晋南北朝社会生活史》,中国社会科学出版社 1998 年版。

朱绍侯:《魏晋南北朝土地制度与阶级关系》,中州古籍出版社 1988 年版。

三、论文(按作者姓氏拼音顺序排列)

陈垣:《跋西凉户籍残卷》,载《北京师范大学学报》1963 年第 2 期。

陈直:《南北朝谱牒形式的发现和索隐》,载《西北大学学报》1980 年第 3 期。

程应镠:《四世纪初至五世纪末中国北方坞壁略论》,载《上海师范学院学报》1979 年第 6 期。

冻国栋:《北朝时期的家庭规模结构及相关问题论述》,载《北朝研究》1990 年上半年刊。

[日]福岛繁次郎:《北周の村落考》,载《中国南北朝史研究》,名著出版,1979 年。

高敏:《北魏"宗主督护"制实行时间试探——兼论"宗主督护"制的社会影响》,载《广州大学学报》2002 年第 1 期。

高敏:《北魏三长制与均田制的实行年代问题辨析》,载《史学月刊》1992 年第 5 期。

[日]宫川尚志:《六朝时代的村》,载刘俊文主编《日本学者研究中国史论著选译》第 4 卷,中华书局 1992 年版。

[日]宫崎市定:《关于中国聚落形体的变迁》,载刘俊文主编《日本学者研究中国史论著选译》第 3 卷,中华书局 1993 年版。

郭锋:《晋唐时期谱牒的修撰》,载《中国社会经济史研究》1995 年第 1 期。

韩昇:《魏晋隋唐的坞壁和村》,载《厦门大学学报》1997 年第 2 期。

何德章:《北魏国号与正统问题》,载《历史研究》1992 年第 3 期。

侯旭东:《北朝"三长制"四题》,载《中国史研究》2002 年第 4 期。

侯旭东:《北朝村落考》,载《庆祝何兹全先生九十岁论文集》,北京师范大学出版社 2001 年版。

侯旭东:《北朝乡里制与村民的生活世界》,载《历史研究》2001 年第 6 期。

侯旭东:《汉魏六朝的自然聚落——兼论"邨"、"村"关系与"村"的通称化》,载黄宽重主编《中国史新论·基层社会》,(台北)联经出版事业有限公司 2009 年版,第 127～182 页。

黄惠贤:《试论三至六世纪坞营组织的性质》,载《武汉大学学报》1960 年第 5、6 期(合刊)。

胡阿祥:《侨置的源流与东晋南朝侨州郡县的产生》,载《高敏先生八十华诞纪念文集》，线装书局 2006 年版，第 189～204 页。

瞿林东：《说〈魏书〉非"秽史"说》，载《中国史学散论》，湖南教育出版社 1992 年版，第 183～184 页。

李传印：《北朝谱学与北朝政治》，载《史学月刊》2003 年第 4 期。

李传印：《南朝的谱学与政治》，载《史学理论研究》2003 年第 2 期。

李文治：《明代宗族制的体现形式及其基础政权作用》，载《中国经济史研究》1988 年第 1 期。

李裕民：《北朝家谱研究》，载《谱牒学研究》第 3 辑，书目文献出版社 1992 年版。

刘再聪：《村的起源及"村"概念的泛化》，载《史学月刊》2006 年第 12 期。

鲁西奇：《西魏北周时代"山南"的"方隅豪族"》，载〈中国史研究〉2009 年第 1 期。

马雍：《略谈有关高昌的几件新出土文书》，载《考古》1972 年第 4 期。

缪钺：《北魏立三长制年月考》，载《读史存稿》，三联书店 1963 年版。

欧源熙：《魏晋时期坞壁组织的性质及其作用》，载《广州师院学报》1981 年第 4 期。

史念海：《黄土高原及其农林牧分布地区的变迁》，载其《河山集》第三集，人民出版社 1998 年版。

宋燕鹏：《南北朝宗族制度试探》，载殷宪主编《北朝史研究：中国魏晋南北朝史国际学术研讨会论文集》，商务印书馆 2004 年版。

谭其骧：《何以黄河在东汉以后会出现一个长期安流的局面》，载其《长水集》下册，人民出版社 1987 年版。

谭其骧：《晋永嘉乱后之民族迁徙》，载《燕京学报》第 5 期，1934 年 6 月。

田昌五、马志冰：《论十六国时代坞堡壁垒组织的构成》，载《中国史研究》1992 年第 2 期。

田余庆：《北魏后宫子贵母死之制的形成和演变》，载《国学研究》第 5 卷，北京大学出版社 1998 年版。

田余庆：《独孤部落离散问题——北魏"离散部落"个案考察之二》，载

《庆祝邓广铭教授九十华诞论文集》，河北教育出版社 1997 年版。

田余庆：《贺兰部落离散问题——北魏“离散部落”个案考察之一》，载《历史研究》1997 年第 2 期。

王素：《吐鲁番出土的某氏残谱新探》，载《敦煌研究》1993 年第 1 期。

魏孔明：《北魏立三长、行均田孰先孰后》，载《西北师范大学学报》1991 年第 2 期。

徐勇：《中国古代乡村行政与自治二元化权力体系分析》，载《中国史研究》1993 年第 4 期。

杨际平、李卿：《李显甫集诸李开李鱼川史事考辨》，载《厦门大学学报》2003 年第 3 期。

杨际平：《北魏太和前后若干史事考辨》，载《北朝研究》1991 年上半年刊。

叶建华：《从〈三国志注〉看裴松之的史学批评》，载《晋阳学刊》1992 年第 1 期。

张金龙：《北魏洛阳里坊制度探微》，载《历史研究》1999 年第 6 期。

张学锋：《九品混通：再论魏晋时期的户调》，载《江海学刊》2002 年第 5 期。

张旭华：《从孝文帝清定流品看北魏官职之清浊》，载《北朝研究》1992 年第 1 期。

章义和：《关于南朝村的渊源问题》，载《福建论坛》2005 年第 4 期。

赵克尧：《论魏晋南北朝的坞壁》，载《历史研究》1980 年第 6 期。

朱大渭、梁满仓：《魏晋南北朝宗族组织试探》，载《中国史研究》2009 年第 4 期。

朱雷：《吐鲁番出土北凉赀簿考释》，载《武汉大学学报》1980 年第 4 期。

后记

本书是在笔者博士论文的基础上修订增补而成的。从论文选题、架构设计到谋篇布局、最后定稿，无不浸透着业师齐涛先生的心血。我从先生那里不仅学到了相关专业知识，更学到了治学精神及许多做人的道理。在本书写作和修改过程中，马新教授以其长期对乡村社会史研究所获得的深厚造诣为我解决了许多困惑和难点，提供了许多堪称真知灼见的看法。而且本书又很荣幸地被收入马新先生主持的国家"十一五"重点图书出版规划项目"中国古代地方政治研究"中；完稿后，马新先生又对全书进行了统稿和改稿，并进一步提出一些修改完善的建议，使该书增色不少。

博士论文写成后，在论文评审和答辩过程中，故宫博物院朱诚如先生，中国人民大学李文海先生，中国社会科学院近代史研究所于化民先生，清华大学历史系王晓毅先生，山东大学历史系谭世宝先生、张金龙先生、姜生先生、刘平先生给我提出了许多宝贵的意见和建议。郑佩欣先生也给予了我许多的指点和教诲。这次修改过程中，我都认真地加以考虑并吸收到本书当中了。在此，谨向诸位先生致以深深的谢意。

此外，我还要感谢我的硕士生导师、山西大学历史系的卫广来先生，是他引导我走向了学术研究之路。多年来，先生一直关心着我的学业及生活。

由于本人水平所限，书中难免有许多缺憾、不足及错误，恳请学界前辈、同仁和其他读者不吝赐教。

作　者

2010 年 10 月 9 日于鲁东大学